Entrepreneurship & Venture

창업과 벤처

이덕훈 지음

教友社

창업과 벤처

2008년 2월 20일 초판 인쇄
2008년 2월 25일 초판 발행

지은이 | 이덕훈
펴낸이 | 오판근
펴낸곳 | 교우사

주　　소 | 서울시 동대문구 제기2동 148-19
대표전화 | 925-2861(代), 편집부 | 925-2825
팩　　스 | 925-2860
전자우편 | kw2861@chollian.net
홈페이지 | www.kyowoo.co.kr
출판등록 | 1994년 3월 24일(제 6-0256호)

ISBN 978-89-8172-727-7(93320)
값 20,000원

창업과 벤처

Entrepreneurship & Venture

이덕훈

教友社

PREFACE
[머리말]

세계가 글로벌화 되면서 우리나라도 개방을 하였지만 국제화, 정보화 대응이 늦어 우리는 외환위기를 겪으며 대마불사의 논리가 깨지면서 사회적으로 많은 충격을 겪었다. 세계적인 대기업들이 도산 직면에 처해 있으며 우리세대의 신화로 여겨졌던 세계적인 대우그룹마저 부도를 내고 법정관리에 들어갔다는 것은 이제는 몸집만 큰 공룡 같은 대기업보다는 창조적기업과 벤처기업이야말로 우리가 생존해 갈 길이라는 것을 가르쳐 주는 방향표라고 생각한다.

무한경쟁의 WTO시대에는 경쟁 없이는 생존하기 어렵고 오직 경쟁력만이 경제전쟁의 승자가 될 수 있다. 지금과 같이 심화된 경쟁과 변화된 환경의 시기에는 변혁적 사고가 필요하다. 우리가 추구하여야 할 변혁적 사고는 창업적 사고이다.

우리는 대기업에서 월급을 받고 실패를 용납하지 않는 문화이다 보니 창업의 문화가 발달되지 못했다. 우리의 일상속에서 창업적 사고가 존재하는데도 불구하고 창업적인 흐름이 멈춰진 것은 정말 아쉽다. 월마트도 조그만 슈퍼마켓에서 시작했고 세계적인 소프트뱅크도 조그만 사무실에서 시작되었다.

지금 세계는 글로벌, 정보화의 흐름 속에 세계시장을 장악하기 위한 창조적 기업의 등장과 새로운 기업가 정신이 회자되고 있다. 그러나 우리나라의 이러한 국제적 환경을 무시한 반기업 정서와 성공한 돈 많은 기업가들을 무시하는 분위기가 창출되어 있음은 안타까운 일이다. 따라서 우리나라의 경영학계에서도 다원화사회의 경영환경의 변화에 대응하기 위해서라도 학문적인 재정립이 필요한 시기라 하겠다. 그동안 경영학은 물론, 경영학과 자체에서도 대기업의 관리자를 향한 취직에는 앞장섰으나 새로운 흐름인 기업가를 양성하는 기업가 정신, 창업가 등에 관해서는 등한시 한 것이 사실이다.

또한 요즈음 불황의 연속으로 인하여 퇴직자의 증가와 대졸자의 실업증가로 기업은 물론 사회 전체가 어둡게 되어 사회의 불안감까지 가져다 주었다. 이러한 위기를 극복하고 어떻게 대응하여야 하며 창업은 어떤 것인가 하는 것을 중심으로 본서는 작성되었다고 할 수 있다.

본서는 이러한 의미에서 기업을 만들기 위해서는 어떻게 해야 하는가 하는 과제를 중심으로 기업가와 창업문화와 투자자, 고객을 중심으로 계속 성장하는 창조적기업과 벤처 기업이 될 수 있도록 집필되었다. 물론 본서가 새로운 기법으로 접하고 있다고 하나 완벽하다고는 할 수 없다. 이러한 것은 강호제현들의 지적과 비평을 받아 다시 개정할 때 보완하려고 한다.

본서는 창업가가 기업을 만들고, 다시 기업의 성장을 위해 노력하는 다소 이론적이며 추상적이라고 사려될지 모르나 도전과 성공이라는 기업가적 사고 즉, 미래지향적 사고로 임하였다. 특히 저자가 미국 보스톤의 뱁슨칼리지(Babson College)의 기업가센터에서 교환교수로 가서 창업자세와 기업가 정신을 새롭게 보는 계기가 되었던 점은 기업가와 창업문화를 새롭게 보는 계기가 되었다.

본서는 경영학을 가르치면서 평소 느꼈던 점을 보완, 정리하였으므로 창업 준비자, 벤처경영자, 일반경영자, 학생에게도 필요하도록 개정하였다. 다시 말하면 점점 개인의 능력과 지식기반 사회로 압박되어 오는 한국의 현실에서 창업의 갈 길을 경영학도에게 안내하려는 의지로 접근하였다.

되돌아보면 보잘 것 없는 책이지만 본서가 나오기까지는 많은 분들의 도움이 있었다. 필자의 뒤에서 항상 안녕과 건강을 비는 가족과 좋은 충고를 해주는 선배, 동료 교수에게 감사를 드리지 않을 수 없다.

또한 게으름과 나태함을 영적으로 이끌어주신 대전 포도원 장로교회의 김춘근 목사님께도 깊은 감사를 드린다.

아울러 본서가 나오기까지 편집, 원고교정에 힘써준 한남대학교 경영학과 박사과정 수료 후 스페인에서 석사를 마친 한광수 선생과 한국과학기술연구원의 박재수 박사의 도움이 없었더라면 이 책의 개정은 더욱 늦어졌을 것이다. 다시 한 번 여러분께 감사를 표한다.

봄을 기다리며

2008년 3월

이 덕 훈

CONTENTS

[차 례]

1

한국의 경제발전과 창업정신

1_ 한국의 경제발전과 산업구조의 불균형

2_ 재벌의 성장과 창업정신의 부재

3_ 창업과 국가경제

4_ 창업의 필요성

01

한국의 경제발전과 산업구조의 불균형

한국은 지난 40년간 '한강의 기적' 으로 불릴 정도로 눈부신 경제성장을 이룩하였다.

물론, 1997년 외환위기를 겪으며 잠시 정체현상을 겪기도 했지만 한국경제의 발전은 세계사에서 무시할 수 없는 경이적인 발전이었다.

새뮤엘 헌팅톤(Samuel P. Huntingtontington)은 그의 저서 '문화가 중요하다(Culture Matters)' 의 서문에서 한국과 가나를 비교하면서 한국을 매우 경탄스런 나라로 소개했다. 1960년대에 '한국' 과 '가나' 는 양국의 1인당 CNP 수준이 비슷했으며 1차산업(농산품), 2차산품(공산품) 그리고 3차산업인 서비스의 경제점유 분포도 비슷하였다. 특히 농산품의 경제점유율이 아주 유사했으며 경제원조를 받는것까지 유사하였다.[1)]

두 나라 모두가 1인당 국민소득이 80달러 정도에 머물러 있었다. 그러던 것이 1990년대에 들어서자 한국은 1인당 국민소득에서 가나를 15배나 앞질러 버렸다. 시간이 지날수록 그 격차는 점점 벌어졌다. 2003년에 들어서자 가나도 1인당 국민소득이 320달러로 1960년에 비해 4배 이상으로 올려놓았다.

---

1) 새뮤얼 헌팅턴, 로렌스 해리슨 공편, 이종인 옮김, 새뮤얼 헌팅턴의 문화가 중요하다, 김영사, 2001

그러나 그때 쯤 한국은 1만 달러로 1960년에 비해 125배나 뛰어 올라 있었다. 40년 만에 한국은 가나를 30배 이상의 격차로 따돌렸고, 유수한 다국적기업을 거느리고 자동차, 전자장비, 조선 등의 기술집약적 2차산업이 발달하여 경제규모는 세계 220여 국가 중에서 12위권의 대국으로 올라선 것이다. 이런 발전 속도는 선후진국을 막론하고 역사상 세계 어느 나라에도 없는 일이다.

반면, 가나는 이런 비약적인 발전이 이루어지지 않았다. 새뮤엘 헌팅톤은 이런 엄청난 발전의 차이를 문화로 결정지었다. 다시 말하면 한국 사람들의 검약, 근면, 투자, 교육, 조직, 기강, 극기정신을 높이 평가하였으나 가나 국민들은 이러한 가치관이 없었다는 것이다.

물론, 이 논리를 지지한 선구자 로렌스해리슨은 라틴아메리카의 사례를 들면서 '저개발은 마음의 상태이다(Under develpoment is a state of mind)'를 발간하면서 문화가 경제발전을 저해하는 요인이라고 주장하였다.

한국을 치켜세운 것은 높이 평가하지만 경제발전과 문화를 연결시킨 것은 95년, 96년에 집중적으로 한국인의 허영심과 명품 등의 소개, 그리고 일하지 않는 천민자본주의식으로 표현되기도 하였다. 돈이 없을 때는 일하지만 먹고 살만하면 일하지 않는 문화라고도 평가하기도 한다. 일본인 고무로 나오키가 한국경제의 딜레마에서 한국은 헝그리 정신에서는 근면이 나오지만 풍요로우면 양반정신으로 회귀한다는 주장을 하며 노동의 대가로 부 대신 명예나 지위를 생각한다는 것이다.[2)]

2) 이덕훈, 기업과 환경, 학문사, 1997, p126

이 흐름을 〈표 1-1〉의 한국의 시계열별 국민 총소득을 보면 1962년의 1인당 GNP가 87달러로 제1차 5개년계획이 시작되던 시기였고 1965년에 공업입국의 움직임으로 105달러를 기록하였으며 로스토우 교수의 한국경제가 Take Off시기라는 지적으로 당시의 박정희 정권은 고무되었다.

1963년 서독 파견 광부 500명 모집에 4만 6000명이 지원하였고 상당수가 대학 졸업자와 중퇴자들이었다고 한다. 당시의 남한인구가 2,400만명인데 실업자가 250만명이 넘었다고 하니 당시의 한국경제의 역경을 간접적으로 알 수 있기도 하다. 서독 파견 광부의 고용조건은 월 600마르크(미화 160달러)였다.

그리고 1966년 서독 파견 간호사의 고용조건도 월 440마르크(미화110달러)로 책정되어 1966~76년까지 서독 파견 간호사가 약 1만명이고 파견 광부는 7,800여명이라고 하며 이들의 송금액이 연간 5,000만 달러로 GNP의 2%대에 달하기도 했다고 한다.

1970년대에 이르면서 수출이 대망의 10억달러를 이루고 1인당 GNP가 249달러를 기록, 1972년부터 중화학공업 육성정책을 취하였다. 산업화가 이루어지면서 빈부의 양극화가 이루어지고 산업화 뒷면에 나타나는 갈등이 시작되기도 하였다. 대우, 한진, 국제그룹 등이 정부의 중화학공업 육성 정책에 의해 발전하게 된 것도 수출과 산업화의 역점 정책에 힘입은 것이었다. 조세희의 '난장이가 쏘아올린 작은공' 은 이 시기를 그린 작품이기도 하다.

1983년에는 2,020달러로 성장하여 세계로부터 주목을 받기 시작했고 아시아 신흥공업국이란 단어를 듣기 시작했다. Asia Nics와 아시아의 4

마리 용이란 단어를 듣기 시작한 것도 이 시기이다. 그리고 중산층의 냉장고(cooler), 자동차(car), 컬러TV(color Television)의 3C가 도래한 것도 이 시기이다.

특히 1988년의 88서울올림픽은 한국의 발전을 세계에 알리는 계기가 되었고 1992년에 1인당 GNP가 7,183달러를 기록하여 중진국으로서의 위상을 살리게 되었다. 그러나 너무 성급하게 샴페인을 터트리면서 1,997년 한국경제는 외한위기를 겪게되어, 글로벌시대의 우물안 개구리임을 깨닫는 계기도 되었다. 즉, 한국의 압축성장이 기업가 정신보다는 정부의 제도적 수단에 의한 것이 컸기 때문이라 하겠다.[3)]

한편 1인당 국민 총소득의 증가도 2001년 9,400달러, 2003년 12,720달러, 2004년 14,193달러, 2005년에는 16,413달러로 증가하여 특히 2006년에는 환율이 950원으로 하락하면서 18,372달러를 기록하였다.

또한 2007년에는 IMF 통계 조사에서 1인당 국민 총소득이 18,938.66달러로 세계 34위로 조사되었다.

1962년에 87달러가 2007년에 18,938.66달러에 도달한 것은 환율하락이 큰 요인이긴 하지만 45년 간에 약 218배의 성장을 기록하였다.

〈표 1-1〉 한국의 시계열별 국민 총소득

연도	1인당 국민 총소득 (달러)	국민 총소득 (억달러)	국내 총생산 성장률 (%)	국내 총생산 (억달러)
1962	87		2.2	

3) 이덕훈, 한국의 기업경영, 한남대학교 출판부, 2003, p160

1963	100		9.1	
1966	125		12.7	
1967	142		6.6	
1968	169		11.3	
1969	210		13.8	
1970	249	80		
1971	286	94	8.6	
1972	316	106	4.9	
1973	394	134	12.3	
1982	1,847	726	7.2	744
1983	2,020	806	10.7	823
1984	2,190	885	8.2	906
1991	6,810	2,949	9.2	2,951
1992	7,183	3,143	5.4	3,147
1993	7,811	3,452	5.5	3,457
1999	8,595	4,007	10.9	4,058
2001	9,400	4,477	3.0	4,222
2004	14,193	6,810	4.6	6,801
2005	16,413	7,901	4.2	7,913
2006	18,372	8,873	5.0	8,874
2007	18,938.66	·	·	·

자료 : 한국은행, 경제통계 2006. 경제기획원, "한국경제지표", IMF통계조사

그리고 한국의 경제발전에 결정적 역할을 한 한국의 시대별 수출액과

수입액의 증가를 보면 〈표 1-2〉에 나타나는 것처럼 1957년 2,200만달러였던 것이 1964년 1억달러 수출 돌파 이후 1975년에는 50억 달러, 1995년 125억달러를 기록하며 계속 성장하였다. 2006년에는 수출이 3,000억달러에 이르고 있으며, 2000년에 들어서면서 무역수지 또한 흑자로 돌아섰다. 1964년에 1억달러를 돌파한 것을 생각하면 40년만에 3,000배 성장을 이룩한 경이적인 결과라 할 수 있겠다.

〈표 1-2〉 한국의 시대별 수출액과 수입액 수지

연도	수출	수입	수지
1957	22,202(-9.7)	442,174(14.5)	-419,972
1961	40,878(24.5)	316,142(-8.0)	-275,264
1964	119,058(37.2)	404,351(-27.8)	-285,293
1969	622,516(36.7)	1,823,611(24.7)	-1,201,095
1975	5,081,016(13.9)	7,274,434(6.2)	-2,193,418
1980	17,504,862(16.3)	22,291,663(9.6)	-4,786,801
1990	65,015,731(4.2)	69,843,678(13.6)	-4,827,947
1995	125,057,988(30.3)	135,118,933(32,0)	-10,060,944
2000	172,267,510(19.9)	160,481,018(34.0)	11,786,492
2001	150,439,144(-12.7)	141,097,821(-12.1)	9,341,323
2003	193,817,447(19.3)	178,826,657(17.6)	14,990,786
2005	284,418,743(12.0)	261,238,264(16.4)	23,180,479
2006	325,464,848(14.4)	309,382,632(18.4)	16,082,216
2007(01~11월)	338,509,179(14.1)	322,572,998(14.4)	15,936,181

주) 한국무역협회 통계자료 (단위 : 천달러), ( )는 전년대비 증감률(%)

이러한 경제성장 모델에 의한 한국경제는 '제 2의 일본' 으로 불려지며 한국을 정부와 회사의 융합체인 '한국주식회사' 로 인식되었다. OECD에서조차 '한국의 기적' 으로 불려졌던 경이적인 성장은 후발국의 모델로 받아들이기까지 하였다. 그러나 국제경쟁력을 가진 삼성, 현대, LG 등 다국적기업을 배출하였으나 국내경제는 비효율적인 경제의 양극성이 초래되었다.

한국의 눈부신 경제성장은 정부가 주도한 한국형 산업정책으로 이룩되었다. 정부 주도로 이루어진 경제성장의 특징은, 일본의 경제성장 모델과 유사하며, 자원부족국가인 한국으로서 가야할 정석이라고도 표현하기도 하지만 이를 요약하면 다음과 같다.

① 대기업 중심, 중화학공업 중심의 특정 산업정책
② 외국인 직접투자의 제한 등을 통한 국내산업의 보호와 발전
③ 수출중심정책
④ 기업에 대한 세금감면 및 보조금 등의 혜택

이러한 정책은 정부와 기업의 복합체로서의 정부의 개입이 강하게 작용하기도 하였다. 그러나 대기업 중심의 산업중심정책을 이룩하다보니, 중소기업과의 양극화를 이루어 이중경제현상을 유지하게 되었다.

〈표 1-3〉 수출구조 변화추이

(단위 : 백만 달러, %)

		1970	1980	1990	2000	2004	2005	2006
경,중 공업	경공업	581.6 (69.6)	8,650.3 (49.4)	25,890.7 (39.8)	30,286.2 (17.6)	29,625.7 (11.7)	26,346.4	26,873.8
	중화학 공업	107.1 (12.8)	7,261.8 (41.5)	35,375.2 (54.4)	127,617 (74.1)	208,034 (82.0)	236,247	270,352.
주요상품	섬유류	341.1 (40.8)	5,014.3 (28.6)	14,065.2 (21.6)	17,667.7 (10.3)	14,065.2 (21.6)		
	가발과 눈썹	100.9 (12.2)	55.6 (0.3)	104.5 (0.2)	52.1 (0.0)	27.3 (0.0)		
	합판	91.9 (11.0)	352.2 (2.0)	36.9 (0.1)	47.2 (0.0)	35.8 (0.0)		
	전기·전자제품	28.8 (3.4)	2,003.8 (11.4)	15,015.7 (23.1)	62,043.0 (36.0)	87,769.7 (34.6)	88,268.9	89,799.8
	철강 제품	13.4 (1.6)	1,651.3 (9.4)	5,366.1 (8.3)	11,362.5 (6.6)	18,614.3 (7.3)	22,474.1	27,168.8
	석유화학 제품	16.3 (2.0)	809.0 (4.6)	2,824.3 (4.3)	21,474.9 (12.5)	30,877.4 (12.2)		
	선박	2.5 (0.3)	617.6 (3.5)	2,800.6 (4.3)	8,229.4 (4.8)	15,321.3 (6.0)	17,231.5	21,492.9
	승용차	0.1 (0.0)	49.9 (0.3)	1,278.6 (2.0)	11,101.6 (0.6)	24,576.9 (9.7)	27,180.4	30,496.2
	반도체	..	518.4 (3.0)	4,540.6 (7.0)	26,006.2 (15.1)	26,515.9 (10.4)	29,986.4	33,230.2
	컴퓨터	..	..	2,525.5 (3.9)	14,517.0 (8.4)	16,377.3 (6.5)		

주요 수출국	미국	395.2 (47.3)	4,606.6 (26.3)	19,360.0 (29.8)	37,610.6 (21.8)	42,849.2 (16.9)	41,342.6	43,183.5
	일본	234.3 (28.1)	3,039.4 (17.4)	12,637.9 (19.4)	20,466.0 (11.9)	21,701.3 (8.5)	24,027.4	26,534.0
	중국	–	–	–	18,454.5 (10.7)	49,763.2 (19.6)	61,915.0	69,459.2

자료 : 숫자로 보는 광복 60주년 한국은행보고서, ( )는 총 수출액에 대한 구성비

또한 〈표 1-3〉을 보면 산업별 수출구조의 변동추이를 알 수 있듯이 1970년 경공업이 수출의 70%(69.6%)를, 중화학공업이 13%(12.8%)를 차지하였으나 1990년대에는 경공업이 약 40%(39.8%)로 떨어지고, 중화학공업도 54.4%로 증가하였고, 2004년도에는 경공업이 12%(11.7%)이고, 중화학공업이 82%를 차지하게 되었다.

그리고 1970년에 전체 수출의 비중이 각각 40.8%와 12.2%를 차지하였던 섬유와 가발산업은 해를 거듭할수록 섬유산업은 40.8%(1070년)에서 10.3%(2000년), 가발산업은 12.2%(1970년)에서 0.2%(1990년)로 감소한 반면 전기 · 전자산업은 3.4%(1970년)에서 36.0%(2000년)로, 철강산업은 1.6%(1970년)에서 7.3%(2004년)로, 석유화학 제품산업은 2.0%(1970년)에서 12.5%(2000년)로 증가하였다.

2000년대 들어서는 선박, 승용차, 반도체 등이 차지하는 비중이 증가하였는데, 선박산업은 0.3%(1970년)에서 6.0%(2004년)로, 승용차산업은 0.3%(1980년)에서 9.7%(2004년)로 증가하였으며, 반도체산업은 3.0%(1980년)에서 10.4%(2004년)로 증가하였다.

따라서 현재의 우리나라의 수출산업 구조를 살펴보면 전기, 전자, 반

도체, 승용차, 석유화학 등의 산업이 전체 수출의 80% 정도를 차지하고 있다. 반면에 산업 초기에 수출비중이 컸던 경공업은 11.7%로 감소하였음을 알 수 있다.

수출국도 1970년대 미국 47%, 일본 28%였고 90년대에는 미국 29.8%, 일본 19.4%였는데, 2000년에 들어오면서 중국의 영향이 커져 2004년에는 중국 19%, 미국 16.9%, 일본 8.5%로 한국은 수출대상국이 미국, 일본에서 중국으로 이동하고 있음을 보여준다.

그러나 중국의 영향이 커졌다고는하나, 중국 중심이 아닌 중국, 미국 일본의 다국화 무역으로 변하고 있음을 알 수 있다.

02

재벌의 성장과 창업정신의 부재

한국 정부는 상술한 바와 같이 특정 분야의 주도적 위치에 있는 기업을 선택하여 이들 기업에 금융특혜와 세금특혜 등의 수많은 특혜를 주었다. 정부는 특정기업에게 정부보조금과 세제특혜, 세제감면 등은 물론 거액을 싼 이자로 대출해 주기도 한다. 불모의 한국경제의 나아갈 길을 선택하여 창업과 기업성장으로 인도한 한국 정부의 경제리더십은 후진국의 거울로서 비춰지기도 하였다.

이러한 혜택으로 한국의 기업과 경제는 발전하였으나 재벌(대기업) 중심으로 이루어 브랜드와 규모로는 성공적이라 하겠으나 성공적 소수의 기업(재벌)이 세계적으로 알려진 반면 국내산업은 비효율성을 면치 못하고 있다. 특히, 제조업 중심의 한국 경제는 선진국의 서비스산업 중심에 뒤떨어져 비효율적이라 하겠다.

이러한 현상을 경제적 '넛 크래커(The Economic nut-cracker)' 라고도 하는데 이는 한국 경제가 선진국에 비해서는 기술과 품질 경쟁에서, 후발 개발도상국에 비해서는 가격 경쟁에서 밀리는 현상을 말하는 것으로서 1997년 국제통화기금(IMF) 외환위기가 일어나기 직전 미국의 컨설팅 기관인 부즈 앨런 & 해밀턴은 〈한국보고서-21세기를 향한 한국경제의 재도약〉[4]에서 "한국은 비용의 중국과 효율의 일본의 협공을 받아 마치 넛 크래커 속에 끼인 호두처럼 되었다. 변하지 않으면 깨질 수밖에 없는 운명이다"고 한데서 유래하였다. 여기서 넛 크래커는 호두를 양면에서 눌러 까는 호두까기 기계를 말한다.

외환위기를 겪을 당시에는 한국의 수출산업이 처한 상황을 대변하는 용어로 많이 쓰였는데, 이 말 속에는 당시 한국이 도저히 외환위기를 극복할 수 없다는 빈정거림이 깔려 있었다. 즉 그동안 한국은 일본의 기술을 그대로 따라 하느라 독자적인 기술을 확보하지 못했고, 인건비의 상승으로 빠르게 따라 오는 중국의 값싼 제품에도 효율적으로 대처할 수 없었다.

---

4) 부즈 · 앨런 & 해밀턴 「한국보고서」 1997, 매일경제신문사, pp93~96

이후 넛 크래커는 한국이 미국 · 일본과 같은 선진국에 비해서는 기술과 품질면에서 뒤지고, 중국이나 동남아시아 등 후발 개발도상국에 비해서는 가격 면에서 뒤지는 현상을 일컫는 말로 일반화되었다. 그러나 한국은 그동안 정보기술(IT) 분야에서 급속한 발전을 이루어 반도체 · 가전제품 · 휴대폰 등 세계 최고의 정보기술 국가로 발돋움하였다. 일부에서는 이를 가리켜 '가격은 일본보다 낮고, 기술은 중국보다 앞섰다' 고 하여 역(逆) 넛크래커 현상으로 부르기도 한다.

〈표 1-4〉 전기 · 전자 산업 요소별 한 · 중 · 일 경쟁력 비교

(단위: 점)

가격	품질	브랜드이미지	신제품개발능력	납기 및 A/S
중국(9.1)	일본(9.3)	일본(9.4)	일본(9.0)	일본(8.7)
한국(7.1)	한국(8.5)	한국(8.2)	한국(8.6)	한국(7.9)
일본(5.0)	중국(5.8)	중국(4.9)	중국(5.3)	중국(5.8)

(출처) KOTRA 한중일 3국의 경쟁력 비교, 2008.2

KOTRA가 미국 내 바이어 293명을 대상으로 실시해 11일 발표한 '한 · 중 · 일 3국의 경쟁력 비교' 설문조사 결과에 따르면 '가격 경쟁력' 에서는 중국이, '품질' 과 '브랜드이미지' 등에서는 일본이 각각 한국을 앞지른 것으로 조사됐다.

중국은 자동차, 자동차부품, 전기전자, 섬유 등 7개 산업 가운데 자동차를 제외한 전 부문에서 한국보다 가격 경쟁력이 높았고, 품질 · 브랜드이미지 · 신제품 개발 능력 등에서는 한국에 뒤처졌다. 일본은 고무 플라스틱을 뺀 6개 부문에서 품질, 브랜드 이미지, 신제품 개발 능력 등이 한국을 앞섰고 가격 면에서 뒤처졌다.

7개 산업별 경쟁력 비교에서도 한국은 일본과 중국 사이에 낀 '샌드위치' 신세인 것으로 나타났다. 일본을 100점으로 놓고 봤을 때 자동차, 자동차 부품, 섬유, 일반기계, 화학 부문 경쟁력은 80~898점으로 평가됐다. 또 자동차 부품과 전기전자는 각각 98점, 96점으로 일본과 엇비슷했다. 고무 플라스틱만 105점으로 일본을 앞질렀다.

중국은 자동차를 제외한 전산업에서 67~100점을 받아 한국의 뒤를 바짝 좇고 있으며 특히 섬유의 경우 86점으로 한국(88점)을 턱밑까지 추격하고 있다. 응답자의 80% 이상이 섬유 분야에서 중국이 한국의 최대 경쟁국이라고 지목했다. (한국 경제신문, 2008년 2월 12일)

오늘날 한국의 서비스분야는 일본뿐만 아니라 태국, 말레이시아와 같은 아세안 국가들보다도 비효율적이다. 서비스업 성장세는 외환위기 이후 산업 전체에 서비스업이 차지하는 비중이 선진국의 80년대 수준에 불과한 것으로, 2007년 1월 9일 한국은행이 발표한 '서비스업 부가가치(명목) 비중에서 한국은 56.3%로, 일본(69.4%), 독일(69.8%), 미국(76.7%) 등에 비해 훨씬 낮았다.

이처럼 서비스산업의 성장세가 크게 하락한 것은 원화값 저평가를 통해 수출제조업을 지원해 온 정부정책 영향이 컸으므로 앞으로 적극적인 서비스육성정책이 필요하다.[5]

또한 이와 같은 현상은 〈그림 1-1〉 서비스부문 생산성 비교(1995년)에

5) 2007년 1월 10일 매일경제 기사 및 한국은행 경제통계 참조.

서 살펴 볼 수 있다. 한국의 서비스 분야는 일본뿐만 아니라 태국, 말레이시아와 같은 아세안 국가들보다도 비효율적이다. 이로 인해 한국은 경쟁력이 약해지고 있다.

〈그림 1-1〉 서비스부문 생산성 비교 (1995년)

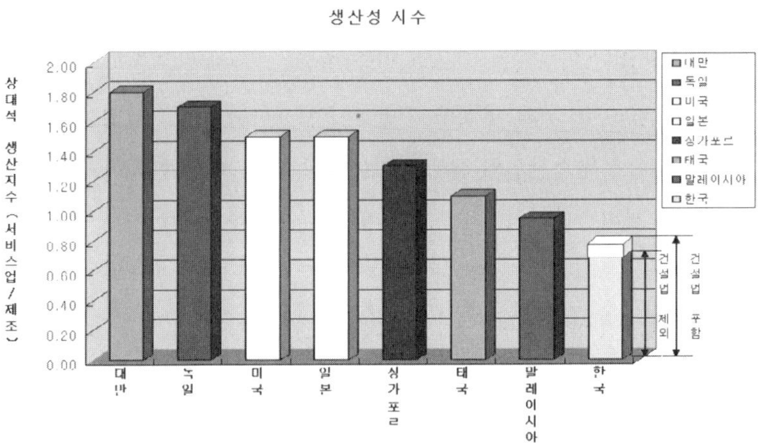

출처 : 미국 컨설팅 기관 부즈 엘런 & 해밀턴 〈한국 보고서-21세기를 향한 한국경제의 재도약〉, p80

한국의 재벌기업들은 한국이 발전하는 데 큰 역할을 했지만 제조업 부문에서의 재벌의 경제력 집중도는 1995년을 기점으로 35% 정도이다 보니 한국의 모든 부문에 진출하여 다각화를 이룩하였다. 한국의 5대 재벌은 평균적으로 140개 이상의 부문에 진출해 있으므로 창업할 분위기가 억제되는 데도 기여를 하였다고 하겠다.

특히 안정적 직업 지향의 한국인들은 삼성, 현대 등의 대기업에 취직을 하려 하고 있으나 창업에 뛰어들고 있지 않아, 빌게이츠나 손정의 같은 창업가가 탄생하지 못했다고 하겠다.

〈표 1-5〉 업종별 산출액 구성으로 본 직업군의 변화추이에서도 알 수 있듯이 농림어업은 1990년 5.1%에서 2000년 1.4%로 계속 감소하고 있으며, 제조업도 1990년 49.6%에서 2000년 46.5%로 감소하였다. 이에 반해 서비스업은 1990년 30.3%에서 2000년 39.0%로 증가하였으나 아직도 제조업과 서비스업종 부문에서는 제조업 편중현상을 보이고 있다.

한국의 서비스업보다는 제조업 편중 현상은 2000년 일본과의 비교를 보면 제조업은 46.5%와 31.2%로 한국이 우세하나 서비스산업은 39.5%와 54.4%로 서비스산업의 열세를 보여주고 있다. 이는 한국이 선진국으로 가는데 서비스산업의 중요성을 나타내는 중요한 지수이기도 하다.

〈표 1-5〉 업종별 산출액 구성으로 본 직업군 변화추이

(단위 : %)

구 분	1990년	1995년	2000년	일본(2000년p)
농림어업	5.1	3.8	2.7	1.4
광 업	0.5	0.4	0.2	0.1
제 조 업	49.6	47.6	46.5	31.2
전력 · 가스 · 수도 및 건설	12.2	11.6	9.4	10.3
서 비 스	30.3	34.1	39.0	54.4
기 타	2.3	2.5	2.2	2.6
계	100.0	100.0	100.0	100.0

주) P는 추정치.

자료 : 산업연관표(실측표) 작성 결과, 2003, 한국은행.

또한 미국의 경우에는 경제구조의 집중화 현상을 감소시키고, 실업률을 감소시키기 위한 여러 정책을 통해 다양한 직업군이 생겨나고 있는데, 이를 살펴보면 〈표 1-6〉 미국에서 가장 빠르게 늘어나는 직업(1992~2005년)과 같다.

미국에서 가장 빠르게 늘어나는 직업(1992~2005년)에서 보면 웰빙시대, 정보화시대에 맞물려 가정 의료지원과 시스템 분석가가 눈에 띄고 비율로 보아도 의료와 컴퓨터가 높은 상승을 보이고 있다. 또한 개인 사생활 보호차원에서 경비원, 아동관리 등도 빠르게 증가하고 있음을 알 수 있다.

이에 반해 한국에서는 취직은 하려고 하나 창업은 하지 않아 대졸 출신의 40만 명이 취직 재수를 하고 있음은 안타까운 일이다. 〈그림 1-2〉의 2000~2006년도 창업 업체수를 살펴보면 41,460(2000년)개가 52,739(2003년)개로 창업 증가추세를 보이다가 다시 2006년에는 38,445개로 다시 감소하였다. 창업이 감소한 이유는 여러가지가 있겠지만 실패를 두려워하는 문화가 한국사회에 전반적으로 존재하고 있어서 그렇다고는 하지만 조그만 기업을 세계적으로 이끈 창업가들을 높이 평가하는 문화가 정착되어야 한다.

그러나 〈표 1-7〉 자기소유의 사업(점포)을 갖은 이민그룹을 보면, 미국에서의 한국계 미국인은 다른 나라의 이민그룹보다 자기 점포의 사업을 하려고 하는것이 나타나 있다. 한국계는 10.2%인데 비해 멕시코계는 1.9%, 필리핀인은 3.3%, 중국계도 6.3%인것을 보면 재미있는 현상이라 할 수 있다.

즉, 창업의 의지가 강하다고 할 수 있다. 국내의 한국인은 창업보다는 취직분위기가 강하다고 하겠지만 이것도 시스템만 갖추어지면 증가하리라 생각된다. 우리나라에서도 웰빙시대를 맞이하여 의료지원과 시스템 분석가, 물리치료사 등도 관심이 있는 분야이고 앞길이 유망한 분야로 보고 있다.

〈그림 1-2〉 2000년-2006년도 창업 업체수

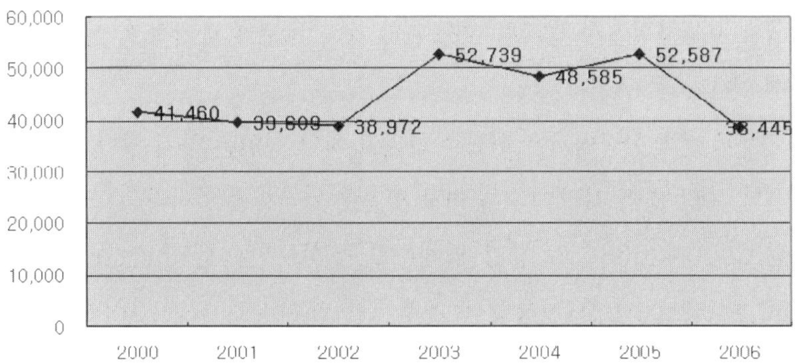

자료 : 중소기업청 통계자료를 토대로 작성.

〈표 1-6〉 미국에서 가장 빠르게 늘어나는 직업(1992~2005년)

(괄호 안은 예측되는 일자리의 숫자, 단위 천)

	증가율 (5%)
가정의료 지원 (479)	138
인간 서비스 노동자 (256)	136
개인 및 가정관리 지원 (166)	130
컴퓨터 공학 및 과학 전문가 (236)	112

시스템 분석가 (501)	110
물리 및 교정치료 보조 및 지원 (57)	93
물리치료사 (79)	88
변호사 보조원 (81)	86
특수교육 교사 (267)	74
의료 보조원 (128)	71
사설탐정 (41)	70
교도관 (197)	70
아동 관리 (450)	66
여행안내 (76)	66
방사능 취급기사 (102)	63
보모 (44)	62
의료기록관리 기사 (47)	61
작업 연구 분석가 (27)	61
작업요법 치료사 (24)	60
법률 비서 (160)	57
유치원 교사 (236)	54
매니큐어 미용사 (19)	54
프로듀서 · 감독 · 배우 및 연예인 (69)	54
언어 병리학 전문가 (37)	51
항공기 승무원 (47)	51
경비원 (408)	51

자료 : 연방노동통계국

주) 증가율이 가장 빠른 직종이 새 일자리를 가장 많이 만들어낸 직종과 반드시 일치하는 것은 아니다. 일자리 증가의 절대적인 숫자가 가장 큰 직종은 소매 판매원이다. 이 직종에서는 1992-2005년 사이에 78만 6,000개(21%)의 일자리가 새로 늘어날 전망이다.

〈표 1-7〉 미국의 이민기업가: 자기소유의 사업(점포)을 갖은 이민그룹

국가별	1982	1987
한국계	6.8%	10.2%
인도계	6.6	7.6
일본계	5.9	6.6
중국계	4.9	6.3
쿠바계	4.1	6.3
베트남계	1.5	4.9
필리핀계	2.6	3.3
다른 히스패닉계	1.4	2.3
멕시코계	1.7	1.9

자료: "Asian-Americans Take Lead in Starting U.S. Business," The Wall Street Journal August 2, 1991. Reprinted by permisson of the wall Street Journal. Copyright © 1991 Dow Jones & Company, Inc. All Rights Reserved Worldwide.

03 창업과 국가경제

세계 어느 나라든지 국가는 부강하기를 희망하고 모든 가정은 행복하기를 열망한다. 물론 행복과 부의 기준이 다르지만 일반적으로 볼 때는

경제와 관련이 있다. 경제적 빈곤의 해결과 복지보장은 부강과 행복의 요소이다. 일반적으로 부강은 무력으로 간주되는 경우가 많은데 결코 무력만으로 국민의 행복이 보장되지 않는다.

1. 생산력과 기술

세계 최고의 핵무기와 미사일을 가지고 있으면서도 스타킹과 전기다리미를 생산치 못했다던 구소련은 그 많은 핵무기를 가지고 있으면서도 연방국가들의 분리독립을 막지 못하고 빵을 달라는 국민들의 열망을 충족시키지 못한 채 분리되고 말았다. 그러나 일본은 정식적으로 군대가 없으면서도(물론, 자위대는 있지만) 세계의 열강으로 간주되고 있다. 그 이유는 생산력과 기술이 있기 때문이다.

물론, 구소련도 기술은 있었지만 민수품의 기술보다는 무기 만드는 기술이 앞섰기 때문에 이들은 국민들을 행복하게 할 수 없었다는 것이다. 이러한 것을 볼 때에는 기술을 말할 경우라도 민간기업의 기술을 말하는 것이다. 경쟁력이 국력이라는 말은 고금동서를 막론하고 수긍이 가는 이야기이다. 역사 속의 강대국들이 망하기 시작한 때는 하나같이 그들의 경쟁력이 쇠퇴하기 시작한 때부터였다.

그러면 이처럼 부강한 국가를 약속해주는 국가경제를 살리기 위해서는 어떻게 해야 할 것인가? 그것은 바로 보다 많은 젊은이들이 창업에 도전하는 것이다. 그러나 우리가 여기에서 느껴야 하는 것은 우리나라의 어느 대학의 경영학과 학생들이던 간에 취직 준비를 위한 학과이지 창업의 학과는 아니다. 미국에서의 경영학과(Business Administration)는 비즈니스(Business)가 강한 방면, 한국에서의 경영학과(Business Administration)는 비즈니스보다는 뒷자의 행정(Adminstration)의 분위기가 강하기 때문이다.

한국에서 제일 좋다는 SKY로 불리는 일류대학의 경영대학도 취직은 하나 창업하는 분위기는 아니다.

2. 경제발전과 창업

모두가 취직만 해서는 국가가 발전하지 못한다. 창업하여야만 국가가 강대국이 되는 것이다. 창업이 지니는 중요한 의미는 국가경제의 발전된 미래를 약속해 준다는 점이다. 전쟁이 일어나 수많은 목숨이 무참히 죽어가는 순간에도 새 생명은 태어나고 길러져야 한다.

왜냐하면 그 길만이 인류역사를 이어갈 수 있고 내일의 새 세상을 약속받을 수 있는 유일한 길이기 때문이다. 그러나 일부 학자들은 창업을 해도 성공률이 낮다고 걱정한다.(일례로 벤처기업의 경우 성공률이 2~4% 정도밖에 되지 않는다) 그러나 성공률이 적다 해서 창업을 하지 않으면 창업은 없어지고 국가경쟁력은 약해진다.

경제에 있어서의 창업은 인간사회에 있어서의 신생아 탄생과도 같다. 신생아의 탄생 없이는 사회가 존속될 수 없다. 창업은 경제적 신생아이다. 이유를 불문하고 신생아들이 태어나야만 인간사회가 발전할 수 있듯이 새로운 창업이 있어야 경제가 발전할 수 있다.

과거 우리나라도 그랬고 현재의 후진국도 그렇지만 신생아의 사망률이 높은 다산다사(多産多死) 현상이 나타나는데 지금은 거꾸로 소산소사

현상으로 바뀌어졌다. 창업은 국가의 흥망과 직접 연결된다. 두 번째는 기업이 주어진 자원기회를 어떻게 획득하느냐에 따라 다산다사 전략과 소산다생(小産多生) 전략으로 구분할 수 있다.

동물의 세계에 비추어보면 가능한 한 짧은 시간에 많은 새끼를 낳아서 그 중 많은 새끼가 죽더라도 살아남은 새끼들이 신속하게 해당 환경의 주도권을 장악하는 경우이다. 이런 동물들에게는 새끼가 얼마나 효율적으로 살아남는가는 별로 문제가 되지 않는다. 문제는 시간이다.

한마디로 다산다사(多産多死)형이라고도 할 수 있고, 기회선점형이라고도 할 수 있다. 반대로 소산다생 전략의 동물은 한두 마리의 새끼를 낳더라도 거의 확실히 생존시키는 전략, 즉 대단히 효율적인 전략이다.

기업의 세계에서도 대부분의 벤처기업은 성패에 관계없이 수많은 기업들이 태어나서 그 중 극소수만이 살아남는다. 그렇지만 그 맹렬한 번식속도 때문에 초기시장의 대부분을 이런 종류의 기업들이 차지하게 될 것이다.

반대로 기술중심의 기업들은 다른 기업들의 성공 여부를 지켜보고 있다가 생존 가능성이 확실해지면 효율적으로(낮은 원가 등) 경쟁하여 시장을 차지해 나간다.[6] 이런 관점에서 볼 때 '사회발전은 경제발전에 의존하며 경제발전은 기업의 창업과 성장에 의존한다'는 앨포드(L. P. Alford)의 말은 시대를 초월한 명언이라 하겠다.

---

6) 장승권 외, 인터넷 지식벤처의 성공조건, 삼성경제연구소, 2001, p. 68.

3. 창업환경

우리 국가 경제 규모는 세계 10위권에 진입을 하였다. 이는 일부 재벌 중심의 대기업이 미친 영향이 크다. 그리고 이러한 기업들도 상당수의 생산시설을 해외에 갖고 있어 국내의 고용창출 효과는 그리 크지 않다. 즉, 고용 없는 성장이 전개되면서 국내에서는 고실업과 소득 하향현상이 벌어지고 있으며, 이는 국내의 내수기반을 약화시키고 유효수요를 줄여 소득 양극화를 심화시키는 요인으로 작용하고 있다.

그러나 재벌도 초기에는 조그만 기업이었으므로 창업을 하지 않으면 기업은 존재하지 않는다. 우리는 창업을 하여야 한다는 것을 알아야 한다.

우리의 당면과제를 해결하기 위해서라도 창업환경을 개선하여야 한다. 미국이나 캐나다를 보면 선진국임에도 불구하고, 창업환경이 잘 발달되어 있다.

미국은 창업서류가 5가지, 캐나다는 7가지에 불과하다. 그리고 절차도 13단계이나 실제로 6단계 이후에는 사후보고 형식이어서 부담을 줄여주고 있다. 그리고 창업비용 역시 우리보다는 훨씬 적어 50만원대로 가능하다.

2004년 기준으로 서울에서 주식회사 형태의 기업을 창업하려면 평균 22일에 걸쳐 12단계의 절차를 거쳐야 하는 것으로 조사됐다.[7] 이는 경제협력 개발기구(OECD)국가의 평균인 6단계의 두 배 정도이며, 전체 조사

7) 김광희, 창업규제 현황과 규제 개혁 방안, 중소기업연구원 보고서 2004.

대상 155개국의 평균인 9단계보다도 많았다.

창업에 소요되는 기간도 OECD 평균인 19일보다 길었다. 창업기간이 가장 짧은 캐나다의 창업절차는 2단계에 소요기간도 3일에 불과하다.

또한 공장건설이 필요한 제조업의 창업에는 관련 규제가 328건이나 됐다. 세제 관련 규제를 제외한 중 규제는 68건이며, 이 중 75%에 이르는 51건이 6개 행정부에 걸쳐 있는 입지 및 사업계획 승인과 관련된 규제였다. 공장부지 선정을 포함해 창업에 걸리는 기간은 총 18개월로 이 중 3분의 1인 6개월(180일)이 인허가 등 행정절차를 밟는 데 걸리는 시간이다.

창업을 활성화하여야 경제가 발전하는데 이렇게 창업환경이 좋지 않아 제도적 요인 중 개선해야 될 문제점 중 가장 큰 요소라 생각한다.

04 창업의 필요성

고금동서를 막론하고 우리 인류의 삶은 새로운 일을 만드는 창업 없이는 발전할 수도 없었고 영위될 수도 없었다. 그러므로 창업은 새로운 기업을 만드는 일이라는 협소한 의미에서 벗어나 우리의 새로운 삶을 만드는 일이라는 적극적인 개념으로 도입하여야 한다. 창업은 새로운 일에 대한 도전인 동시에 새로운 삶에 대한 도전이다.

이런 새로운 삶에 대한 도전은 모든 분야에서 행해질 수 있다. 학교에서는 지금까지 없었던 새로운 교육제도를 만드는 일, 새로운 디지털사회에서의 새로운 질서를 만드는 일, 새로운 영농기술을 개발하고 이를 보급하는 일, 새로운 문화를 가꾸어 가는 일, 당뇨병을 치료하는데 필요한 새로운 기술, 새로운 에너지를 찾기 위해 무인잠수정을 개발하는 일, 이 모두는 새로운 일을 만들어 가는 것이므로 넓은 의미로 보면 창업에 속하는 것이다.

1. 창업과 도전적 문화

무한경쟁의 WTO시대에는 경쟁 없이는 생존하기 어렵고 오직 경쟁력만이 경제전쟁의 승자가 될 수 있다. 변화된 시대에는 변화된 사고가 필요하다. 우리가 추구해야 할 변화된 사고는 바로 창업적 사고이다. 이제 우리도 창업이라는 단어를 생활 속으로 끌어들여야 할 때가 되었다.

우리 문화는 그동안 대기업에서 월급을 받는 풍조가 만연하며 실패를 용납하지 않는 문화이다. 그러다보니 우리나라의 문화로는 창업의 실패는 용납하지 않는다. 또한 말처럼 쉽지 않은 것이 창업이다. 그러나 창업은 어렵지 않다. 우리의 주변창업이 있기 때문이다. 다시 말하면 우리의 일상생활 속에 창업의 요소가 있다는 말이다.

우리의 일상생활 속에서 창업적 사고가 뿌리를 내린다면 우리의 미래는 틀림없이 크게 달라질 것이다. 그러한 생활 속의 창업적 사고는 곧 정치, 경제, 사회, 문화 전반에 걸쳐 지금까지 우리가 의심하지 않았던 수

많은 의문과 새로운 변화를 몰고 올 것이다. 즉, 우리는 왜 남들처럼 단 한 번만이라도 지구촌의 제왕이 되어 보지 못했던가? 우리는 왜 다른 나라를 한 번도 침략하지 않았던 백의민족이라고 하는가?

그 이유는 중국이라는 대국이 있었기 때문에 어쩔 수 없다고 말하는 경우가 많다. 우선 땅덩어리와 인구로도 대항할 수 없다고 이야기한다. 그러나 원나라를 세웠던 몽고족이나 청나라를 세웠던 만주족은 겨우 몇 백만의 인구를 가지고 몇 억의 한족을 지배하였던 것이다.

그 이유는 뛰어난 조직과 하이테크의 무기가 있었기 때문이다. 우선 소국 아테네와 대제국 페르시아의 전쟁, 소년 다윗과 거인 골리앗의 싸움, 이 싸움은 예상을 뒤엎고 아테네와 다윗이 이겼는데 그 이유는 모든 것은 나름대로 하이테크 무기가 있었고 적극적 도전정신이 내재해 있었기 때문이다.

그리고 대영제국의 시대를 열었던 영국도 한반도 정도의 크기의 국가인데 스페인의 무적함대와의 승리, 나폴레옹과의 전쟁에서의 승리를 거치면서 세계를 재패하였다. 이러한 예를 보아도 우리나라가 아쉬운 것은 장보고의 청해진 설치, 충무공 이순신 장군의 거북선도 우리에게 이어지지 않았고 우리 연안을 벗어나서 싸운 적은 없었다.

영국인의 적극적 도전성은 해가 지지 않는 대제국을 건설하였고 우리나라는 끊임없는 외세의 침입으로 분단되는 결과에 이르렀다. 이러한 예를 보아도 도전 없이는 창업이 이루어질 리 없고, 도전하는 자만이 전리품을 취득할 수 있는 것이다.

창업은 개인의 욕구와 함께 사회적 현상의 하나로 등장하게 되는데 세계적으로 다음 몇 가지 현상들이 창업을 적극적으로 권장하고 있다고 주

장하고 있다.[8)]

1) 맞벌이 가정이 정착되고 있다.
2) 대기업이 자율성(autonomy)과 안전성(security)이라는 인간의 기본적인 욕구를 만족시킬 수 없다는 인식이 확산되고 있다.
3) 경제활동에 있어서 여성의 역할이 변화하면서 여성도 창업할 수 있다는 믿음이 확산되고 있다.
4) 지방정부가 몇몇 대기업이 지역의 주된 고용주가 되어 지역민의 고용 및 경기를 좌우하는 것을 원하지 않는다.
5) 실제로 벤처창업의 실패율이 과장되어 있고 창업이 몇몇 사람들만의 전유물이 아니라는 인식이 확산되었다.
6) 각종 세율이 점점 상승하는 상황에서 중산층이나 저소득층인 대부분의 봉급생활자들이 부를 축적할 수 있는 방법 중의 하나가 자신의 사업을 운영하는 것이라는 점에 대한 인식이 확산되었다.
7) 컴퓨터를 비롯한 각종 정보기술의 발전이 새로운 벤처창업의 기회를 제공하는 동시에 다른 산업에서의 창업비용을 낮추고 진입장벽을 낮추었다.
8) 각종 보고서, 신문, 방송 등을 통하여 보도되는 다른 나라에서의 벤처창업의 열기 및 성공사례 등을 통하여 벤처창업이 특정국가에 국한된 것이 아니므로 성공의 가능성을 그만큼 높여준다고 믿게 되

---

8) Robert Ronstadt, The Educated Entrepreneurs : A New Era of Entrepreneurial Education is Beginning, American Journal of Small Business, Vol 10, No.1 Summer, 1985.

었다.

이 중에서도 우리가 더욱 더 생각하여야 할 부분은 여성노동력의 활용과 여성을 주부로서가 아닌 새로운 역할을 기대하여야 한다는 것이다.

2. 창업과 여성노동력

실례로 미국 등의 선진국에서는 여성 경영자가 많이 등장하지만 아직은 일본, 한국 등 동양사회에서는 여성의 역할은 한정되고 남성과 똑같은 대학을 졸업하더라도 취직에 불리한 경우가 많다보니 취직보다는 창업으로 움직이는 경우가 많다는 것이다. 앞으로 우리나라가 기대하여야 할 부분 중의 하나이다.

미국에서는 미모의 전업주부인 트로피 와이프(trophy wife)가 인기가 있었으나, 요즈음은 맞벌이 여성의 역할이 증대되어 파워커플(power couple)이 인기가 있으며, 전업주부보다는 직장인으로서의 여성의 역할이 증대되고 있다.

우선 우리나라는 세계에서 드물게 보는 비맞벌이부부의 국가이다. 거의 남편 혼자서 벌어다주는 월급으로 가계를 움직이다보니 비효율적인 것은 물론이고 뛰어난 여성들의 아이디어와 인력이 사장되는 경우가 허다하다. 앞으로 개선하여야 할 부분이다. 그러나 세계가 맞벌이부부의 흐름으로 움직이고 있으며 우리나라에서도 젊은층의 경우는 거의가 맞벌이부부를 생각하고 있는 것으로 나타나 변화의 움직임이 일어나고 있는 것으로 사료된다.

<사례 1> : 한국 니트족(무위도식 청년) OECD 평균 넘어

(Neet : Not in Education, Employment or Training)

직장도 없고 학교도 가지 않는 이른바 '청년 니트족(NEET族)' 비율이 우리나라의 경우 경제협력개발기구(OECD) 회원국의 평균을 웃도는 것으로 나타났다.

청년 취업률도 OECD 평균치보다 턱없이 낮은 것으로 조사됐다.

OECD가 23일 공개한 '한국의 청년고용' 보고서에 따르면 지난해 우리나라의 청년 취업률은 27%를 기록해 OECD 회원국의 평균 취업률 43%에 비해 무려 16%포인트나 낮았다.

청년 실업률도 OECD 평균(14.7%)보다 낮긴 하지만 2003년 이래 꾸준히 높아져 지난해는 10%를 웃돌았다. 외환위기 이전 우리나라 청년 실업률은 6~8% 수준이었다.

우리나라 청년 취업률이 낮은데 실업률도 낮은 것은 다른 나라보다 청년들이 대학에 더 많이 진학하기 때문이라고 이 보고서는 분석했다.

우리나라 15~24세 사이의 니트족 비율은 OECD 회원국의 평균에 근접하는 반면 15~29세의 니트족 비율은 17%로 OECD 회원국 평균을 웃돈다고 보고서는 전했다.

니트족 비율이 높은 것은 의무복무제에 따라 노동시장에 진입하는 청년층의 연령대가 높은 데다 대학교육에 참여하고 있거나 졸업 후에도 취업하지 않는 젊은이들이 많기 때문이다. 여기에다 지난해 15~29세 취업인구 중 33%가 비정규직이고, 자신의 전공을 살려 직업을 구하는 사례가 갈수록 적은 현실도 이를 부추기는 요인으로 지적됐다.

OECD는 이런 현실을 타개하기 위한 방안으로 • 대학과 노동시장 사이의 연계를 강화하고 • 모든 학생들에게 직업 안내 서비스를 제공하는 한편 • 고용보호 입법의 개혁을 추진할 것을 제안했다.

OECD는 "한국 정부가 외환위기로 악화된 청년 노동시장의 활력을 회복하기 위해 2000년 이래 많은 정책을 도입했지만 큰 실질적인 효과를 거두지 못했다"고 밝혔다.

출처: 세계일보 2007.12.24 발췌

2

창업과 기업가

1_ 창업 설립 단계

2_ 사업성과 창조적 아이디어

3_ 창조성, 혁신, 기업가 정신

4_ 기회포착 및 사업아이디어 개발

5_ 비즈니스 플랜

01

창업 설립 단계

1. 창업

창업이란 여러 가지 정의가 있지만 간단히 정의하면 기업을 만드는 것을 말한다. 기업을 만드는 요인 즉, 개인이나 집단이 이윤창출을 목표로 소정의 절차를 거쳐 합법적으로 설립되는 것을 창업이라 한다.

창업을 하려면 첫 번째 새로운 아이디어가 필요하고 두 번째는 자본이 필요하고 세 번째는 위험요소를 극복하고 노력하려는 기업가 정신이 필요하다.

이 세 가지를 창업의 3요소라 한다.

첫 번째 사업의 아이디어는 바로 창업의 목적과 필수요건이다. 어떤 제품을 개발해서, 어떻게 제조할 것이며, 어떤 서비스로 보급할 것인가?에 따라 창업의 동기가 결정된다.

두 번째는 자본(capital)인데 이는 창업에 필요한 인원, 사업장 확보, 경영에 필요한 자원, 기타 경비에 필요한 자금을 확보하는데 꼭 필요한 요소이다.

〈표 2-1〉은 미국의 Dun&Bradstreet의 자료인데 창업 후 1년 이내 도산하는 비율이 24.1%를 차지하고, 10년 이내에는 91.7%를 차지하는 것을 보면 창업 후 10년 버티면 성공한다는 말이 실감나는 통계이다.

〈표 2-1〉 중소기업 창업 실패율

도산기간	비율
1년 이내	24.1
5년 이내	40.1
10년 이내	91.7

자료 : Dun & Bradstreet, Business Failur Record, (2,000)

〈표 2-2〉 경영실패의 요인

비율	실패요인
3.9	게으름
6.8	재난 및 기타요인
63.5	경제적 요인
2	전략 및 경험 부족
24.1	서투른 재무관리

자료 : Dun & Bradstreet

〈표 2-2〉의 경영실패의 요인을 보면 경제적 요인이 63.5%로 나타난 것을 보면 창업시의 자금요인이 무엇보다도 중요 요인으로 작용하고 있음을 암시하고 있다고 하겠다.

창업자금은 자기자본금과 타인자본금으로 나누어 생각할 수 있는데, 창업 초기에는 자기자본의 비율이 상대적으로 높은 것이 현실이다. 자본금은 자기자본비율을 최대한 높여놓아야 한다. 왜냐하면 자기자본은 금융비용에 대한 부담이 없기 때문에 가격 경쟁력을 높이는 데 아주 효과적이기 때문이다. 금융기관에서 창업지원자금 이외의 대출금을 이용한다거나 사채를 사용할 경우 높은 이자율로 인한 과도한 금융비용의 지출로써 채산성을 맞추지 못하면 걸음마를 걷는 초기 창업 기업은 심각한 위험을 맞아 도산하기가 쉽다. 따라서 자금이 부족한 경우에는 무리하게 타인 자본을 쓰기보다는 동업도 필요하다. 우리나라의 경우는 친구끼리는 동업하지 말라는 말이 있듯이 동업을 꺼리지만 동업의 장점을 위험부담의 분배이고 이자율의 금융비용이 해소된다는 점이다.

동업에 있어서 가장 중요한 것은 신뢰이다. 서로에 대한 신뢰가 계속되려면 다음과 같은 사항을 문서로 계약화해야 한다.

(1) 지분의 출자비율

동산, 부동산을 포함한 현금화 가능한 모든 자본을 각자 출자 가능한 비율로 미리 정하여 놓는다.

(2) 역할과 책임

참여 지분의 규모에 따른 책임 소재의 구분보다는 각자의 능력에 맞는 형태의 역할과 지분을 분담하여 사업의 활성화에 힘써야 할 것이다.

(3) 이익 발생과 분배

이익 발생시 분배에 대한 명확한 구분이 없으면 동업자 간에 상호 가지고 있어야 할 신뢰가 깨지게 되는 경우가 발생한다. 그러므로 이익 발생에 대한 분배의 내용은 참여한 지분의 비율을 기초로 하여 회사 발전에 대한 공헌도 및 경영능력까지 포함하여 상호 불만이 없도록 미리 기준을 정하여야 할 것이다.

(4) 책임의 소재

기업의 민사, 형사상의 책임은 기업의 대표자가 갖는다. 따라서 민, 형사상의 분쟁의 소지가 있을 경우에는 보증에 대한 사항 등을 미리 정해 본인의 부분만 책임을 지는 것도 계약화하여야 한다.

대표이사라고 해서 좋은 것은 아니고 오히려 창업시의 대표이사는 성공률이 낮으므로 이 부분을 정확히 하여야 한다.

또한 정상적인 타인자본이 필요한 경우에는 사실상 쉽지 않다. 따라서 창업자는 담보설정 등을 요구당하는 것이 사실이지만 창업투자회사, 지방 중소기업육성자금 등도 있어 이용할 수 있다.

세 번째는 기업가 정신인데 이는 창업 후 많은 위험요인을 극복하는 능력을 말하는데 일부 학자들은 아이디어와 자본도 중요하지만 창업자에는 위험을 극복하기 위한 창업자의 노력, 그 자체가 창업의 전부로 보는 사람도 있다.

그렇다면 그렇게 힘든 위험을 무릎 쓰고 창업을 하는 이유는 무엇 때문일까?

그 이유는 자기가 자기 의지대로 하고 싶은 성취동기와 위험극복 후의 엄청난 보상이 있기 때문이다. 기업가 정신은 바로 그 위험을 이겨낸 뒤에 오는 보상의 크기를 극대화하기 위하여 사업을 일으키려는 의지라고 할 수 있다.

2. 창업의 단계와 기업가적 사고

창업자는 창업 단계에서 개인으로 출발하지만 개인으로서 존재하는 것은 아니다. 창업자는 성공을 확신하면서 창업을 했지만 갑작스런 외부적 환경의 변화(고유가, 환율변동)와 내부적 환경의 변화(대출금의 변화, 투자자의 변화)로 많은 고민을 하게 된다. 창업자는 이 모든 환경요인을 열정적으로 유리하게 만드는 역할이 요구되는데 창업시의 그 무게감은 말로 표현하기 어려울 정도이다.

〈그림 2-1〉에서 보여지는 것처럼 창업시의 몇 년을 기업가적 단계로 불려지는데 이 시기에는 기업가 정신 없이는 성공하기 어렵다.

이 시기는 새로운 아이디어와 혁신적 사고로 출발하기 때문에 관리적 사고보다는 위험극복의 기업가적 사고 단계이다.

〈그림 2-1〉 경영적 욕구의 변화

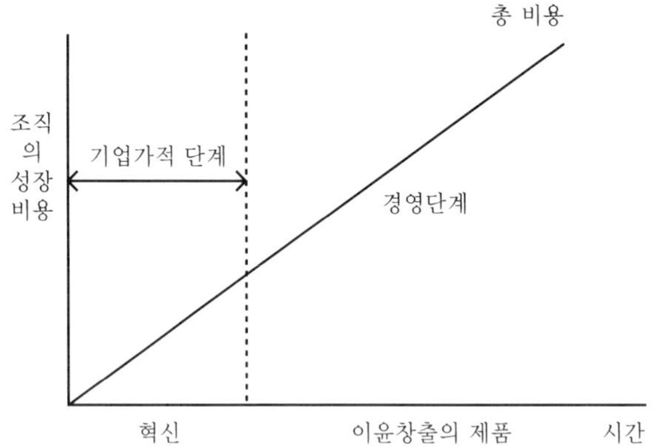

자료 : Joel Corman & Robert N Lussier, Small Business Management, IRUIn McGraw-Hill, 1998, p.16.

일반적으로 창업 후 3년 미만의 도산이 80%를 차지한다고 한다[1].

따라서 창업을 창업자만의 새로운 아이디어나 획기적인 서비스를 바탕으로 시작하지만 1년 혹은 3년 이상을 유지할 전략적인 방법이 필요하다.

본인이 기술적인 능력은 뛰어난데 관리적 능력이 부족한 경우에는 신속하게 인적 자원을 확보하여 경영과 마케팅에 능하도록 변하여야 한다.

초기 1년 이내에 도산한 기업이 많은 경우에는 기업가적 단계에서 경영단계로 이어지지 못해서 그런 경우가 많다.

지금 우리는 글로벌화, 정보화의 세계에 살고 있기 때문에 각자의 기술력과 정보력을 무기삼아 경쟁력있게 살기 위해서는 차별화된 기업가 정신이 필요하다.

기업가 정신은 성공하겠다는 불굴의 의지가 확고한 사람만이 가질 수 있는 창업의 덕목이다. 단순한 창업가가 아닌 성공한 기업인이 되기 위해서는 모험을 즐기며 위험을 감수하는 기업가 정신이 절대적으로 요구된다.

3. 현대의 경영환경과 창업

현대의 경영은 기업가의 위험에 대한 관리능력과 위험극복 능력을 매우 중요시한다. 과거에는 수익창출이 기업의 최대기준으로 설정되었으나 지금은 위기관리능력에 대한 중요성이 강조되고 있다. 위기관리능력

1) Gareeh. R. Jones. Jennifer. M George, Contemporary Manarement, McGraw-Hill, 2008. p280

이란 급변하는 현대의 기업환경에 대응하는 능력을 말한다.

창업가가 만든 신제품에 기대를 하였지만 타사제품의 경쟁제품과 신규아이템의 등장을 통해서 나타난다. 또는 시장 환경의 변화에 따른 아이템의 제품수명주기의 변화와 자금회전의 정체현상 등은 창업 초기의 최대위험이기도 하다.

위험이 크면 클수록 대응능력도 문제시되겠지만 high risk, high return이라는 말처럼 위험이 높지 않으면 큰 이익도 있을 수 없다.

02 사업성과 창조적 아이디어

1. 창조적 아이디어

창업의 3요소에 아이디어가 들어가듯이 창업과 아이디어는 밀접한 관계가 있다. 그러나 기술에 집착하는 사람들은 상품화에 약하므로 고객의 관심을 끌기 어려운 아이디어를 고집한다.

아이디어는 때로는 현실적이지 않을 수 있기 때문에 고객을 중심으로 가설검증과 기획을 통해 시장조사와 고객조사를 통하여 얼마만큼의 자금과 인재가 필요하고 설비기기가 어느 정도 필요한가를 시뮬레이션하는 것이 중요하다.

엔지니어들은 아이디어와 기술만 갖고 시장의 요구와 고객의 요구에 부응하지 않는 제품을 만들려는 경향이 있기 때문에 수많은 시장조사와 고객조사를 거쳐 아이디어가 사업을 창조할 수 있도록 사업화를 위한 기획화가 필요하다. 아이디어와 기술만 믿고 너무 쉽게 창업하여 실패하는 경우가 많으므로 신중하게 기술과 자본을 평가하여야 한다.

〈그림 2-2〉 **사업 창조의 과정과 지식체계**

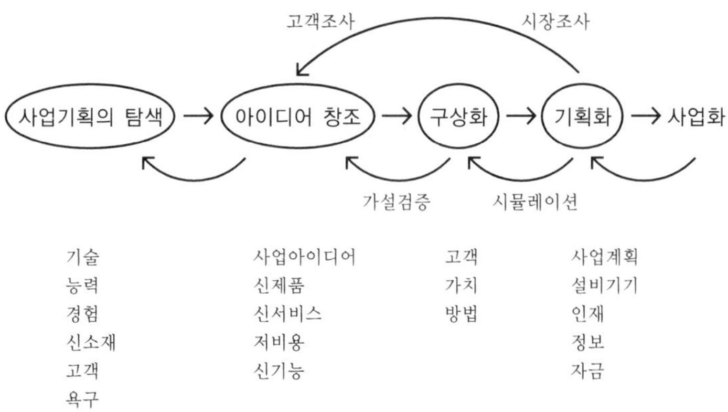

그렇다면 창업자는 어디에서 아이디어를 얻는가? 순간적인 아이디어도 있겠지만 창업자들은 보통 자신이 고객이나 피고용자였을 때 느꼈던 문제에 대한 해답을 찾은 뒤, 그 해답을 기반으로 새로운 사업에 착수한다(그림 2-3 참조). 한편, 페더널 익스프레서(Federal Express)의 창업자는 자신이 대학 시절에 쓴 논문 아이디어를 얻었는데, 그러한 경우는 흔하

2) 아마하이드외 지음/ 지용희 오세종 옮김, 하버드 창업 가이드, 21세기 북스 2001, P87

지 않다.[2] 또한 빌게이츠와 소프트방크를 설립한 한국계의 손정의(마사요시)도 대학 중퇴를 하며 성공한 것을 보면 젊은 시절의 아이디어가 중요한 것임을 나타내는 예이기도 하다.

〈그림 2-3〉 **창업자는 어디에서 아이디어를 얻는가?**

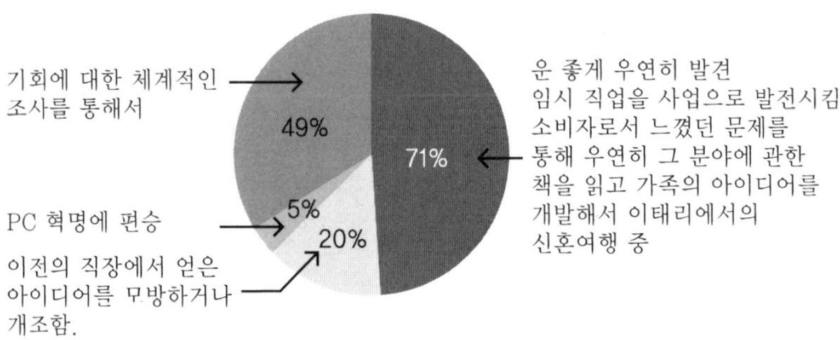

자료 : '미국에서 가장 빠르게 성장하는 500대 개인기업'의 창업자 100명과의 인터뷰〈INC.〉, 1989.

수익성이 있는 회사로 성장하려면 창조성인 아이디어와 뛰어난 실행능력을 결합해서 우위를 확보해야 한다. 이때 창업자의 창조성은 혁신적인 제품이나 기존 질서를 변화시키는 과정(서비스)에서 나타날 수 있다. 창업자는 외부 환경의 변화 과정이나 결과에 대해서도 남다른 선견력과 통찰력을 가져야 한다. 예를 들어 캘리포니아의 골드러시는 수십만 명의 빈민들을 열광하게 만들었지만, 레비스트로스(Levi Strauss)는 그곳에서 시굴자들에게 질기고 거친 천으로 만든 옷을, 그리고 나중에는 무명으로 된 청바지를 만들어 공급하게 하는 사업을 시작했다. 그리고 골드러시가

끝난 뒤에도 블루진의 레비스트로스는 사라지지않고 지금도 그 명성을 유지하고 있는 것은 혁신적인 아이디어의 실행과 편리함과, 젊음의 창조성을 갖출 수 있도록 했기 때문이다.

2. 외부 환경의 변화에 대응 능력

창업은 일반적으로 성숙한 산업분야에서보다는 새로운 분야 또는 틈새 시장에서 그 기회를 활용하여야 한다. 기존 산업 분야에서는 시장의 특성상 취약한 기술력과 전략, 조직으로는 살아남을 수 없으며, 경쟁자들을 따돌리려면 창조성과 경험이 필요하다.

하지만 새로운 시장과 틈새시장은 상황이 다르다. 거기에는 미처 자리를 잡지 못한 경쟁사들, 제품의 희소성에서 오는 수익 창출의 기회가 존재한다. 그러므로 혁신적인 요소, 기술 또는 전문성을 갖추고 창업할 의지만 있으면 성공할 수 있다.

외부 환경의 변화가 주는 효과는 1980년대 퍼스널 컴퓨터 혁명에 편승한 하드웨어, 소프트웨어, PC 교육, PC 소매, 시스템 통합 분야의 많은 성공 사례에서도 잘 드러난다. 컴퓨터 기술을 습득한 사람이 매우 드물었기 때문에, 보단(Bohdan)사의 창업자인 피터 자하르키브(Peter Zacharkiw)와 같은 기업가들은 고객들이 특별한 서비스라고 여기는 것을 제공함으로써 성공적인 영업권을 구축할 수 있었다.

단지 업계에 일찍 진출해 앞에 놓인 기회들을 이용했다는 이유 하나만으로, 빌게이츠는 획기적인 상품 없이도 마이크로소프트를 수십억 달러 규모의 회사로 만들었다.

1975년 당시 19세였던 게이츠와 그의 동업자인 21세의 폴 앨런(Paul Allen)은 마이크로소프트를 창업해 자신들이 개발한 소프트웨어를 판매했다. 마이크로소프트는 1979년에는 25명의 직원을 거느리게 되었으며, 매출은 250만 달러에 달했다. 그러자 IBM은 1980년 11월 퍼스널 컴퓨터의 운영시스템을 마이크로소프트에서 구매하기로 결정했다. 그 즉시 마이크로소프트는 시애틀 컴퓨터(Seattle Computer Products) 사로부터 운영 시스템을 사들였고, 다시 그것을 현재는 어디서나 볼 수 있는 MS-DOS로 개조했다. 결국 IBM이라는 이름과 DOS 환경에서만 운영되는 1-2-3 스프레드시트의 엄청난 성공으로 인해, 마이크로소프트는 운영시스템 공급업체 중 최고가 될 수 있었다.[3)]

03 창조성, 혁신, 기업가 정신

사업을 시작한다고 해서 무조건 기업가적인 창업(entrepreneurial start-up)이라고 부르는 것은 아니다. 일반적으로 기업가란 새로운 스타일 유형의 기업을 창업한 사람이라고 말할 수 있다. 기업가적 기업이 되기 위

3) 아마하이드외 지음/ 전게서 PP.93~94

해서는 기존의 것과는 무언가 다르면서 새로운 것, 즉 이전보다 가치있는 것(something new different valuable)을 만들어 냄으로써 종래의 가치를 변화시키는 역할을 수행해야 한다. 한마디로 말하여 창조성, 혁신 및 기업가 정신이 서로 연관되어질 때 비로서 기업가적인 기업이 될 수 있다.

(사례 1) 햄버거

가령 맥도널드 햄버거는 창의성과 기업가 정신이 발휘된 것으로 잘 알려져 있다. 맥도널드는 잘 알려진 바와 같이 독일의 함부르그(hamburg)의 음식이었으나 1949년 맥도널드 형제에 의해 캘리포니아 산 버나디노(San Bernadino)에 처음 열면서 상품화가 되었다. 그러나 세계적으로 유명하게 된 것은 1955년 레이크록이 맥도널드 형제의 프랜차이즈 판매권을 인수 공동경영에 나서면서부터 창조성과 혁신성, 기업가 정신이 결합되면서 세계적으로 유명하게 되었다. 2006년 현재 119개국 3만여개의 매장에서 5000만명에게 서비스를 제공하고 있어 외식업은 물론, 프랜차이즈업계에서도 세계 최대규모를 자랑하고 있다.

⇒

햄버거 ⇒ 상업화

(사례 2) 라면

라면 또한 마찬가지이다. 라면은 원래 중국의 건면에서 유래하여 1958년 일본의 안도 모모후쿠라는 사람이 면을 기름으로 튀기는 것을 보고, 라면 만드는 법을 확인하였다고 한다. 닛신 치킨라면은 출시하자마자 전후 일본의 궁핍한 세대에의 음식뿐만 아니라 지금의 세계인의 음식으로 키워낸 것은 창조적 아이디어와 기업가 정신의 결합에서 나타났다.

국 수 ⇒ 라 면 ⇒ 컵 라면

즉, 국수보다는 뜨거운 물에 넣기만 하면 먹을 수 있는 인스턴트 라면을 만들어 선풍적인 인기를 모았다. 8년 뒤인 1966년 미국에서 슈퍼마켓 점원이 치킨라면을 2등분하여 종이컵에 넣어 먹는 것을 보고 컵라면에 대한 아이디어를 얻었다. 그리고 1971년 9월 18일, 닛신 컵라면을 발매, 세계적으로 유명한 컵라면의 역사를 만들게 된다. 2006년 미국 타임지 11월 13일자에 60년간의 아시아 영웅으로 뽑히게 되었고, 일본에서는 100년간 워크맨, 트랜지스타 라디오와 함께 인스턴트 라면이 최고의 발명품으로 뽑히기도 하였다.

이들 두 제품의 공통된 혁신은 고객이 원하는 욕구를 연구하였고, 새로운 고객을 유인, 가치를 창출해낼 수 있었던 점이다.

(사례 1)은 즉, 크고 작은 수많은 창조적인 아이디어들을 결합시켜 햄버거의 대중화를 만들어냈다. 즉, 새로운 인테리어, 새로운 품질기준, 새로운 종업원 훈련기준, 새로운 유통혁신과 대규모 프랜차이즈 가맹점체제 조성 등 이루 헤아릴 수 없을 정도로 많은 것을 고안해 내었다. 바로 이점 때문에 맥도널드 형제보다는 레이크록(Ray kroc)이 맥도널드 창업자로 인정받고 위대한 기업가로 찬양받고 있는 것이다.[4)]

그리고 (사례 2)는 창조적인 아이디어를 결합 라면 · 컵라면을 창조하였다. 쌀을 주식으로 하던 일본에 인스턴트 라면을 만들어 제조공정의 표준화, 그리고 위생을 청결하게 하여 대량생산을 가능하게 했던 점과 새로운 아이디어를 결합하여 컵라면을 만들었던 점은 안도 모모후쿠를 위대한 창업가와 기업가로 존경하고 있는 것이다.

1. 창조성 혁신 및 기업가 정보의 흐름

상술한 바와 같이 창조성, 혁신 및 기업가 정신은 불가분의 관계에 있고 어느 하나 소홀히 할 수 없음을 알 수 있다. 다음에서는 창업의 성공요인으로 작용하는 창조성과 혁신, 그리고 기업가 정신의 연관성에 관해 알아보기로 한다.

---

4) John F. Love, McDonald's Behind The Arches, BanTam Books, 1995. pp2~8

〈그림 2-3〉 **창조성, 혁신 및 기업가 정신의 연계사슬**

Creativity (창조성)	⇒	Innovation (혁신)	⇒	Entrepreneurship (기업가 정신)
Thinking new things		Doing new things		Creating value in the market place

출처 : Thomas W.Zimmer, Normar M Scarorugh, Entrepreneurship and the new venture Formaeion prentice hall,1996, p52

기업가란 창업경영에 따른 위험과 모든 책임을 감수하면서 창조성의 가치를 즐기는 자로 규정된다. 그러므로 기업가 정신의 특징은 개척정신인 창조성을 바탕으로 출발하여 보다 개선적이며 혁신적인 행동을 실천적으로 수행하는 데에 있다. 즉 창조성은 새로운 아이디어를 산출하고, 혁신과정을 통하여 보다 성공적으로 수행할 수 있는 원동력이다.

1) 창조성(creativity)

창조성이란 이전에 없었던 새로운 것으로 시장가치를 창출하는 것을 말한다. 또한 경영학에서는 원하는 만큼 충족되지 못한 욕구를 생각해내는 것을 자칭한다. 창조성은 생존에 필요한 사고로서 경영학에서의 영역은 기업 간의 경쟁대상과 경쟁방법에 국한되지 않고 소비자의 취향, 제품 및 서비스의 범위, 진출시장의 지리적 위치, 유통, 구매채널 등 광범위하다.

오늘날 창조성은 기업경쟁력의 중요한 요소이며 창조성을 키우기 위해서는 지적 경영자원 확보가 선행되어야 한다. 인재라는 개념도 기존의 양적인 노동자원을 뜻하는 객관적인 노동력이 아니라 다양한 개성과 사고 발상적 창조능력을 갖고 조직학습을 통해 향상시키는 질적 주체를 말한다. 소프트화, 서비스화, 지식집약화로 진행되는 오늘날의 경영활동에서는 지적 경영 자원의 확보가 더욱 중요하다. 왜냐하면 기업경쟁력 창출에 필요한 창조성을 가져다 주기 때문이다.

2. 혁신(innovation)

혁신의 어원은 가죽을 벗겨 새롭게 만든다는 뜻으로 국어사전에서는 '묵은 조직을 바꿔 새롭게 함'[5]을 뜻하고 있다. 이노베이션은 혁신 또는 신기축이라고도 한다. J.A. 슘페터의 경제발전론의 중심개념으로, 생산을 확대하기 위해 노동, 토지 등의 생산요소의 편성을 변화시키거나 새로운 생산요소를 도입하는 기업가의 행위를 말한다.

기술혁신의 의미로 사용되기도 하나 이노베이션은 생산기술의 변화만이 아니라 신시장의 신제품의 개발, 신자원의 획득, 생산조직의 개선 또는 신제도의 도입 등도 포함하는 보다 넓은 개념이다.

일반적으로 혁신의 어원은 더욱 새롭게(to renew), 혹은 다시 시작하는(to begin again)의 뜻이며, 정지되어 있는 상태에서 새 출발하는(to start fresh) 드러커(P Drucker) 교수는 '혁신이란 기업가의 특수한 도구이며 색다른 사업을 갖거나 보다 나은 서비스의 향유를 위한 과정이다.' 라고 정의했다.

---

5) 이희승 감수 민중엣센스 국어사전, 민중서림, 1997

다시 말하자면, 부를 창출하기 위한 새로운 능력을 갖춘 자원을 얻으려는 행위라고 정의할 수 있다. 새로운 아이디어만 갖고서는 이노베이션이 일어나지 않는다. 실행에 옮기는 것이 무엇보다 중요하기 때문에 창조성 발휘의 수단으로 비춰지게 된다. 이미 존재하고 있는 자원으로부터 부를 창조하는 잠재력을 새롭게 변화시키는 어떠한 행위도 혁신이라 할 수 있다.

즉 기술적인 측면 이외에서도 서비스, 유통, 종업원의 훈련기준 등 매우 다양하게 적용될 수 있다. 혁신의 종류에는 시제품출현(prototype), 개량품(improvement) 등이 있다.

3. 기업가 정신

기업가 정신은 시장에서의 창조적 가치를 창출하는 행위를 말한다. 창조적 가치란 화폐적 가치 창조를 말하는 것으로 상업적으로는 상품을 만들어서 시장을 형성하여 새로운 고객을 창출하는 것을 말한다. 슘페터는 기업인들이 갖추고 있는 혁신의 능력과 투자의욕, 시장 개척과 신제품 그리고 새로운 개발 등 보다 긍정적이고 적극적인 행위야 말로 경제발전의 원동력이라 하였다.

이와 같은 기업가 정신은 창조성에서 출발하여 혁신으로 이어지고 기업가 정신으로 결실을 맺는다고 할 수 있다.

기업가 정신은 기업에만 한정되는 것이 아니고 사회적 환경을 개선하는 데에도 이용된다. 기업과 사회 그리고 국가에서도 창조성과 혁신이 연결된 새로운 변화, 새로운 조직을 원하고 있기 때문이다.

4. 화폐적 창출

창조성은 새로운 것을 만들어내는 것으로 기발한 산업 아이디어를 발상하는 것이고, 혁신은 새롭게 실행하는 것이고, 기업가 정신은 신상품 또는 서비스, 새로운 기능 등을 상품화시켜 화폐적 가치를 창출하는 것이다. 위의 단어는 서로 연결되어 새로운 의미를 만들어내고 새로운 상품을 만들어낸다.

기업가 정신은 충족되지 못한 새로운 것을 알아내어 개선, 혁신하는 과정이 필수적이다. 하지만 개선되거나 혁신되어졌다 해도 소비자가 인지하거나 가치를 느끼지 못하거나 상품화, 제품화 되지 못하면 아무런 의미가 없다. 고객에게 영향을 주어 새로운 고객을 만들어냈을 때 기업가 정신이 나타난 것으로 볼 수 있다.

04

기회포착 및 사업 아이디어 개발

1. 기업가의 기회발견

개인이 벤처를 창의적으로 창출하는 과정에서 중요한 것은 의도(intention), 경계(boundary), 자원(resources), 그리고 변환(exchange)을 이해

해야 한다는 점이다. 이는 새로운 조직출현의 척도로서 판단되는 것이다. 여기에서 기업가는 의도적인 접근을 한다는 입장에서 기회에 대한 판단을 확인하고자 한다. 보통 의도는 '벤처창조라는 목표를 실행하기 위해 사용되는 정보' 로 정의한다. 따라서 수동적인 개념보다는 보다 적극적인 능동적인 개념으로 이해하고자 한다. 이는 단순한 비즈니스 창출에 대한 열망보다는 보다 논리적이고 구체적인 Sense Making(전문적인 어드바이스를 찾으며, 시장을 연구하는 행동)으로 판단한다.

위 속성 중 경계는 '출현조직과 환경 사이의 장벽' 으로 정의된다. 장벽은 기업가가 기업성장을 선택할 때나 의식적으로 벤처창출을 시작하는 그때 비공식적으로 변한다. 그런 경계는 어떤 비용 또는 물리적인 장애요인 없이 벤처를 포기하는 기업가를 만든다. 이는 조직화와 예비조직을 구분 짓는 속성으로 판단된다.

자원은 '전체적인 조직화로 결합되거나 조정되는 물리적 부문' 이다. 자원은 인간과 금융자본, 자산과 설비, 신용 등을 포함한다. 비록 일반적인 틀로 설명되지만 자원의 축적과 사용이라는 관점에서 자원은 벤처조직의 속성을 구분짓는다. 변환은 '조직의 또 다른 시스템 내에서 또는 조직과 환경변화의 관계에서 이전하는 사이클' 이다.

변환은 전제된 3가지 조건이 발생한 후에 신생 벤처의 출현 또는 창업을 표시하는 척도이다. 여기에서는 무엇보다도 마케팅(판매)이 새로운 벤처기업의 탄생을 기념하는 날이 될 것이다. 따라서 전반적으로 확인된 기회, 창조 그리고 변환단계가 지속적으로 이어진다.

이러한 맥락에서 보면 벤처개발과 연속적인 사건이 다양하겠지만, 이 속성들은 신생 벤처의 창안과정에 중요한 구분을 한다.

2. 의도와 벤처창조

기획화된 행동은 벤처창조를 공식화하여 사업화에 이르게 한다. 기업가적 의도(벤처창출의 의도)는 사회규범, 그리고 통제/능력(자기 유효성), 기업가적 기회에 대한 태도에 의해 영향받는다. 그러나 무엇보다도 위험을 무릅쓰고 독립하려는 의지는 창조적 파괴를 일으켜 기업가적 행동(벤처창조)을 일으킨다. 또한 기업가의 숙련도, 경험, 역할, 지식 그리고 개인적 특성과 같은 외생요인이 태도에 영향을 준다.

특히 태도에 영향을 주는 외생요인은 기업가 정신에 사전 노출된 기업가의 열망과 벤처출발의 순탄함이 일어나며, 이는 기업가적 의도에 긍정적으로 연결된다. Drucker(2002)[6]가 지적한 것과 같이 기회의 인지과정이 불확실성이 높은 사업과 이에 비해 다소 떨어지는 사업 간의 차이에서 발생하는 것이라고도 한다.

일례로, 첨단 벤처의 경우, 의도적인 기업가행동이 더욱 클 것이고, 반대로 보편화된 소비자의 욕구를 메워주는 일반적인 소상공인 창업정도는 비의도적인 기업가적 행동이 일어날 것임을 가정할 수 있다. 불확실성 정도에 따라 의도적 또는 비의도적인 조건이 생성될 수 있다.

즉, 기업가에 영향을 주는 외생요인들의 조건 여하에 따라 기업가적 의도와 기업가적 행동이 조절된다는 것이다. 더구나 상황(situation) 여하에 따라 기업가적 의도와 기업가적 행동이 조절된다고 할 수 있다.

---

6) Peter. E. Drucker, InnoVation & Entreprenurship, Harper & Row. 2002

3. 외생요인으로서의 핵심역량(core competence)의 의미

의도와 기업가 행동 사이의 관계에 영향을 줄 만한 외생변수는 핵심역량의 존재유무이다. 물리적 자원도 판단되지만 무엇보다도 중요한 것은 무형의 핵심역량인 기업가의 지식(knowledge)이다.

지식은 모든 자원의 잠재적인 초과이윤(rent-earning)에 대한 기반이라는 점에서 기업가의 업무는 모방하기 어려운 결합을 통해 자원을 획득하고 배치하기 때문이다. 기업가의 지식이 벤처창업기회에 반응하는데 있어 보다 불확실성을 줄일 수 있다면, 의도적인 벤처창출을 가능하게 하며, 자원을 축적하고 자원의 흐름을 결정하는 능력을 보일 수 있기 때문이다. 가장 좋은 예가 벤처캐피탈리스트가 벤처기업을 평가하는데 중요한 기준이 기업가라는 점을 볼 때, 독특한 자원을 개발하는 기업가의 능력은 궁극적으로 벤처수익률을 결정짓는다. 따라서 벤처캐피탈리스트가 다른 비교기업에 상대적인 기회비용을 인식하고 한 벤처기업에 투자를 결정하는 것은 벤처기업가와 벤처캐피탈의 적합한 만남이 이루어졌기 때문이다.

더욱이 이러한 외부자원과의 상호 커뮤니케이션 조건은 벤처를 시작할 수 있는가 아닌가의 중요한 결정요인인 것이다. 연구자들은 보통 외부자원의 연결 정도가 벤처창조에 긍정적인 효과를 가져다 줄 것이라고 말한다.

4. 사업 아이디어와 기회의 창

이러한 과정을 거치고 나면, 기업가는 사업아이디어를 확인하기 위해 기회의 창(windows of opportunity)을 판단한다. 앞의 논의에서 말하였지만 아이디어, 즉 기회를 판단하는데 있어 기업가의 지식이 무엇보다도 중요하지만 시장에 접근하기 위해 가능한 외부자원을 조달하는 문제까지 접하게 된다.

따라서 이 기회의 창은 기술(제품과 서비스)+시장의 결합이 이루어져 벤처기업이 비즈니스 플랜에 따른 수익모델이 나와야 한다. 즉, 기업가 정신으로 가는 방법을 확인하는 것이 중요하다.

〈표 2-3〉 기업가 정신으로 가는 길

산업구조 기업가 → 기회의 창 → 전략 → 벤처창조 경영관리과정

자료 : A. Bakr Ibrahim and Willard H. Ellis(1993), Entrepreneurship and Small Business Management(2ed.), Kendall/Hunt Publishing Company.: 21.

이 과정에서 효과적인 비즈니스 플랜을 제시하기 위해 기업가가 확인해야 할 주요 포인트는 다음과 같다.[7]

---

7) A. Bakr Ibrahim and Willard H. Ellis(1993), op.cit..: 24.

① 아이디어, 기회의 창과 마찬가지로 비즈니스 개념은 명확하여야 한다. 모호한 개념은 진행방향을 상실하게 된다.

② 아이디어 또는 기회의 경제적 실행가능성이 증명되어야 한다. 손익분기점 분석이나 민감도 분석, 그리고 비율분석과 같은 기법은 건실한 기회가 될 수 있도록 만족을 줄 것이다.

③ 기업가 자신의 기술, 교육, 자격과 사전비즈니스 경험에서 강점과 약점에 관한 자기평가가 중요하다. 비즈니스 플랜은 잠재적 투자가에게 기업가와 그의 팀을 소개하는 효율적인 중간연결자이다.

④ 나중에 개척되는 산업, 동향, 경쟁, 성장 잠재력, 기회의 창 또는 시장틈새를 포함한 시장평가를 하라. 기업가는 시장조사와 차이분석과 같은 기법을 이용해도 좋다.

⑤ 고객에게 혜택을 주는 세분화와 가격전략과 같은 마케팅전략을 결정하라. 기업가는 선택된 전략을 신임하기 위해 시장조사, 동향분석/매거진 검토를 하여도 좋다.

⑥ 기회를 개척하기 위한 벤처의 내 · 외부 능력평가를 하라. 이것은 기술과 자원(강점, 약점)뿐만 아니라 외부환경에 대한 기회와 위협을 포함한다. 비즈니스 플랜은 기업가에게 새로운 시장과 보조금 또는 세금감면의 기회에 대한 외부환경의 검토기회를 준다. 더구나 치열한 경쟁과 새로운 동향과 같은 외부위협을 평가하게 한다.

⑦ 위험평가는 비즈니스 플랜에 첨가되어야 한다. 기회와 벤처의 긍정적인 면만 준다면 섬세한 투자가 또는 벤처캐피탈리스트에게 계획의 부정적 인식을 줄 수 있다. 또한 비즈니스 플랜은 기업가가 잠재적 위험을 어떻게 처리할 것인가를 포함하여야 한다. 일례로,

가. 위험 : 공급자가 정확한 때에 공급을 하지 않을 수 있다.

나. 상황적인 조건계획 : 두 번째 공급자의 가능성을 탐색한다. 또는 다음 단계의 적을 안다 등이다.

이상의 주의사항은 기업가가 항상 염두에 두고 있어야 한다. 보통 기업가들은 투자가나 의뢰인 같은 파트너를 무시하는 경향이 발견되기 때문이다.

이러한 비즈니스 플랜을 보여주기 위해서는,

① 문서로 잘 구성되어 투자가가 편하게 볼 수 있도록 작성

② 전문가적인 구성을 지닐 것

③ 모호성은 피할 것

④ 기업가 자신의 자금이나 일에 대한 중요도에 크게 기여하고 있음을 보여주어야 한다.

05 비즈니스 플랜

기업가가 상술한 주의를 환기하고 나면, 다음의 3가지 요소에 집중하여 사업계획서를 작성하여야 한다. 사업계획서는 투자자에 맞게 작성해

야 되지만 대부분 사업계획서가 숫자에 치우친 나머지 투자자들이 중요하게 생각하는 정보와 미래 가능성에는 별로 중요치 않게 생각된다는 점이다. 그러기 위해서는 투자자를 사로잡는 사업계획에 3가지 요소를 포함하는 것은 필수적이다.

1. 인적자원의 요소

창업멤버와 구성원과 업계의 관계에 어느만큼 정통한가를 판단할 수 있도록 사업의 제품, 생산과정, 판매, 경쟁사, 고객까지 포함한 지식을 솔직히 기술하여야 한다. 대부분의 노련한 투자자들은 사업계획서에서 인적자원 측면을 주시하며 새로운 아이디어나 제품보다는 아이디어를 실행할 수 있는 능력자를 중요시한다는 점이다.

2. 수익기회의 요소

창업 시에는 무엇보다도 창업하려는 산업의 규모와 구조적인 매력이 있는지를 파악하고 이것을 정확하게 설명하여야 하며, 투자자들에게 수익을 얻을 방법을 사업계획서에 충분히 명시하여야 한다.

우선 창업자(창업가)는 해당산업에 대해 면밀한 조사를 한 후 시장진입전략과 경쟁우위전략을 상세히 기술하여 수익기회를 만들 수 있는 요소를 만들어야 한다. 즉, 새로운 사업의 고객, 고객의 구입결정시기, 고객유치 등을 투자자의 관점에서 작성하여야 한다.

3. 외부환경의 극복방안

여기에서 말하는 환경이란 창업기회의 확인에서 회수까지 창업활동의 측면에 영향을 주는 요인을 말한다. IMF 위기 이후 벤처기업이나 자영업 등의 창업환경이 좋아지는 요인도 있었으나 요즈음은 신규기업의 자본조달을 어렵게 하는 금융환경요인이 무척 나쁘게 작용한다. 그러나 몇 년 전만 해도 아이템만 좋으면 돈을 얼마든지 조달할 수 있었다. 이전의 매력 있던 사업이 지금은 그다지 각광을 받지 못하고 있다. 이러한 나쁜 금융환경 요인을 유리하게 바꿀 수 있는 요인과 대책 등을 사업계획서에서 해결할 수 있는 방법을 제시하여야 한다.

【 사업목표와 사업계획서 】

(1) 사업계획서의 작성

기존의 사업계획서이든 창업계획서이든 사업계획서를 잘못 작성하였을 경우를 제외하고는 일반적으로 사업계획서를 작성한 기업이 작성하지 않은 기업보다 성과가 높고 성공률이 높은 것으로 나타났다. 대학에서의 교수의 강의 계획서의 작성시와 작성하지 않았을 때의 학생들의 반응과 같다. 아무래도 강의계획서를 작성하면 그대로 100%는 못한다 하더라도 그와 비슷하게 가기 때문에 아무래도 강의 계획서 작성하는 것이 유리하다고 하겠다. 그리고 일반적으로 창업기업의 경우는 업적성과와 상관관계가 있음을 나타낸다.[8] 사업계획서는 창업가의 아이템은 물론 창업가 자신을 알리는 계기가 되며, 기업의 외부와 의사소통을 하는 역할을 하기도 한다. 그리고 사업계획서를 통해 이해관계자들에게 창업가의 비전을 알리고 자원을 끌어들일 수 있는 기회를 제공한다.

(2) 사업목표와 계획

창업자가 자신이 개발한 사업구상을 실제로 추진하기 위해서는 그것을 실행에 옮기기 전에 어떤 형식으로든 기업의 앞으로의 갈 방향을 계획하고 설정하는 것이 필요하다. 창업기업의 이러한 장·단기계획 활동을 사업기획(Business Planning)이라 한다. 사업기획은 창업 시에 제일 중요한 요소 중의 하나이므로 배가 항해할 때 선장이 작성하는 항해도와 비유하기도 한다. 사업기획에 임하는 자세에 있어 창업자를 크게 두 분류로 나누어 볼 수 있다.[9]

하나는 창업 준비단계부터 매우 체계적이고 공식적인 계획을 세우고 그것을 철저히 실행하는 유형이라고 할 수 있다. 애플컴퓨터사가 창업 초기부터 수억 불 규모의 중견 기업과 같이 체계적인 방법으로 기획한 것으로 유명하다. 두 번째의 부류는 우선 사업구상을 행동으로 옮기면서 그때그때 상황의 변화에 따라 새로운 사업상의 계산과 계획을 세우며 발전하는 방식을 취한다. 대부분의 중소기업들이 이와 같이 사전적으로 체계적인 전략적 기획을 수행하지 않는다고 할 수 있다.[10]

---

8) Vesper. K. H new Venture Mechanics. Englewood Cliffs, Prentice-hall, 1993.

9) Karl H. Vesper, New Venture Mechanics (Englewood Cliffs : Prentice Hall, 1993) : 311~313

10) Richard B. Robinson Jr. and John A. Pearce II, "Research Thrusts in Small Form Strategic Planning," Academy of Management Review, 9 :, pp. 128~137.

이러한 분류의 창업자는 사전적인 공식적 계획이 불필요하다고 생각한다. 그러나 대개의 창업자가 사업계획서대로 움직이는 것은 아니며 오히려 환경변화에 따라 회사의 방향을 설정하는 것도 중요하다.

사업계획서는 앞으로의 자기의 가야할 방향표이므로 계획 없이 우왕좌왕 하기도 하고, 여러 가지 갈등이 생기거나 할 경우에는 사업계획서를 보고 다시 시작할 경우도 있어 이것의 중요성은 말로 표현하지 못할 정도로 중요하다고 하겠다. 우리나라에서 창업에 관해 조사한 통계수치를 보면 창업 5년 후를 기준으로 했을 때 대대적인 성공자는 총창업자의 1% 이하, 만족스런 성공자는 5% 전후, 일반적인 성공자는 10% 전후, 현상유지자는 25% 전후, 적자 혹은 망한 자는 60% 이상인 것으로 나타나고 있다. 한마디로 성공이라고 말할 수 있는 비율은 15% 전후, 즉 10명 중에 1~2명밖에 되지 않는다는 것이다.

미국의 Inc.지가 1989년 선정한 미국 내 초고속 성장 500대 기업 중 100명의 창업자들은 조사와 분석에 시간을 거의 투자하지 않는 것으로 나타났다. 또한 그들은 전략을 대강 고려한 뒤 사업을 개시한다.[11] 이것은 IT 산업이나 e-비즈니스의 경우에는 계획보다는 소비자의 욕구가 급격히 증가하거나 새로운 아이템이나 기술이 순간적으로 나타났을 경우에 더욱 그렇다.

물론, 모든 벤처가 사업분석과 계획이 전혀 필요 없다는 것은 아니다. 오히려 모든 벤처사업은 일정 수준의 분석과 계획이 필요하다. 특히 재무조달계획은 무척 중요한 것으로 나타났다.

(사례)

'깨진 유리창 법칙'이란 1982년 제임스 윌슨(James Wilson)과 조지 켈링(George Kelling)이 자신들의 이론을 월간잡지 〈애틀란타 Atlanta〉에 발표하면서 명명한 범죄학 이론이다. 이 이론에 의하면, 건물 주인이 깨진 유리창을 그대로 방치해두면 지나가는 아이들이나 행인들이 또 돌을 던져 그 유리장의 나머지 부분까지 모조리 깨뜨리고, 나아가 그 건물에서 절도나 강도 같은 강력범죄가 일어날 확률까지도 높아진다는 것이다. 즉 깨진 유리창 하나가 무법천지를 만든다는 이야기다.

한편, 미국의 저명한 홍보 마케팅 전문가인 마이클 레빈(Michael Levine)은 이를 기업경영에 접목시켜 《깨진 유리창 법칙》이란 제목의 책으로 출간하였다. 그는 이 책에서 "성공은 치열한 경쟁이나 값비싼 홍보 마케팅과 원대한 비전에만 의존하는 것이 아니라 지금 하고 있는 일의 작은 부분을 챙기는 데서 결정된다."고 말한다. 즉 아주 사소해 보이는 기업의 깨진 유리창들(느린 홈페이지 로딩속도, 엉뚱하게 연결된 링크와 사라진 웹페이지, 더러운 화장실, 불친절한 매장 직원 등등)에 소홀한 경우 기업은 엄청난 대가를 치룰 것이라고 경고한다.

(주) 이기는 습관, 전옥표, 쌤앤파커스, 2007, p144

3

지식자본주의 · 창업 · 기업가

1_ 기업변화와 기업가치
2_ 새로운 산업사회와 창업
3_ 지식자본주의의 도래
4_ 경영자 · 관리자 · 창업자의 개념과 정의
5_ 기업가의 특징
6_ 경쟁적 사고와 공동체적 사고
7_ 창업과 벤처기업
8_ 벤처창업의 주요 요소

01

기업변화와 기업가치

1. 기업가치와 변화

과거 기업에서는 매출액, 이익률 등이 중점을 이루었지만 요즈음은 가치투자(Value Investment), 가치경영(Value Management) 등의 말들이 유행처럼 등장하곤 한다. 그렇다면 도대체 가치란 무엇이며, 기업의 가치는 어디에서 비롯되는 것인가 하는 과제가 등장한다.

주지하는 바와 같이 기업은 그 기업을 둘러싸고 있는 여러 요소들과의 관계에서 가치를 창출해 낸다. 이익의 바탕이 되는 고객과의 관계에서, 기업 존재의 필요조건인 주주와의 관계에서, 조직을 구성하고 이끌어 나가는 종업원과의 관계에서 가치를 창출해낸다.

이 세 가지 중 하나라도 소홀히 한다면 다른 두 가지도 의미를 잃게 된다. 이 세 가지가 균형을 이루며 훌륭한 성과를 달성할 때 기업의 가치는 창출되는 것이다. 다만 어느 것이 더 전면에 부각되는가는 시대에 따라, 국가에 따라 조금씩 차이(주주 중심사회, 종업원 중심사회)를 보여 왔다.

기업은 더 많은 부를 추구하기 위하여 이윤(Profit), 생산성(Productivity), 성과(Performance)를 더 중요시하게 되었고 과거로부터의 변화만이 경쟁력을 얻을 수 있고, 변화만이 생존의 길이라는 것을 알아야 한다.

2. 기업가치

일반적으로 우리가 알고 있는 기업의 존재가치는 드러커(Druker)가 주장했듯이 고객의 창조로부터 비롯될 수 있다. 그러나 한 걸음 더 나아가 기업환경을 구성하고 있는 종업원, 지역사회, 거래처 등 소위 이해관계자들에 대해서도 계속해서 고부가가치를 제공하는 것은 본질적으로 기업의 가치를 확장해 가기 위한 필수조건으로 볼 수 있다.

〈그림 3-1〉은 기업의 보편적 가치와 대내외 관계를 정리한 것이다. 기업의 가치는 기업구성의 핵이라고 할 수 있는 고객, 종업원, 주주와의 관계 속에서 형성되는 가치들의 합이라고 정의할 수 있다. 즉, 기업의 제품을 만드는 사람과 사는 사람, 그리고 소유하는 사람으로 설명하는데 지금까지는 만드는 사람과 소유하는 사람 중심으로 이루어왔으나 요즈음은 제품을 사는 사람 즉, 고객이 중요한 변수로 등장했다. 실질적으로 기업은 이들 세 주체와의 관계를 얼마나 적절히 조합하고 확장 · 발전시켜 나가느냐에 따라 가치가 신장되기도 하고 하락하기도 한다.

〈그림 3-1〉 기업의 가치의 요소

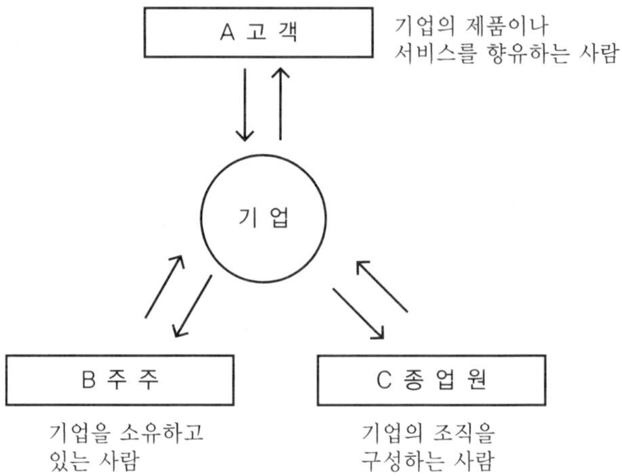

3. 기업의 가치와 옵션가치

매출액, 순이익 등의 가시적 지표뿐 아니라 경영능력, 노사관계 등 계량화하기 어려운 부분까지 반영해줄 수 있는 기업의 가치지표로 많은 경영학자들이 주가를 선택하곤 한다. 별도의 난해한 계산 없이 손쉽게 얻을 수 있을 뿐만 아니라 수많은 시장 참가자들에 의해 끊임없이 수정되며 시장상황을 민감하게 반영해주곤 하기 때문이다.

2000년 미국의 「포춘」지는 1999년 3월 15일자의 주가를 토대로 기업들의 주식시가 총액을 발표한 바 있다. 그러나 〈표 3-1〉에서 보듯이 시가총액 순위가 기업들의 매출순위나 자산순위와 일치되고 있지 않다.

〈표 3-1〉 주식시가별 기업순위

순위	기업명	주가시가	매출액	순위	순이익	순위	총자산	순위
1	마이크로소프트	418,579	14,484	284	4,490	15	22,357	266
2	제너럴일렉트릭	360,251	100,469	9	9,296	2	355,935	32
3	월마트	212,850	139,208	4	4,430	17	21,112	36
4	머어크	198,868	26,898	115	5,248	11	31,853	218
5	인텔	196,616	26,273	121	6,068	7	31,471	221
6	화이자	182,211	14,704	280	3,351	29	18,302	304
7	AT&T	180,156	53,588	32	6,398	4	59,550	138
8	엡슨	178,913	100,697	8	6,370	5	92,630	109
9	코카콜라	169,350	18,813	201	3,533	25	19,145	295
10	시스코시스템즈	166,616	15,327	263	297	313	3,780	486

자료 : 「Fortune」, 1999. 4. 26-8. 2.

마이크로소프트(MS)의 경우 주식시가 총액부문에서는 1위이나 매출액(284위)이나 자산규모는 266위이다. 시스코 시스템, 머어크, 인텔, 코카콜라 등이 자산순위 200위권 밖이지만 주식시가로 10위권 안에 드는 것은 주주고객의 새로운 현상이다. 최근 비아그라 발매로 유명해진 화이자도 자산규모로는 304위에 불과하나 시가총액은 6위를 기록하고 있다.

〈표 3-1〉에서 볼 수 있듯이 시가총액 상위기업들은 많게는 40배 이상 시가총액이 자산규모를 상회하고 있다. 주식시가 총액이 시장가치를 반영해주는 적절한 변수라는 앞의 가정이 유효하다고 볼 때 이 둘 사이의 차이는 기업의 질적 유효성을 나타내주는 옵션가치(option value)가 된다.

따라서 기업의 가치는 자산가치라는 계량적 부분뿐 아니라 비계량적이고 비가시적인 옵션가치에 의해서도 크게 좌우된다.

그러나 8년이 지난 2007년에는 엑슨모빌, GE, MS 순위로 1, 2, 3등을 기록하고 시티그룹이 4위, 뱅크오브 아메리카가 6위를 기록한 것을 보면 한국과 비슷하게 은행업종이 강세를 보이고 있다. 1989년 1위의 IBM이 1999년에는 3위, 2007년에는 15위로 추락한 것을 보면 언제나 강자는 존재하지 않음을 보여주고 있다. 〈표 3-2 참조〉

〈표 3-2〉 미국의 최근 10년간 기업순위 변동

(순위= 주식시가총액 기준)

순위	1989년	1999년	2007년
1	IBM	마이크로소프트	엑슨모빌
2	엑슨	GE	GE
3	GE	IBM	마이크로소프트
4	AT&T	엑슨	시티그룹
5	필립모리스	월마트	AT&T
6	머크	AT&T	뱅크오브 아메리카
7	듀폰	인텔	P&G
8	GM	시스코	Altria Group
9	벨사우스	코카콜라	American Intl . Group
10	포드	머크	존슨&존슨
11	아모코	MCI월드컵	J.P 모건
12	코카콜라	시티그룹	Berkshire Hathaway

13	월마트	루슨트 테크놀로지	Chevron
14	모빌	아메리칸인테내셔널그룹	씨스코 씨스템
15	애틀랜틱 리치필드	화이자	I B M
16	셰브론	브리스톨 마이어스	Wells Fargo
17	시어스로벅	아메리카 온라인	필립스
18	P&G	존슨&존슨	코카콜라
18	GTE	P&G	Verizon Communications
20	벨 애틀랜틱	뱅크오브 아메리카	인텔

자료: 비지니스위크 글로벌100(정보기술산업). 포춘 2007

4. 가치경영과 경영혁신

결국 기업의 가치경영은 미래지향적 경영혁신으로 옵션가치의 창출이 이루어지고, 이것이 다시 자산가치 상승의 성과를 이끌 때 실현된다. 토마스 왓슨 2세는 "조직체가 가져야 할 기본적인 사고방식이 기술력, 자금력, 신제품 도입, 타이밍보다도 훨씬 더 기업의 업적과 연결된다"고 하였다.

자산가치가 현재의 가치라면 옵션가치는 미래에 대한 가치이다. 높은 시장가치를 지니고 있는 기업들의 예를 보면 자산가치보다는 옵션가치 부분에서 높은 평가를 받고 있는 경우가 일반적이다. 미래에 대한 가장 확실한 담보는 옵션가치에 담겨져 있기 때문이다.

제너럴 일렉트릭(GE), 월마트 등 초우량 기업으로 평가받고 있는 현재 기업들의 예가 그러한 사실을 말해준다. 옵션가치는 그 기업의 잠재력이며, 직접 관리해야 할 기업의 몫이라고 할 수 있다. 우량기업들은 가치경영을 통해 가치를 극대화함으로써 자산규모라는 물리적 제약을 뛰어넘는 모범적인 성장을 보이고 있는 것이다. 이러한 논리가 벤처기업의 등장과 성장을 지지하고 있으며 대기업보다도 창조적이고 새로운 기술이 세계를 제패할 수 있다는 사고를 뒷받침하고 있다.

5. 창조적 파괴의 가치경영

요즘 들어 화두가 되고 있는 기업의 가치경영은, 이들 세 가지 가치를 전제로 시대 변화에 적응하며 기업가치를 높이는 것을 말한다. 그러나 실제 기업경영에서는 이들 세 주체의 상호 배반적 성격 때문에 서로 충돌할 때가 적지 않다. 단적인 예로, IMF 관리체제 이후 기업들은 구조조정이나 리스트럭처링 등 대대적인 경영혁신을 통해 종업원의 가치를 희생해서라도 기업의 이익을 확보하고자 하였다.

그러나 기업의 가치경영은 어떤 한 가치를 감소시킴으로써 다른 한 가치가 증가하는 제로섬(zero sum)의 성격이 아니다. 가령 고객에 대한 탁월한 서비스를 통해 많은 매출을 올린 회사가 주주나 종업원에게 더 많은 가치를 줄 수 있다. 또한 더 많은 고객을 창출하기 위해서는 조직 구성원이 자신의 능력을 최고로 발휘하는 것이 중요하다.

따라서 가치경영이란 고객의 가치나 종업원의 가치를 고려하지 않은 채, 주주의 가치만을 강조하는 경영이 아니다. 가장 효율적이고 합리적으로 기업가치를 최대화할 수 있는 기업조직을 만들기 위한 것이다. 리엔지니어링이나 구조조정, 조직구조 재구축 등의 경영혁신운동이 그것이다.

그렇지만 이러한 경영혁신이 성공을 거두기 위해서는 반드시 긍정적 의미의 창조적 파괴로 이어져야 한다. 1990년대 위기를 맞은 IBM은 구조조정으로 새로운 변신을 시도하고자 하였다. 그들의 구조조정은 '무조건 해고하고 보자'는 인력감축만으로 끝나지 않았다. 남아 있는 직원들이 해고된 직원들의 몫까지 일해야 하는 불합리성을 조정하기 위해 업무처리 절차를 혁신하고 사업 및 전략도 전면 재구성하였다.

또한 살아남은 구성원들의 마음을 다스리고 하나로 만들기 위해 새로운 가치와 비전을 정립하고, 공개·참여경영을 강화하는 등 기업문화까지 혁신하였다. 기존 조직구조의 과감한 파괴를 통해 새로운 조직으로 창조된 것이다.

이러한 창조적 파괴는 기업과 고객의 관계, 조직과 구성원의 관계 등에서도 이루어진다. 과거에는 기업들이 고객가치를 실현한다면 '친절' 하나로 모든 것이 해결된다고 생각했다. 그러나 지금은 친절함을 넘어서 고객의 가치나 이익을 부여하는 서비스를 제공해야만 한다. 조직과 구성원의 관계에서도 예전에는 장기적 계약관계에 의해 고용이 보장되고, 주어진 일만 하면 되었다.

그러나 지금은 창의적으로 탁월한 능력을 발휘하는 사람들이 더욱 신뢰와 존중을 받는다. 반대로 구성원들도 자신의 능력에 맞는 대우를 해주는 직장을 원하는 등 평생직장의 개념이 깨지고 있다. 이처럼 고객이나 종업원, 그리고 주주에 대한 경영방식이 창조적 파괴를 거듭하며 새롭게 형성되어가고 있다.

02

새로운 산업사회와 창업

요즈음 기업뿐만 아니라 전 세계가 경쟁력이라는 단어를 사용하며 신기술과 국제화 등의 단어를 사용하며 무한경쟁의 시대를 예고하고 있다. 흔히들 21세기를 일컬어 'IT의 시대', '국제화의 시대', '단절의 시대', '정보화의 시대'로 일컬어지고 있지만 인류의 삶이 과거에 비해 엄청난 변화가 온 것만은 틀림없다.

〈표 3-3〉 **사회의 발전단계**

- 로스토우(Rostow) :
  전통적 사회 → 이륙준비기 → 이륙기 → 성숙기 → 고도대중사회
- 벨(Bell) :
  전(前)공업화사회 → 공업화사회 → 탈(脫)공업화사회
- 토플러(Tofler) :
  제1의 물결(농업사회) → 제2의 물결(도시공업사회) → 제3의 물결(정보화사회)

〈표 3-3〉은 사회의 발전단계를 여러 학자가 구분한 것을 옮긴 것이다. 이것을 보더라도 알 수 있듯이 18세기 중엽부터 시작된 산업혁명은 우리에게 산업화, 근대화를 주었으며 근대화에 적응한 국가는 산업화되어 선

진국이 되었으며 이것에 늦은 국가는 후진국이 되었다. 그만큼 사회의 발전단계에 어떻게 적응하는 것이며, 언제 하는가에 의해 경제발전의 성쇠가 달려있다고 해도 과언은 아니다.

농업사회의 기반이었던 농장은 산업사회에 들어오면서 제3의 계급, 중간계급과 부르주아계급을 탄생시켰다. 그리고 농장은 공장으로 변화되고 생산성이 증가되면서 노동자(블루컬러)와 사무직(화이트컬러)으로 나누어지게 되었다.

산업사회의 대표로 불리는 업종은 철강, 자동차 등이었다. 특히 철강은 한때 국가표준의 한 면이기도 하였다. 그러다 보니 규격화된 대량생산과 숙련노동자가 대우를 받게 되었다. 1960년대 이후 서비스업종이 새로 등장하였으며 대량생산에서 다품종 소량으로 변하고 국민소득에서 서비스가 차지하는 비율은 50%를 상회하였다. 2000년대에는 미국의 모든 직업의 80%가 두뇌를 사용하는 두뇌(cerebral) 산업으로 되었다고 한다. 이러한 산업주의를 탈피하는 탈공업사회는 지식사회로의 변화를 의미하였다. 2000년 영국에는 지식노동자가 1천만 명, 육체노동자가 7백만 명이 있었고, 미국에서는 경영 및 전문노동자가 1980년대에서 1990년대 말까지 37% 증가하였다고 한다.[1]

모두가 지식사회, 지적노동으로의 전환을 하고 있다.

토플러는 권력의 이동에서 권력창출의 근원을 무력, 부, 그리고 지식의 세 가지 요소로 파악하고 미래에의 가장 큰 권력 창출요소는 지식이라고 주장하였다.[2] 지식은 원자재, 노동, 시간, 장소 및 자본의 필요성을

1) 슈트어트 크레이너, 송일 감수, 경영의 세계, 더난출판, 2001, p386

감소시키기 때문에 선진경제의 중심의 자원이 되고 이에 따라 지식의 가치가 상승하고 있다. 이러한 지식을 중심으로 한 지식사회는 소프트웨어, 정보서비스, 통신, 의료, 미디어 등이 중심업종이 되고 수량이나 가격에 의해 쉽게 산출하는 것이 아닌 '지식기반' 경제를 중심으로 한다.

또한 폴 케네디(P. Kennedy)는 '21세기의 준비' 라는 책에서 인구 폭발의 윤곽을 나타내면서 그와 함께 새로운 기술의 결과로 세계적인 통신혁명이 일어난다고 하였다.[3)]

지식기반경제 등장의 배후에 놓여 있는 기본 명제는, 지난 20여년 동안 컴퓨터, 생명공학, 텔레커뮤니케이션 및 운송 등의 분야에서 엄청난 기술 진보가 이루어졌고, 경제의 각 부문, 각 조직 및 정부 부문이 돌아가는 방식에 극적인 변화의 싹이 자라고 있다는 것이고, 이런 변화가 시장에서 자연스럽게 형성된 인센티브에 의해 촉발되고 있다는 사실이다.

이제는 미래학자들의 주장이 아니더라도 변화를 느끼고 있으며 변화의 시대는 도래하였다고 하겠다. 우리의 라이프 스타일, 의식구조, 소비자의 욕구, 기업의 전략, 경쟁여건 등이 예전과는 비교할 수 없을 정도로 엄청나게 변화하고 있다. 그래서 삼성의 이건희 회장은 변화를 싫어하는 사람들에게 고정관념의 타파를 주장하고 '가족만 빼놓고 전부 바꿔라' 고 할 정도로 변화를 요구하고 있다.

---

2) 앨빈 토플러, 권력이동, 한국경제신문사, 1991.

3) 폴 케네디, 21세기의 준비, 한국경제신문사, 1996.

03

지식자본주의의 도래

제3의 물결이니 제4의 물결이니 하는 것은 산업자본주의에서 지식자본주의로 도래하고 있음의 다른 표현일 것이다.

이제 인간사회는 지식자본주의가 되었고, 이러한 지식자본주의의 첫 번째 특징은 지식경제라는 점이다.[4] 오늘날의 기업은 혁신에 의해 그 성장이 달려있고 혁신은 지식에 달려있다고 하겠다.

지식자본주의의 두 번째 특징은 디지털화(digitalization)이다. 새 사회는 지식사회 중에서도 정보통신의 디지털경제가 중심이다. 역사를 보면 자연자원의 혁명이 도구(철, 동, 강철)의 새 패러다임을 열었고 이것이 부의 창조와 사회발전의 새 형태를 만들어내었다. 이제 모래의 시대(age of sand)가 되었으며, 모래가 만들어 낸 실리콘과 유리섬유로 상업, 사업 거래, 인간 통신과 과학의 통찰력이 가능하게 되었다.

세 번째 특징은 가상화(virtualization)다. 정보가 아날로그에서 디지털로 바뀌게 되면 물질적인 것이 가상화되고, 경제의 신진대사(metabolism)와 형태, 경제활동의 성격마저 변화시킨다. 이런 경제에서는 여러 가지 가상의 모습이 나타난다.

---

4) 박우희, 한국 자본주의의 정신, 박영사, 2001, p. 141.

네 번째 특징은 직접적(direct)이다. 생산자와 소비자의 중개인이 없어지고 직접 이루어진다. 즉, 구매중개가 없어진다는 점이다. 전형적인 것이 인터넷(internet) 또는 온라인(online) 등인데 미국에서는 80년대 후반, 일본에서는 93년부터, 한국에서도 90년대 초부터 상업이용이 시작되면서부터 직접거래가 이루어졌는데, 책을 인터넷으로 거래하는 아마존(www.AMAZON.com)이 유명하다.

이러한 지식경제의 등장은 지금까지 규모의 경제와 범위의 경제를 중시하던 우리의 사고를 혼자서 중요한 아이템과 새로운 기술만 있으면 부와 명예를 함께 한다는 것이다. 그리고 지식경제시대, 정보화, 국제화 시대에서는 전통적인 산업이 아닌 새로운 산업화를 말하는 것이므로 혁신이요, 기업가적 사회로의 변혁을 말하는 것이라고 하겠다. 이것의 주체는 창업자이고 기업가이다.

04 경영자 · 관리자 · 창업자의 개념과 정의

'Businessman' 이라는 말은 영문법 적으로 따져보면 Busy라는 형용사의 끝자리인 y를 I로 ness를 붙여 명사화시킨 단어로서 '바쁘게 움직이는 사람' 이라는 뜻이다. 그런데 여기에 주의해야 할 점은 무턱대고 바쁜 사람이 아니고 남의 사업이나 일이 아닌 자기사업에 바쁜 사람을 지칭하며 비즈니스맨은 '사업가'를 말한다. 영어로 'Management'라고 하는 경영의 본뜻은 '관리한다'는 말이다. 중국에서는 사장들을 경리 혹은 총경리라고 부르는데, 이는 그들이 자기의 회사를 자기의 돈으로 창업한 것이 아니라 국가가 만들어 준 회사를 책임 맡아 경영하는 자이기 때문이다.

우리나라에서도 자기회사를 창업한 것이 아니라 남이 창업한 회사를 떠맡아 경영하는 자를 전문경영인이라고 부른다. 미국의 CEO(Chief Executive Officer) 역시 그런 전문경영인인 경우가 많다.

Manager라 할 경우에는 관리자를 말하는데, 이는 자기의 일(회사)이 아닌 남의 것을 관리하는 자를 말한다. 이처럼 우리가 말하는 Manager를 경영자라고 하기도 하는데, 이는 창업을 거치지 않고 자기의 전문분야에서의 관리자를 의미하는 것이다. 우리는 비즈니스맨과 매니저를 혼동하여 사용하기도 하는데 사실은 엄격한 차이가 있다. 간단히 이야기하면 정주영은 창업가이고 이명박은 전문 관리인이라고 할 수 있다.

반면 'Entrepreneur(Enterpriser)'라는 말은 Enter와 Prise의 합성어에다 사람을 나타내는 접미어인 -er을 붙인 단어로서 상품, 전리품, 혹은 남들이 부러워하는 가치 있는 그 무엇을 얻기 위해 뛰어드는 사람이란 말이다.

전리품을 획득하기 위해서는 목숨을 내건 전쟁을 치러야 하거나, 아니면 험한 밀림을 뒤져 새로운 것을 얻거나, 아니면 남들이 부러워하는 그 무엇을 얻기 위해서는 수많은 경쟁자들을 물리쳐야 한다〈표 3-4 경영자와 관리자 및 창업자의 개념 참조〉.

〈표 3-4〉 경영자 · 관리자 · 창업자 개념

종 류	정 의	특 징	인 물
비즈니스맨	자기사업	관리자 필요	정주영, 이병철
매니저	관리자	전문경영	아이아코카, 이명박
기업가(경영자)	새로운 사업	혁신과 경영	빌게이츠, 손정의

'Entrepreneur' 는 이처럼 문자가 지닌 뜻부터가 쉽게 이룰 수 없는 일을 해낼 것을 요구한다. 우리말에서도 사업가와 기업가는 다르다. 사업은 단순히 어떤 일을 한다는 뜻이지만 기업은 없는 일을 기획하여 이루어낸다는 말이다.

또한 윌리엄 휴렛과 패커드는 공을 굴리기 전에 라인을 밟는 반칙을 잡아내는 볼링장의 풋폴트(foot-fault) 표시기와 하모니카 조율기를 고안하려다가 오디오 오실레이터라는 획기적인 제품을 개발하게 되었다. 즉흥적이었지만 이들도 역시 기업가이다. 기업가의 특징을 ① 독립적인 의사결정 ② 창조성과 혁신성 ③ 위험감수(risk- taking) ④ 기회발견능력 ⑤ 전략적 경영의 실천추구로 보고 있다.[5)]

그러나 기업가를 의미하는 창업가는 무에서 유를 만드는 일이다. 경영자는 회사의 이름을 그대로 이용하고 있는 조직을 그대로 이용하여 더 많은 이익을 창출해내는 것을 목적으로 한다. 경영자(CEO)는 아이아코카와 이명박 같은 사람을 말하고 창업자는 빌게이츠 같은 사람을 말한다. 빌게이츠는 지금까지 존재하지 않았던 새로운 것을 창조하여 세계 제일

5) E. Chell., J. M. Haworth., and S. A. Brearly(1991), The Entrepreneurial Personality: Concepts, Care & Categories, Routledge, Londen.

의 거부가 되었다. 이러한 의미에서 빌게이츠는 기업가이다.

콜럼버스는 신대륙을 발견함으로써 스페인에게 수십 년간 쌓아도 결코 쌓을 수 없었을 엄청난 부를 하루아침에 안겨 주었다. 15~16세기의 열강들이 식민지 전쟁에 나섰던 이유도 이기기만 하면 하루아침에 거대한 부를 얻을 수 있었기 때문이다. 따라서 어떤 형태로든 신대륙을 발견하고 새로운 땅을 뺏는 일은 모든 국가들이 부를 얻기 위해 벌이는 사업 중에서도 가장 흥미 있는 모험사업의 하나였다.[6)]

오늘날 벤처기업가를 중심으로 콜럼버스의 신대륙 발견을 인류 최초의 모험투자 사업으로 손꼽는 것도 이러한 것이 있기 때문이다. 스페인의 이사벨라 여왕은 신대륙이 정말 있는지 없는지도 모르면서, 또 신대륙을 찾아나서는 항해의 길이 결코 순탄치 않다는 사실과 만일 신대륙의 발견이 무산된다면 자기가 투자한 돈은 단 한 푼도 건질 방법이 없음을 잘 알고 있었으면서도 미래를 보고 콜럼버스에게 막대한 항해자금을 투자했던 것이다.

하지만 그런 모험투자는 스페인을 16세기 세계의 지배국으로 만드는 결정적인 역할을 했다. 만일 스페인이 그런 모험투자를 감행하지 않았더라면 오늘날까지도 남미대륙을 스페인의 문화권으로 묶어 놓는 위대한 역사를 절대로 이루지 못했을 것이다. 그러나 여기에서 일부 논자들은 이사벨라 여왕은 벤처캐피탈 리스트인 것은 틀림없으나 콜럼버스는 탐험가였지 벤처기업가는 아니라는 것이다. 이 점은 레닌도 마찬가지이다. 이익이 돌아오지 않는 것은 기업가적인 마인드는 가졌다고 할 수 있으나

6) 창업스쿨, 손영일, 고려문화사, 1997. pp. 18~27.

우리가 말하는 기업가는 아니기 때문이다.

기업가는 미래의 이익을 향해 뛰는 자이기 때문이다. 그러나 콜럼버스는 당시의 천동설을 뒤엎고 지구는 둥글다는 사실을 수용하여 인도항로의 발견을 목표로 하였다. 또한 콜럼버스는 위험을 감수하고 목표를 향해 돌진하였을 뿐 아니라 부하들을 조정하여 미지에의 위험을 돌파하였다. 그리고 무엇보다도 중요한 것은 될 수 있다는 신념이다. 이것이 없으면 위험감수를 할 수 없기 때문이다. 따라서 콜럼버스가 기업가다 아니다 하는 것은 그다지 중요한 점은 아니나 벤처기업가들이 그를 존경하는 것은 이해할 만하다고 하겠다.

05

기업가의 특징

이노베이션이 없는 창업, 예를 들면 20년 동안 근무하던 회사를 그만두고 식당이나 레스토랑을 개업하는 것은 본인의 꿈이 있고 리스크는 있지만 사회적인 충격도 없고 단순한 탈 샐러리맨적인 창업에 지나지 않으므로 창조적기업이나 벤처기업이라고 칭하지 않는다.

또한 기술계의 중소기업이라 하더라도 대기업의 하청업이 중심이며 기술적인 혁신은 물론, 확장의욕도 없는 기업을 벤처기업이라 칭하지 않는다. 그러나 식당이나 레스토랑이라 하더라도 고객지향의 컨셉과 업종을 체인화한다거나 중소기업의 후계자가 제2의 창업을 하면서 혁신적인 컨셉으로 개혁을 시작하는 경우는 벤처기업이라 한다.

이처럼 새로운 개념으로 이노베이션과 함께 지금까지 없던 새로운 기업을 일으키는 사람을 기업가라 한다. 벤처교육과 창업가센터로 계속해서 미국 1등을 유지해 온 뱁슨대학(Babson College) 기업가센터의 티몬즈(Timmons) 교수가 쓴 New Venture Creation의 표를 참고한 것이 〈표 3-5〉의 기업가의 특징이다.

Babson 대학의 기업가센터를 지탱해 온 바이그레이브(Bygrave), 티몬즈(Timmons)의 양 교수의 기업가와 기업가 정신에 대해 살펴보면 다음과 같다.

티몬즈(Timmons) 교수는 "기업가 정신은 사실상 무에서 유를 어떤 형태이든 만드는 것이다. 기업가 정신은 기본적으로 인간의 창조적인 삶의 형태이며 사업이나 조직의 구축을 통해 자기의 에너지를 발산하는 것이다."[7] 고 하며, 혁신적인 사업을 통해 새로운 조직을 만드는 정신을 일컬었다. 한편, 바이그레이브(Bygrave) 교수는 기업가에 대해서 기업가는 창업의 찬스를 잡아 그 찬스를 실현하기 위한 조직을 만드는 사람으로 표현하였다.[8]

두 교수의 정의는 기업가 정신은 창조적인 사업과 조직을 만드는 정신과 기업가는 기회를 실현하기 위한 조직을 만드는 사람으로 평가한 것은 대단히 흥미로운 일이다. 두 거장의 말이 아니더라도 〈표 3-5〉를 보면

7) Jeffery Timmons, New Venture Creation 5th ed. Burr Ridge. Irwin, 2000.

8) Bygrave. Willian, The Portabe MBA in Entreprership, L. A DoveAudio, 1996.

기업가는 지금까지 존재하지 않는 변화를 이노베이션(혁신)이라 하고, 이노베이션을 수행하는 자를 기업가로 부르기도 한다.

그러나 이는 협의적인 개념이고 좀더 포괄적으로 말하자면 독립지향의 성취욕구자를 말한다. 공통점은 무엇을 만드는 정신과 조직을 만드는 사람으로 평했다는 점인데, 없던 것을 만드는 정신과 사람이란 점이다.

〈표 3-5〉 기업가의 특징

저작년	저 자	특 징
1848	밀	리스크
1917	웨버	권력의 핵심
1934	슘페터	혁신
1959	하트만	권력의 책임
1961	맥크러랜드	라스크
1963	데이비드	야망, 독립지향
1964	피켈벌머	커뮤니케이션 기술력
1973	웨인더	권력지향
1974	보랜드	관리의 내부적 지위
1974	라이레스	성취욕구
1980	세튼	야심적
1982	단칼버그 외	성장 독립 지향
1987	티몬즈 외	인식, 구상력 찬스
1992	챈들러 외	기회인지 능력

자료 : Timmons(2000) p. 189.

06

경쟁적 사고와 공동체적 사고

1. 기업과 회사의 개념

회사(Company)는 프랑스 말의 Companion(동료)에서 파생된 말로 이 단어가 함축하고 있는 뜻은 "교제와 빵을 나누어 갖다"는 의미가 있다고 한다.[9] 다시 말하면 회사라는 것은 분배의 법칙에서 "빵을 나누어 먹을 수 있는 곳"이라는 개념이므로 불황을 이유로 직원을 해고시키는 것은 부당하다고 볼 수 있다. 반면에 기업(enterprise)은 가치 있는 것을 얻기 위해 뛰는 곳을 말하며 '경쟁과 모험'을 나타낸다. 가치 있는 것을 얻기 위해서는 더 능력 있는 사람을 필요로 하기 때문에 해고도 어쩔 수 없다고 느낄 수 있다. 지금 세계는 기업의 의미인데 우리는 회사의 의미만 갖고 있기 때문에 격렬한 노동조합의 투쟁이 존재한다고 하겠다. 다시 말하면 세계는 전리품을 획득하기 위해 좀더 능력 있는 구성원을 위해 해고가 이루어지고 있는 데 반해 우리는 아직도 회사의 개념으로 움직이다 보니 경쟁에서 뒤지는 것이 아닌가 하는 생각이 들 정도이다. 이러한 기업의 개념과 함께 요즈음 우리사회에 창업의 열기가 세계적인 붐을 타고 일어나고 있다.

---

9) 이덕훈, 기업과 인간, 한남대출판부, 1997, 서문.

2. 기업과 회사의 다른 점

IMF 위기 이후의 불황타개의 효과적인 방편의 하나로써 벤처의 창업을 생각해 볼 수 있겠으나 그보다는 과거와는 현저하게 다른 창업에 적극적으로 나서는 '창업사회(entrepreneurial society)' 로의 전환이 필요하다고 느낀다. 다시 말하면 이제는 회사 중심의 종신고용상태보다는 전리품 획득을 위해서 경쟁력 있는 기업의 개념으로의 전환이 요구된다. 종신고용제도와 연공서열제도는 기업이 창의적 사고로 움직이거나 성장할 경우에는 바람직한 면이 많다고 하겠으나 기업이 정체적 상태에서는 무능력한 연장자와 서열자가 기업의 개혁이나 혁신을 반대하여 기업발전에 역행되는 경우가 나타나기도 한다.

일본이 현재 불황상태가 계속되는 이유 중의 하나는 이러한 제도와 무관하지 않다. 일본적 경영의 신기로서 인식되고 있던 종신고용제도와 연공서열제도가 산업화시대에서는 통용되었으나 지식경제기반 시대에서는 이러한 집단주의적 경영보다는 창의적 개인에 의해 움직여야 한다.

다시 말하면 기업과 회사의 개념은 〈그림 3-2〉처럼 다른 점을 볼 수 있다. 회사는 공동체적 사고로 움직이기 때문에 해고보다는 같이 고통분담의 집단주의로 움직이나 기업은 경쟁적 사고로 움직여 경쟁주의로 움직인다.

〈그림 3-2〉 기업과 회사의 다른 점

회 사	⟶	기업공동체적 사고	⟶	집단주의
기 업	⟶	기업경쟁력 사고	⟶	경쟁주의

따라서 앞으로는 회사의 기업공동체적 사고보다는 기업의 기업경쟁적 사고로 움직여야 한다. 현재 우리나라에서 이루어지는 관행이 세계에서 인식하기 어려운 부분의 하나가 노동조합의 투쟁이라고 한다. 특히 외국계 기업의 임직원은 이해하기 어렵다고들 한다. 그러나 회사개념에서의 우리는 경쟁이라는 개념은 동료와의 싸움으로 인식되기 쉽고 한솥밥을 먹는 동료로서는 이러한 개념이 어렵다는 것이다. 그러나 동료와의 교제도 중요하지만 조직이 없어지면 안 되므로 기업경쟁적 사고중심의 기업으로의 변화가 요구된다.

07 창업과 벤처기업

주지하는 바와 같이 미국은 1980년대 말의 장기적 불황 속에서 재구축(restructuring)을 위해 대폭적인 인원삭감, 인원감축을 단행하여 중소기업들이 새로운 일자리를 얻도록 산업구조조정을 실행하였다.

이렇게 미국이 1987년 블랙먼데이로부터 시작된 불황을 새로운 벤처기업의 활성화로 극복하여 오늘날에 이른데 반해, 일본은 불황기에 미국과는 정반대의 대응을 하였다. 즉, 90년 불황이 도래했을 때, 새로운 산업창출보다는 사회 전체가 기존 업체의 보호에 전력함으로써, 기존 업체가 어느 정도 안정에 들어선 이후에야 벤처기업에 대한 투자를 한 것이다. 이러한 불황기의 대처능력 차이가 현재 미국과 일본 경제의 격차를 초래하였다는 분석이 지배적이다.

특히, 3C(Computer, Communication, Control)와 3S(System Engineering, Software Engineering, Service Engineering) 등 신분야를 주요 대상으로 하는 능력위주의 전환에 일본 경영의 특징이라 할 수 있는 연공서열과 종신고용 등은 새로운 패러다임의 변화에 적응하기가 어려웠다. 이러한 점은 우리나라도 마찬가지이다.

1. 창업과 교육제도

5년 전 필자의 게이오대학 대학원 시절 은사였던 후지모리 교수가 일본의 불황이라는 세미나에 강사로 나와 발표한 적이 있었다. 왜 일본은 세계 제일의 자리를 미국에 넘겨주었는가? 하는 발표를 통해 그는 "창업"이라고 간단한 결론을 내렸다.

그는 미국의 하버드나 MIT, 스탠포드대학 등의 명문 대학생들의 졸업생의 취직비율과 일본의 일류대학이라 하는 동경대학, 와세다대학, 게이오대학 등의 졸업생의 취직비율을 비교해 본 결과를 이야기하였다. 미국

대학생과 일본 대학생의 취직비율은 일본이 압도적으로 거의 100%에 가깝게 대기업에 취직하는 것에 비해 미국은 30% 정도만 취직을 한다는 것이다. 나머지 학생들은 창업준비를 하는 것이다.

특히 미국의 하버드대학과 일본의 게이오대학의 MBA 졸업생은 1967년 졸업생의 비교 결과 하버드대학의 MBA 2년생의 90%가 창업을 하였고 일본의 게이오대학은 6%가 창업을 하였다고 한다. 이 말은 무엇을 의미하는가? 일본의 잃어버린 10년과 견주어 창업 없는 발전은 없다는 말을 보여 준 결과라고 생각한다. 창업이야말로 국가경쟁력이라는 것이다.

선진국의 새로운 기술과 중국 등의 저임금에 우리는 지식산업 이외에는 방법이 없다는 생각이며 벤처창업이야말로 국가의 경제효과뿐 아니라 중소기업 활성화에도 선도적 역할을 수행할 수 있다고 생각한다.

2. 벤처경영의 특징

〈표 3-6〉 기존의 경영과 벤처경영의 차이점

구 분	기존경영	벤처경영
경영의 대상	전문화/분화 경영 (기능별 관리)	통합 창조경영 (기회/고객관리)
관리활동의 특성	정태적 관리 1) 기존체제의 효율화 2) 성장규모의 확대 3) 대량생산 4) 숙련자 우대	동태적 관리 1) 경영혁신, 기술혁신 2) 창조적 파괴를 통한 새로운 핵심역량의 창출 3) 다품종 소량생산

관리활동의 특성	5) 중공업, 가전산업	4) 새로운 산업 전문가 우대 5) 고부가가치산업
경쟁력(경제)의 원천	규모 집약적 1) 규모의 경제 추구 2) Portfolio를 통한 안정 추구	기술/지식 집약적 1) 범위의 경제 추구 2) 네트워크 경제 추구

자료 : 이진주(1998), "벤처경영의 특성과 발전과제", 벤처경영연구 창간호, pp. 213~244.

〈표 3-6〉은 기존의 경영관리와 벤처경영의 차이점을 경영의 대상, 관리활동의 특성, 경쟁력의 원천 등을 중심으로 나타낸 것이다. 벤처경영은 기존의 정태적 관리에서의 성장 우선, 효율화 추구보다는 기술혁신과 고부가가치 산업을 중심으로 통합 창조경영을 통한 동태적 관리를 목표로 한 기술지식형 산업이라고 할 수 있다. 관리활동의 특성에서도 기존 경영은 성장규모의 확대와 대량생산이 중심이 되었지만 벤처경영은 창조적 파괴를 통한 핵심역량의 창출과 다품종 소량생산과 새로운 산업전문가를 필요로 한다.

따라서 규모경제보다는 범위의 경제와 네트워크 경제가 경쟁력의 원천이 된다. 이러한 벤처경영의 발달로 인하여 국가경제와 산업이 발달하는 것이리만큼 우리의 교육제도의 개선점이 크게 요구되는 상황이다.

08

벤처창업의 주요 요소

창업(創業)이란 것은 말 그대로 기업을 만드는 것을 말한다. 기업을 만들려면 여러 가지 자원을 확보하거나 개인(집단 포함)이 이윤창출을 목표로 소정의 절차를 거쳐 적법하게 설립하는 것을 말한다. 일반적으로 기업을 창업할 때의 3요소(3M : Man, Money, Material)를 꼽는데 벤처경영은 약간 다른 면을 보여주고 있다.

아이디어와 기업가 정신, 자본을 들기도 하는데 Babson College의 Timmons 교수는 벤처경영을 "창업인이나 벤처팀이 기회파악과 필요자원 확보를 통해 기회를 실현하는 과정의 효과적 경영"이라고 정의하고 벤처기업 창업과정의 핵심성공요인으로 창업인(Founder), 기회(Opportunity), 필요자원(Resource Requirements) 세 가지 요소를 제시하고 있다.[10] 필자는 위험감수(Take Risks) 능력도 포함하여야 한다고 생각한다. 창업인에게 필요한 여러 요소가 존재하는데 우선 창업인과 기회에 대해 자세히 살펴보자면 다음과 같다.

첫째, 창업인에게 있어서 흔히들 선천적인 에너지와 지능이 중요하다고 말하고 있으나 이런 재능은 성공적인 기업가를 만드는데 필요조건은

10) Timmons, Jeffry A, New Venture Creation, Irwin, 1994.

아님을 알 수 있다. 성공적인 창업인이 가져야 할 핵심특성은, ① 헌신도 및 결단력, 리더십 ② 기회에 대한 집착 ③ 위험, 모호성 및 불확실성에 대한 수용 ④ 창의성, 자기신뢰 및 적응력 ⑤ 남보다 앞서려는 동기 모두 5가지이다. 둘째, 기회의 창(Window of Opportunity)을 잘 포착하여야 한다.

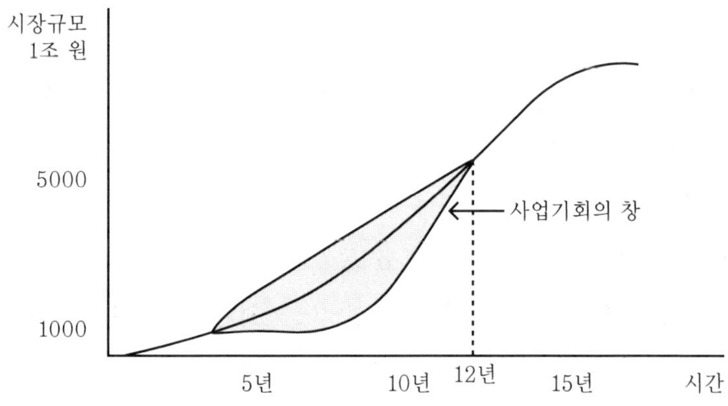

〈그림 3-3〉 **사업기회의 창**

창업기업가가 사업기회를 추구하기 위해서는 이러한 기회의 창이 열려있는 시점이어야 할 뿐만 아니라 그것이 충분히 지속적이어야 한다. 〈그림 3-3〉은 기회의 창을 예시한다.

시장은 시점에 따라 다른 속도로 성장하는데, 초기에 어느 정도 규모가 커지기 시작할 때, 즉 〈그림 3-3〉의 예에서는 5년 이후에 기회의 창이 열리기 시작하고, 시장이 성숙하여 구조화되고 대규모화되는 시점,

즉 그림에서는 12년 정도에 기회의 창이 닫히게 된다. 따라서 사업기회의 창이 얼마만큼의 기간 동안 열려 있는가가 창업기업의 적절한 시장진입 시점과 수확의 시점을 결정하고 종국적으로 사업의 성패를 좌우하는 중요한 요소이다.

사업의 기회를 보면 몇 개월 차이로 실패하는 경우가 있고 심각한 경우에는 며칠의 차이로 인해 실패하는 경우도 있다. 따라서 창업은 실시간(Real Time)의 함수[11]이다. 즉, 상황과 여건이 성숙되어 있을 때만 사업기회가 진정한 기회가 되는 것이다. 특정사업분야나 기술분야에 있어 전문가라고 할지라도 사업기회의 창을 반드시 정확하게 맞춘다고 가정하는 것은 금물이다. 그것은 창업기업가 자신의 몫인 것이다.

11) Jeffry A. Timmons, New Venture Creation : Entrepreneurship for the 21st Century, Fourth Edition (Burr Ridge: Irwin, 1994 : 90~92.

4

창업 · 자본가 · 기업가

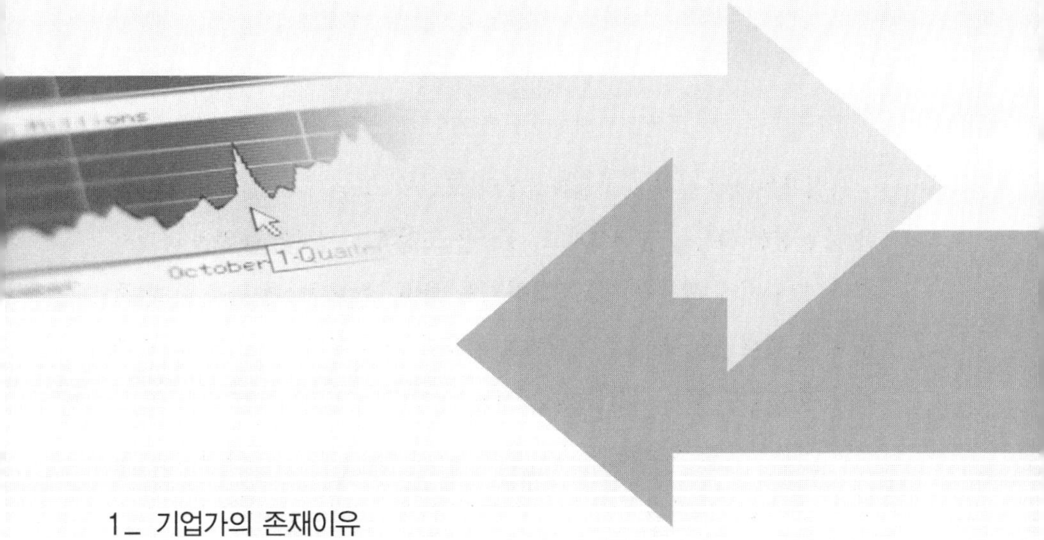

기업가에 대한 역할에 관심이 높아가고 있는 반면 기업가는 누구이고 어떻게 확인하는가에 대한 일치된 견해를 찾아보기 힘들다.

본 장에서는 기업가에 대해서 탐색하도록 한다.

01 기업가의 존재이유

기업가는 창조성과 시장불확실성의 도전에 그 의미가 있다. 불확실성은 불완전한 시장을 발생시키고, 생산을 조정하는 시장의 능력을 파괴시킨다. 그렇기에 생산을 재조직화하기도 하며, 소비자에게 더욱 큰 만족을 주기 위해 제품에 창조적 방법을 사용할 뿐만 아니라, 공급자와 판매자가 형성할 수 있는 시장을 창출한다.

더구나 시장이 창조되는 것과 마찬가지로 기업가도 그러하기에, 기업가와 시장은 서로에게 보완적이다. 또한 시장은 서서히 진화하기에 기업가의 역할도 예측할 수 있게 변화한다. 그러나 기업가의 역할 변화에도 불구하고, 기업가의 시장에 대한 역할에서 본능적 특성은 남아있다. 그것은 기업가의 역할 자체가 시장에서 거래되는 것이 아니라 자기 자신이 자기를 고용하는 형태인 것이다. 시장에서는 생산요인에 의해 긍정적인 수익이 있어야 하는 반면 기업가는 긍정적(positive)이기도 부정적

(negative)이기도 하며, 어떤 경우에는 제로(zero)에 머물러 있기도 한다.

기업가적 서비스(entrepreneurial services)의 비거래성은 기업가의 창조성에 의해 확인된다. 즉 산출 결과가 불확실하기 때문에, 기업가적 서비스의 가치는 사전적(事前的)으로 확인될 수 없고 기업가의 도덕적 해이(moral hazards)와 해로운 선택의 남용이라는 조건적 상태에 있다.

다시 말하면, 어느 누구도 사전에 결정된 가격으로 창조성을 빌려오지 않는 것이다. 창조성은 불확실성하에서 존재하기 때문에, 기업가는 자신을 모티베이션(motivation)하여야 하고, 고용하여야 하는 것이다. 따라서 기업가는 생산과 조직에 필요한 창의성(initiatives)을 보이고 보수는 계산할 수 없는 그 나머지를 요구하게 된다[1].

계산된 위험

이 점에 있어, 보통 우리가 기업가에 대해 가지는 환상중의 하나인 위험감수의 특성에 있어서, 사실상 '계산된 위험감수'(moderate risk-taking)를 하지 않는다고 믿고 있는데, 이는 경제활동결과 나타나는 이익에 대해 계산할 수 없을 뿐이지, 그 과정에서 나타나는 위험에 대해 계산하지 않는다는 말처럼 설득적이지 않은 것은 없다고 할 것이다.

공식을 표현하면 Entrepreneurship = f (Reward−Risk)로 볼 수 있을 것이다.

논외이기는 하지만 기업가 정신이 기업내부뿐만 아니라 경제속성에서도 영향

---

1) Wu, S. Y.(1989) Production, Entrepreneurship and Profit, New York, Basil Blackwell, chapter 1.

을 받는다는 점에서 국제기업의 경우 혁신과 기업가 정신의 조절능력에 있어 다국적기업(MNC)에서 자회사의 창의성의 개발은 현재자원의 결합을 새로운 것의 창조보다 더욱 중요시 여기고 있다[2].

기업가는 예술가, 수필가 그리고 과학자들이 그들의 고유한 분야에서 하는 것과 같이, 비즈니스 영역에서 창조적 활동을 수행하고 있다. 기업가는 다른 이들이 보지 못하는 시장기회(market opportunity)를 추구하며, 불확실한 시장환경에서 이러한 기회를 탐색하는 계획과 전략을 고안한다. 이로서 시장에 보완적인 역할을 하게 된다.

따라서 기업가의 시장 활동은 결코 일상화(routine)되어 있지 않기 때문에 요인시장(factors market)에서 사거나 팔 수 없게 된다. 기업가는 언제나 자기 자신의 고용이며, 오로지 그 결과에 따른 보상을 기대할 뿐이다[3].

이러한 맥락에서 기업가와 시장에 있어 가장 표본적인 분석대상은 바로 시장경제-재화와 용역이 완전 소비되지 않으므로[4]-이므로 이를 중심으로 3시기별로 본다. 우선, 각 시기 내에서 시장은 동질적이지 않고 단편화되어 있어, 전통적으로 규정되어 온 기업가의 많은 타입이 공존(co-exist)한다는 점과 다음으로 각 시기 사이의 시장진화는 다소 불안정

2) Birkinshaw, Julian.(1997) 'Entrepreneurship in Multinational corporations: the characteristics of subsidiary initiatives', Strategic Management Journal, Vol. 18:3, pp.207~229.

3) Allan Afuah, Innovation Management, OXFORD University Press, 2003. pp292~294

4) Kao, Raymond W. Y.(1995) Entrepreneurship, Pentice Hall.: 7. 9.

하고 불완전하게 진화하는 일반적인 경향이 존재하기에 기업가의 역할이 더욱 전문화되어 간다는 점을 확인한다.

기업가의 역할변화를 살펴보면, 미국의 경우 자본시장이 고도의 불완전성에 있었고, 그러기에 자본비용(cost of capital)[5]이 높았다. 이 때문에 사업을 하는 것은 대단히 위험하였고, 기업가는 생산의 조직화에 부담을 지니게 된 것이다. 결국 기업가는 자본가이면서 기업을 자신의 소유로 경영하게 되었던 것이다. 자본시장의 성숙에 따라, 서서히 기업가적 역할의 변화는 자본가로서의 금융조달역할을 분리하게 되었다.

이 분리과정이 간단한 것은 아니었던 것 같다. 무엇보다도, 자본가이면서 기업가(capitalist-entrepreneur)는 기업의 통제권을 경영자에게 넘겨준 것이 바로 그것이다[6]. 최근에 와서야 경영자 없이 통제를 직접 하는 순수 기업가(벤처)가 나타나고 있다.

---

5) 기업이 조달운용하고 있는 자본과 관련해서 부담하게 되는 비용으로 조달원천에서 보면 자기자본 비용과 타인자본 비용으로 분류된다. 타인자본 비용은 차입금에 대한 이자, 사채이자 등이며 자기자본 비용은 주주에 대한 배당에서 나타난다. 자본비용은 기업이 외부투자가나 채권자에게 지급하는 비용 외에 자본을 보다 유리하게 운영했을 경우에 기대되는 이익, 즉 기회비용으로 측정되는 경우도 있다. 재무관리상 자본비용이 투자계획을 위한 목표이익률, 실제의 현재원가를 측정하기 위한 할인율 등의 갖가지 목적에 이용된다. 따라서 자본 코스트의 합리적인 측정은 기업의 재무정책에 있어 매우 중요하다. 자본 코스트의 사정방법에는 각종 조달원천별 자본 코스트의 가중균을 구하는 방법, 새로 조달되는데 필요한 한계 코스트를 구하는 방법 등이 있다.

6) Chandler, Jr. Alfred D.(1962) Strategy and Structure: chapter in the history of the industrial enterprises, 24.[From the 1890's on, one of the basic challenges facing American industrialists was how to fashion the structures essential for efficient administration of newly won business empires. These enterprises, far too large to be managed by small family groups, came quickly to be administered by full-time professional manager.]

따라서 원인과 결과에 대해 명백히 할 수 없으나, 기업가의 역할이 진화함으로써 기업의 특성과 경제의 질 또한 결과적으로 변화할 것이라는 가정을 할 수 있다. 또한 역설적으로 부를 창출하는 기업가적 시장경제(market economy)가 혁신적인 기업가 정신을 자극할 수도 있는 것이다[7].

02

기업가의 역할과 과정

오스트리아 경제학자들은 기업가를 수요와 공급의 불일치에 의해 시장과정을 형성하면서 나타나는 미답(未踏)의 시장기회를 두드리는 사람으로 간주한다. 이는 기업가가 자원을 소유하지 않고 활동을 하는 것으로 말하여지는 것이다. 기업가는 시장불확실성[8]에 접할 때, 자원소유자간에 발생하는 시장불안정 즉 자원참여의 부족을 돌파하는 사람이라고 믿는다[9]. 여기서 강조된 기업가는 필수적으로 자본주의의 시장위험을 옮기는 사람이라 할 수 있다.

---

7) Kao, Raymond W. Y.(1995) Entrepreneurship, Pentice Hall.: 7. 9.

8) 장래 일어날 수 있는 사상(事象)에 관해서 인간이 가진 정보의 정확성에 대한 하나의 구분.

9) Knight, F. H.(1971) Risk, Uncertainty and Profit, Chicago, University of Chicago Press.: 268~304.

다른 한편, 기업가는 혁신가이며, 위험을 옮기지는 않는다고 주장한다[10]. 슘페터의 정의에 설명력이 거의 없는 동의반복(tautology)인 반면, 얼마쯤의 유용한 지식을 첨가하는 매우 개방적이고 "모든 것을 포함하는"것으로 생각했다[11].

비록 각 학파가 기업가를 본인들 주장에 주의하여 분석하고 연구성과를 멋있게 조합하였음에도 불구하고, 기업가가 어떻게 자원을 할당하여 시장을 점유하는지에 관한 설명력이 미약한 것이며, 기업가적 역할의 변화와 그 동태성을 만족하지 못하는 것으로 보인다. 이는 시장이 진화함으로써 기업가적 역할이 점차적으로 전문화되어가고 있다는 인식의 실패에서 기인한다.

상술한 맥락을 구체화시키면 우선 다음의 말을 먼저 해야 할 것 같다. 기업가 정신(entrepreneurship)에 대한 일치된 견해는 없다. 시기적으로 고대 상업 또는 무역활동에서 나타난 자기자본 기업가의 혁신적인 특징 또는 활동에서 정의하기도 하고, 산업화과정에서 혁신적으로 기업조직을 건설하고 시장의 생산과 분배과정에 참여한 그들의 특징과 활동에 따

---

10) Schumpeter, J. A.(1934) The Theory of Economic development: an inquiry into profits, capital, credit, interest and the business cycle. Cambridge, MA: Harvard University Press.: 129~135.

11) Angell, J. W.(1949) Investment and Business Cycle, New York and London: McGraw-Hill.: 332. ; Leontief, W.(1937) 'Implicit Theorizing: A Methodological criticism of the Neo-classical school', Quarterly Journal of Economics, February.: 337~351. ; Wright, D. M.(1947) The Economics of Disturbance, New York: Macmillan. :34. ; Lange, O.(1943) A Note on Innovations. Review of Economic Statistics, February. :19~25. ;

라 정의하기도 한다[12]. 시기에 상관없이 시장 활동을 이끌어 온 그들의 일면에서 기업가는 어느 시대에나 존재해 왔지만, 본 장에서는 산업화된 시장의 발달 이후에 나타나는 기업가 정신의 특징으로 한정하기로 한다.

지금까지 기업가와 기업가 정신에 대한 정의는 세 가지로 분류가 가능하다. 하나는 McClelland, Budner, Collins 등에 의한 성취욕구, 자율실천의지, 위험감수 등 기업가의 심리적 특성(characteristics-traits)에 초점을 맞춘 접근이 있으며, 여기에는 영향을 미치는 외생요인으로서 사회문화적(Socio-cultural) 배경을 지적하거나 하지 않는 배경이 숨겨져 있다. 또한 이러한 태도에 의해 무엇인가 추구하는 성격을 표현하는 Menger, Harvey, Drucker 등에 의해 지적되고 있는 행동이전의 의도(intention)에 초점을 둔 연구가 있다. 그리고 두 번째는 Cantillon, Say, Hisrich & Brush, Kao, McMullan and Long 등에 의한 기업가의 행동(Behavioral)을 기업가 정신으로 보는 분류이다〈표 4-1 참조〉.

세 번째의 분류는 기업가가 누구인가라는 정적인 분석보다는 기업가의 혁신적인 활동을 통한 '무엇인가 새로운 것을 창조해가는' 기업가 정신을 밝히는 것을 중요하게 본다. 개인의 차원을 넘어 기업의 성장이나 시장의 진화를 이루어가는 가치창출활동으로 보기 때문이다.

기업가는 시장환경 또는 상황에 따라 기업가적 활동을 선택하고, 이러한 기업가 정신은 다시 시장환경 또는 상황을 창출해 가는 상호보완적인 현상을 강조하기 시작한 것이다. 결국 기업가가 처한 시장환경과 상황에 따라 기업가 정신도 상이하게 전개된다. 모든 기업가가 동일한 환경과

12) Baumol, W. J.(1990) "Entrepreneurship: Productive, Unproductive, and Destructive," Journal of Political Economy, Vol.98. No.5.:893~921

상황에서 동일한 활동을 하지 않기 때문이다.

〈표 4-1〉 기업가 정신의 정의 연구가

연구가	연도	기업가의 정의
Richard Cantillon	1730	자신의 활동을 시장요구에 부합시키는 불확실한 수익을 지닌 자영업자
Jean-Baptiste Say	1810	경영자적 능력을 지닌 생산의 조정자
Alfred Marshall	1890	기업가가 되는 능력은 다르지만 경영자가 되는 능력을 보완한 자
Joseph Schumpeter	1910	창조적 혁신가
Frank Knight	1921	불확실성을 감수하는 지휘와 통제를 책임지는 경영자
D.C. McClelland	1961	높은 성취욕구를 지닌자
Orvis F. Collins	1964	높은 자율성에 대한 욕구를 지닌자
Israel Kirzne	1979	재정거래자(an arbitrageur)
Karl Vesper	1980	기업가는 경제학자, 심리학자, 비즈니스맨, 그리고 정치가에 의해 다르게 보임

연구가	연도	기업가의 정의
Jean-Baptiste Say	1803	자본수익으로부터 기업가의 수익을 분리
Joseph Schumpeter	1910	생산요인의 새로운 결합을 발견하고 촉진하는 것이 본질
Harvey	1970	기업가는 자본가와 달리 생산의 기능을 담당함으로써 이윤을 창출하는 것
Albert Shapero	1975	기업가는 창의성을 지니고, 사회경제적인 메커니즘을 조직화, 실패위험을 인정함

Israel Kirzner	1985	위험부담과 그에 상응하는 보상을 전제로 하여 가치 있는 그 무엇인가를 창조하는 과정
Hisrich & Brush	1985	새로운 부를 형성하는 능력을 가지고 기존의 재자원을 투입하는 혁신적인 행동
Peter Drucker	1989	사업기회의 인지, 위험부담의 적절한 관리, 적절한 자원 동원의 기술을 통하여 가치를 창출하려는 시도
Jeffry Timmons	1990	새로운 조직을 건설하는 것

자료: Robert D. Hisrich, and Candida G. Brush(1985) The Woman Entrepreneur :Starting, Financing, and Managing a Successful New Business, Lexington Book. :18.; Robert D. Hisrich(1986), Entrepreneurship and Intrapreneurship: Methods for Creating New Companies That Have and Impact on the Economic Renaissance of an Area"in Entrepreneurship, Intrapreneurship, and Venture Capital, Robert D. Hisrich ed., Lexington MA: Lexington Books, Inc.,:96.; John Kao, (1989) Entrepreneurship, Creativity & Organization, Prentice Hall International. Inc.: 91. ; Wayne Long(1993) "The Meaning of Entrepreneurship", In A. Bakr Ibrahim and Willard H. Ellis(eds.), Entrepreneurship and Small Business Management, Kendall Hunt.:219~228. ; Raymond W.Y. Kao, (1999) Entrepreneurship: A Wealth-Creation and Value-Adding Process, Prentice Hall,: 66~84.

이러한 견해는 Schumpeter(1934)[13]의 혁신가와 Kirzner(1982)[14]의 재정거래자에 대한 관점으로부터 출발한다. 우선 Schumpeter는 기업가를

13) Schumpeter, J. A.(1934) The Theory of Economic development: an inquiry into profits, capital, credit, interest and the business cycle. Cambridge, MA: Harvard University Press:129~135.

14) Kirzner, Israel M.(1982) "The Theory of Entrepreneurship in Economic Growth," In Kent, Sexton, Vesper(eds.) Encyclopedia of Entrepreneurship, Englewood Cliffs, N.J. Prentice-Hall: 272~276.

혁신가로 보고 시장균형상태를 창조적으로 파괴(creative destruction)함으로써 혁신을 시도한다. 혁신은 새로운 생산방법의 결합을 창출하는 (1) 신제품의 도입, (2) 새로운 생산방법의 도입, (3) 신시장의 개척, (4) 신원료에 대한 새로운 공급원의 확보, (5) 한 산업에서 새로운 조직의 수행(독점위치 또는 독점의 해체)에 의해 이루어진다.

결국 혁신가는 시장에서 선도기업과 추종기업 간의 격차(gap)를 창조하거나 넓히는 개발과정을 새롭게 창출한다. 기업가 정신은 시장불균형을 유도한다.

반면, Kirzner를 비롯한 Austria학파는 기업가를 재정거래자(an arbitrageur)로 보고 시장불균형상태에서 시장기회를 포착하고 틈새(niche)를 추구하여 시장을 균형에 도달시키는 역할을 한다고 주장한다. 재정거래는 특정 시장에서 가격이 하락된 제품 또는 비용이 하락된 생산요인을 발견하여 이익기회를 추구하는 것이다.

결국 재정 거래자는 시장에서 미답의 이익기회를 기대하며 시장불균형에 참여하는 과정을 형성한다. 기업가 정신은 시장균형을 유도한다. 시장균형에 도달하는데 있어 기업가의 역할을 강조하는 것이다. 또한 Schumpeter의 관점을 보완하고 있다.

따라서 Schumpeter와 Kirzner의 견해는 상호보완적이다. Schumpeter에 있어 기업가는 기존 시장을 불균형적으로 변화시키고 혁신과 체계적인 발전과정을 포함하는 반면 Kirzner에 있어 기업가는 불균형시장 내에서 보유하고 있는 시장불완전(정보나 지식의 차이) 등에서 발생하는 이익기회를 추구하여 '市場의 無知'를 보완한다.

이러한 기업가의 활동이 시장에 대한 지식을 전반적으로 증진시켜 결국 시간이 흐름에 따라 불확실성이 해소되고, 선도기업과 추종기업간의 격차를 줄이는 시장과정이 형성된다.

즉 기업가는 경제발전 정도에 따라 시장기회를 먼저 확인한다. 그리고 시대적 상황에 따라 기업가의 철학이 반응할 수 있다. 기업의 활동이 시작되면서 시장은 변화를 일으키게 된다.

그리고 기업가 정신은 시간이 흐름에 따라 더욱 더 전문화되어 가고, 기술, 자금, 인적 자원을 재생(Renewal)하거나 혁신(innovation)하게 된다. 결국 기업은 성장을 하고 산업 및 시장을 고도화시키는 것이다. 이러한 순환과정은 지속적으로 이루어지며, 항상 기업조직이 중심이 되어 전개된다.

그러므로 "시장기회가 존재하는 한 시장 환경과 상황에 따라 기업가 정신은 상이하게 전개"될 수도 있다. 기업가 정신이란 "시장환경과 상황에 대응하여 항상 기업을 새롭게 혁신하고 시장을 변화시키는 기업가의 활동과정"이라고 정의한다[15]. 이하에서는 기업가의 전형적인 발달장소인 미국의 예를 들어 각 시기별 기업가의 출현을 살펴보도록 하겠다.

15) 이덕훈, 박재수(2002), 기업가 정신과 시장, 한남대학교 사회과학연구소: 99~118.

03

자본가적 기업가의 시대

기업가의 전형적인 발달국가인 미국의 경우, 남북전쟁 이후 철도의 건설과 통신시스템은 국소적이고 지역적인 시장을 하나의 전국적인 시장으로 묶었다. 시장의 확장은 노동과 제품의 전문화를 가능하게 했고, 연이어 전문화는 생산에서의 기계화를 이끌었다. 생산비용의 감소와 이와 더불어 상품가격도 하락하였다[16].

더욱 중요한 것은 새로운 상업과 산업화의 빠른 성장이었다. 왜냐하면, 새로운 도시 거주자와 산업근로자는 농부(미국인의 55%가 농부)가 필요로 했던 것보다 더욱 더 많은 음식, 옷, 집, 난방, 전기 그리고 다른 일상품을 필요로 했기 때문이다.

1840년과 1880년 사이에 도시 인구는 미국 전체인구의 11%에서 28%로 성장했으며, 1880년부터 1900년까지 도시 인구는 28%에서 40%까지 증가했다[17].

---

16) Hughes, J. and Cain, L. P. (1994) American Economic History, 4th end, New York, Harper-Collins. Appendix.

17) Chandler, Jr. Alfred D.(1962) Strategy and Structure: chapter in the history of the industrial enterprises. : 23. [1880년에 시골인구는 3천 600백만이었고 도시 인구는 1천 4백 10만이었다. 이 형태는 1900년까지 4천 5백 8십만과 3천 2십만으로 형성되었다]

당시의 상황은 시장 전체적으로 욕구가 교차하고 시장에서의 기회는 항상 새로웠다. 이로 인해 도시시장에서의 제품생산량은 급격하게 증가하였다. 물론 제조업의 성장은 분명히 자급자족적인 순수 농업보다는 환금성(시장성)이 있는 작물을 재배하기 시작한 농부들에 의해 농업생산이 전문화된 것에 기인한다. 농업생산의 전문화는 제조품에 대한 욕구를 자극하여 제조업의 활성화를 가능하게 했던 것이다[18].

결과적으로 도심(urban center)의 성장은 사회(간접)자본 형성을 필요로 했다. 첫째, 유입된 인구를 수용하기 위해 집이 건설되어야만 했다. 그리고 유통망의 개선, 즉 수송수단의 개선이 필요하게 되어, 음식과 다른 생산품을 합리적인 가격에 이용가능하게 되었다. 이로 인해 노동자가 손쉽게 다른 일로 이동할 수 있는 노동이동의 기회가 넓어졌다고 할 수 있다. 둘째, 상수와 하수 그리고 건강시설은 위생과 보건을 위해 건설되어야만 했다. 이를 세심하게 해석해보면, 도시의 성장이란 시장에 크게 의존하게 되는 계기가 되었으며, 모든 일상용품에 대한 수요를 팽창한다고 할 수 있다.

수요의 팽창은 바로 일상용품을 생산할 수 있는 사람들이 수익을 기대하게 하였다.

이전에 기업가가 접해보지 못하였던 시장 불확실성은 시장이 전국적으로 확장됨에 따라, 위험수준(hazard level)은 높아만 갔으며, 제한적이

---

18) 일부 제조업이 성장하면서 상품 가격의 감소는 가내공업을 침식했다. 농부 부인들은 방적과 직물을 포기하고 규격화된 제품을 선택했다. 비록 그들 자신의 옷을 재봉하는 것을 선호한 부인들은 싱거(Singer) 재봉틀을 구매하긴 했지만, 대부분 전체적인 재봉을 포기하고 우편주문을 선호하였다. 동시에, 농부도 또한 더 이상 그들 자신이 농업도구를 만들지 않고 구매를 하였다.

고 불안정한 시장을 이용하는 거래비용(transaction costs)을 감당할 수 있는 환경이 형성되지 않았다.

그러나 갑작스런 시장 환경은 아이러니하게도 기업가적 영감을 자극하였다. 가끔 시장을 이해할 수 없는 부분이 바로 이것이다. 더 이상 시장으로 진입이 불가능할 것 같지만, 시장진입 가능성을 기업가 자신은 볼 수 있다는 것 또는 예측한다는 것이다. 일반적으로 뛰어난 기업가의 명성 뒤에는 항상 이러한 조건 하에 있었다[19]. 흥미로운 것은 어떤 기업가는 다른 사람이 견딜 수 없는 위험을 짊어지며 장밋빛으로 만들었고, 시장에서 현존하고 있는 욕구 또는 새로운 욕구를 만족하는 제품을 생산할 뿐만 아니라 결코 전에 존재하지도 않았던 시장을 창출하였다. 반면, 여전히 일부 기업가는 그들 자신의 이익을 위해 시장에 혼란을 가중하기도 하였다. 다음의 예는 19세기 기업가의 영향과 그들의 업적을 설명하는 것이다[20].

『남북전쟁 이후에, 자본시장은 여전히 높은 불안정을 지녔다. 철도회사, 제조업, 은행 등의 세분야가 발전하고 있었다. **철도의 밴더빌트**, **철강의 카네기**, **은행의 모건**, **석유의 록펠러** 등이 **새로운 경제**를 창조하고 있었다. 이 환경 하에서, 이미 충분한 자본을 소유했던 기업가들만이 생산에 필요한 자원을 몰입할 수 있었다. - 중략 -

---

19) Anthony and Diane Hallett. (1997) Encyclopedia Entrepreneur, John Wiley & Sons, Inc.

20) Wu, Shin-Yen. (2000) On the Changing nature of Entrepreneurship, International Review of Sociology, Vol.10 Issue 1: 41~55.[여기서 소개된 내용은 Wu(2000)의 논문에 실려 있는 글이다. 그러나 사실상 Chandler(1962)에 의해 이미 일부 소개된 내용이기도 하다. 그래서 Wu의 원문에 충실하면서 약의 수정을 가하였다]

이들은 이 기간 동안의 생산은 본질적으로 기계장치에 의존하였기 때문에, 생산효율은 부품의 표준화와 행동의 반복으로부터 나왔다. 자본 기업가는 생산운영을 조직화하기 위해 그의 특권을 실행하기 시작하였다.

종합하면, 자본 기업가는 생산자금을 조달하기 위해 그들 자신의 돈을 사용하는 선택을 했으며, 기업의 통제구조에 영향을 주었을 뿐만 아니라 향후 기업에서 열심히 학습하는 경영자 스타일을 도입하게 되었다.

또 다른 기업가는 다른 방법으로 보이지 않는 시장을 창출하기 위해 노력했다. 빈번하게 지역시장에서 일상 제품의 판매는 자연스럽게 전국적 시장에 판매될 수는 없었다. 한 가지 이유는 소비자가 먼 장소에서 생산되는 다양한 제품에 접했지만, 이러한 제품의 실제적 질을 판단할 수 있는 전문적인 지식이 없었기 때문이다.

제품 질을 보장하는 그 정보는 비싸게 획득되었으며, 이러한 높은 정보비용은 제품을 구매하는 소비자를 낙담시켰다. 각각 Atlantic과 Pacific Tea, Woolworth, 그리고 Montgomery Ward를 설립한 George Gilman과 George Hartford, Frank Woolworth, 그리고 Aaron Montgomery와 같은 기업가는 체인 스토어, 백화점, 그리고 우편주문사업으로 구성한 새로운 시장을 창출하여 장밋빛 미래를 열었다.

이러한 시장에서 판매자는 소비자에게 판매된 모든 제품이 정말로 좋아하는 기준을 접할 수 있게 소비자에게 보증을 제공하는 역할을 했다. 이러한 시장의 출현은 정보비용을 절감시켰으며 그래서 잠재적인 수요를 효과적인 수요로 전환했다.

그래서 구스타부스 스위프트(Gustavus Swift)의 스위프트(Swift and

Company)사는 수익을 실현하기 위해 숨겨져 있는 장애를 극복하기 시작했다. 첫째, 그는 마지막 목적지에 도착하는 쇠고기의 포장과 저장에서 냉동기술을 향상하였다. 둘째, 그는 도축된 냉동고기에 대한 소비자의 저항을 극복하면서 냉동고기의 저장과 판매를 위한 지부망을 건립하여 시장을 창출하였다. 이 새로운 시장을 창출하는 그의 성공은 상당한 이익을 Swift사로 가져오게 하였을 뿐만 아니라 지속적으로 미국육류포장산업의 전망을 변화시켜갔다.

결국, 이 시기의 새로운 시장은 불안정할 뿐만 아니라 불완전하였으며, 시장행동을 통제하는 규칙과 법적인 이해 또한 규정되어 있지 않았다. 불공정한 경쟁방법은 폭 넓게 실행되었고 독점력은 크게 남용되었다. 격렬한 가격경쟁, 가격차별, 강제, 그리고 경쟁자의 협박은 일반적이었다. 그러므로 그 시장은 더욱 위험하고 불확실하게 되었다.

기업가는 이러한 믿을 수 없는 시기에 기업을 일으켰던 것이다. 그들은 단순히 시장상황에 대응한 것이 아니라 종종 혼란한 시장상황과 그들 자신의 이익을 위해 이용하기만 하였다. 기업가의 무법적인 행동은 궁극적으로 정부간섭을 이끌었고 반트러스트법(anti-trust laws)의 구조뿐만 아니라 정부규제기구 다수를 발생시키는데 일조했다. 악덕자본가라고 칭해지는 대부분 화려한 기업가는 이 시기의 소산이었다.

그들은 19세기 중반 작은 규모의 경쟁적인 비즈니스에서 19세기 말에 거대한 기업으로 변화하였다』

앞의 예는 생산에서 기업가가 행하는 결정적인 역할을 보여주고 어떻게 기업가적 행동이 기업의 내부 조직, 시장의 구성과 구조, 그리고 정부와 비즈니스 사이의 관계에 영향을 주었는지를 증명한다. 여전히 기업가는 수익적 동기에 의해 움직여졌기 때문에, 그 행동은 항상 사회적으로 이익이라고는 할 수 없었다. 기업가적 행동은 시장의 규모와 효율을 증가시키고 또는 제품의 다양성과 품질, 또는 기업의 효율성을 향상시켜서 생산비용과 제품가격을 감소시키는 데 긍정적인 사회효과를 창출했을 때 사회적으로 이익이기 때문이다.

그러나 19세기의 기업가적 행동이 사회적으로 혜택인지 아닌지는 모르지만 한 가지 확실한건, 모든 대기업의 출현은 대담하고 기략이 풍부한 각 개개인의 차별적 업적을 반영하는 것이며, 각 기업은 기업가의 화신이라고 해도 무방할 것이다.

이러한 거대한 성공 때문에, 19세기 기업가는 매우 우수한 기업가의 전형으로 볼 수 있다. 그러기에 기업가는 어떠한 비즈니스에서 항상 지도적인 위치 서있는 사람으로서 인정된다.

04

경영자 지배

20세기 초 미국에서 진취적인 정신을 지닌 기업형태를 사실상 포기했다. 기업부문의 팽창은 경영자가 이끌었고 궁극적으로 그 영역에서 기업가의 종언을 선언하게 했다. 기업가가 경제의 일부분에서 여전히 존재하고 기능한다는 그 사실에도 불구하고,[21] 기업가 없는 실체가 되어 기업의 변화 그 자체는 미국경제의 체질을 변화시켰다.

경제규모가 커지고 수입이 상승하면서 소비자는 매우 다양한 제품을 필요로 했다. 이러한 수익기회에 반응하면서, 제조업자들은 자연산품뿐만 아니라 그것을 재배치하여 상품생산을 추구하였다. 20세기로 넘어오면서 기본적인 생산방법은 많은 변화를 경험했다. 생산에는 기계적인 장치의 사용뿐만 아니라 화학과정과 전기에 의해 운용되는 프로세스도 포함하였다. 1920년대 후반 초에 이미 산업연구에 고용된 사람의 2/3는 화학자, 전기엔지니어, 그리고 금속연구가였다. 1930년대까지, 화학회사와 전기회사는 다른 산업에서 보다 새로운 제품라인을 시장에 도입하였다[22].

그동안, 생산에의 기계사용방법은 꾸준히 향상되었고, 1908년 Henry Ford의 조립라인에서 완성되었다. 이후, Frederick Taylor의 과학적 관리는 호평받았다[23]. 테일러는 인간의 작업이란 물질적 세계의 규칙과 같이 물리적 법칙이 적용된다고 옹호하였다. 그는 생산의 효율성은 부품의 표준화와 작업의 전문화로부터 나타난다고 주장한다. 각 작업에서 기술

21) 기업의 대규모화로 잊혀진 사실이 있다. 비교적 수가 작긴 하지만 그 기업들은 미국경제에서 생산을 점하고 있었다. 일례로, 1968년의 Survey of Current Business에 따르면 9백만 소유권과 파트너십에 비해 단지 150만 기업이 있었다. 그러한 기업은 그 해 미국 GNP의 69%를 생산했다.

22) Chandler, Jr. Alfred D.(1962) Strategy and Structure: chapter in the history of the industrial enterprises. :474.

23) Chandler, Jr. Alfred D. (1977) The Visible Hand: the Managerial Revolution in American Business, Cambridge, MA, Harvard University Press.: 272~282. chapter9.

혁신 더욱 정교한 영역의 개발과 생산운영에로의 동시성을 요구한다. 새로운 작업을 한 번씩 마스터했던 각각의 근로자들은 그것들을 반복적으로 수행할 수 있었다.

기계에서 화학, 전기 그리고 생물학적 방법으로까지의 확장은 기술혁신의 속성에 크게 영향을 받았다. 이러한 생산기술 하에서, 많은 제품은 결합되어 생산되었으며, 각 생산자는 많은 생산공정을 다루어야 했다. 생산 통제자는 여러 생산공정에서 많은 양과 빠른 스피드의 흐름을 조절해야만 한다. 효율성을 얻기 위해서는, 통제자가 공정시간을 단축하고 생산속도를 향상하기 위해 공정흐름과 생산레이아웃을 계획하였던 것이다. 이 당시의 생산기술의 향상이란 생산공정의 통합, 지속적인 공정기계, 에너지의 많은 사용, 그리고 노동자의 감축을 의미하고 있다[24].

기계, 화학, 그리고 전기에서 새로운 혁신 즉 인풋과 아웃풋의 표준화를 이끌었고, 다음으로 대량생산과 마케팅과 관련한 거대한 규모의 경제로 나타나기 시작하였다. 결국 거대한 규모의 경제와 생산을 위해 자본적 요구는 너무 크게 증가했다. 이 증가는 두 가지 중요한 함축을 지니고 있다. 바로 기업의 통제구조를 바꾸고, 기업의 내부조직에 깊게 영향을 준다는 것이다.

이러한 상황은 20세기말까지, 기업의 자본화는 진행되어 생산에 조달하는 기업가의 금융적 능력 이상이 되었다. 그리고 주식자본시장이 너무나 향상되어, 기업은 주식을 발행하면서 생산에 필요한 자본의 정도를

24) Chandler, Jr. Alfred D. (1977) The Visible Hand: the Managerial Revolution in American Business, Cambridge, MA, Harvard University Press.: 272~282. chapter9.

평가 가능하였던 것이다.

주식시장이 자본가에게 새로운 출구였으며, 투자자의 자본을 기업에게 관리 가능하기에 기업주식의 매력은 높았다. 자본시장이 성숙하기 전에는 자본가는 단지 두 가지 투자처를 지니고 있었다. 즉 투자자는 그의 돈을 비교적 유동채권시장에 투자할 수 있거나, 장기적으로 그의 돈을 고정시키게 되는 자본자산(capital assets)에 투자할 수 있었다. 자본자산에의 투자는 배당수익을 보장하는 만족스러운 수익률의 필수조건은 아니었다.

투자자는 다각적으로 같은 목표를 성취할 수 있다[25]. 생산으로부터 그리고 직접적으로 투자 포토폴리오로부터 만족스런 수익률을 얻기 위한 필요정보는 다르다. 전자는 기업에 대한 특별한 정보에 접근하는 투자자를 필요로 하고, 후자는 기업이 투자자가 이용 가능한 인센티브가 존재하는 시장정보를 필요로 한다.

두 정보형태를 수집하는 비용은 차이가 난다. 주식시장이 성숙되면서, 기업의 금융 데이터를 획득하는 비용은 뚜렷하게 감소했다. 위험회피 투자자는 포트폴리오 투자기회를 폭넓게 사용한다. 이로 인해 투자자는 여러 기업의 유가증권(有價證券)을 보유하기 때문에, 기업의 세세한 활동을 통제하면서 이익을 기대하지는 않는다. 따라서 투자 자체가 생산통제보다는 유가증권 포트폴리오에 투자가 증가하는 변화는 그리 놀랄만한 일은 아닐 것이다. 이러한 방법에서 자본가는 기업경영에서 통제를 포기하

25) Fama, E. F. (1980) 'Agency problems and the Theory of the Firm', Journal of Political Economiy, Vol.88: 288~307.

였고, 전문적인 대금업자(貸金業者, a professional lender of capital)가 되었다.

이제 자본기업가에서 경영자로 이동된 통제기능에 대한 설명이 필요할 것이다. 이는 의사결정 자체가 일상화되었기에 일어난 현상이다. 흥미롭게도 동시에, 의사결정의 일상화는 경영의 관료화를 이끌었고, 이에 따라 기업의 내부구조는 영향을 받았다. 그렇다면 '의사결정을 일상화하는 기업을 발생하게 한 것은 무엇인가?' 그것은 시장환경 변화와 기업의 내적인 역동성에 기인한다.

또한 특별한 선호에 의한 소비자의 욕구에 의해 생산자의 파괴를 일으키지 않았다는 것은 소비자를 확신시키는 대량광고를 통해 개성적인 제품을 원하는 소비자의 열망을 상쇄하였던 것이다. 결과적으로, 각 생산자는 평균적으로 소비자를 만족시키기 위해 계획된 제품을 표준화하여 생산하고 판매하였다.

소비자는 생산자에 의한 기업통제 하에 있었으며, 대량생산의 중심에 있었던 것이다. 따라서 생산자의 파괴적 행동이 발생하지 않았고, 제품 수요의 지속적인 안정성은 유지되었다. 슘페터에 의한 관찰대로, 혁신은 자발적인 소비자요구에 대응하여 발생하지는 않았다.

표준화된 제품이란 대량생산이 가능해야 이익을 가져올 수 있기 때문에, 기업의 규모는 수평적이고 수직적인 통합을 통하여 거대해졌다. 최고 경영자는 다양한 활동을 관리하기에 한계적이었다. 각각의 직능적 영역(functional area)을 관리하는 전문가를 고용해야만 했다.

그러나 전문화는 직능적 영역이 서로 다른 활동과 그리고 기업의 전체목표에 맞물려 돌아가야만 했다. 따라서 최고 경영자는 기업의 전체목표를 공식화했으며, 미래수요를 보장하는 활동범위를 선택하여 기업을 조직화와 장기적인 시장위치를 보장하기 위해 R&D를 행하였다[26].

조직화는 최고경영자의 활동을 지원하기 위해 고안되었다[27]. 무엇보다도 정보는 공식적으로 최고경영자를 지원하기 위해 수집되어야 했다. 즉 계획을 구성할 때, 각 업무가 어떤 의사결정규칙 내에서 이루어지도록 각 직능에 다양한 업무를 분배하면서 실행하였다. 의사결정 규칙은 업무를 정확하고 자발적으로 수행하게끔 최고경영자의 그것과 같게 구성되었다. 이러한 집중화와 분권화된 활동시스템은 기본적으로 중간경영자는 하부구조로부터 올라오는 정보를 변환하고 최고경영자에게로 전달하는 역할을 필요로 했다. 이러한 관료주의는 설립된 정책을 계획하고 디자인할 뿐만 아니라 설립된 규칙을 따를 수 있게 사람을 관리를 하기 시작했다.

명령과 통제시스템에서 보듯이 최고경영자는 모든 의사결정력을 집중하는 자본소유자와 동격의 성격을 지니고 있다. 그러나 이러한 두 시스템간의 의미 있는 차이는 자본소유자는 그의 판단에 기반하여 자신의 지침대로 활동을 통제하였던 반면, 최고경영자는 규칙을 사용하여 그렇게 했다.

비록 이들이 기업 전체적으로 창의성을 실행한 것은 분명하나 엄격하

---

26) Chandler Jr, Alfred D.(1986) The Evolution of Modern Global Competition, Edited by Michael E. Porter, Competition in Global Industries. Boston, Massachusetts., Harvard Business School Press.: 405~448. summerising.

27) Chandler, Jr. Alfred D. (1977) The Visible Hand: the Managerial Revolution in American Business, Cambridge, MA, Harvard University Press. :272~282. chapter9.

게 규정된 통로에서 더욱 관료주의화해 갔다. 하위 경영자들은 기업전체 목표의 명확한 이해할 수 없었으며, 근시적으로 자기이익을 고민하게 되는 결과를 낳게 되었던 것이다.

이 결과 기업의 경화(硬化)가 일어났으며, 기업 구성원들은 규칙이 시장 환경의 변화에도 불구하고 여전히 적정한지 아니면 관련성이 충분히 있는지에 관계없이 행동하고 있다. 이것이 바로 최고경영자가 기업가적 역할을 포기하고 있는 현상이기도 하다. 일례로 잘 알려져 있듯이 경영자의 대리인 비용(agency cost)이 존재하는 것이 그 대표적인 폐해이다. 결과적으로, 창의적인 기업가적 정신을 거부하였던 모든 계층의 경영자는 대부분 사라지게 되었다.

05 새로운 기업가의 출현

미국경제의 진화가 지속적일 때, 그 변화속에는 소비와 생산 모두에서 발생하고 있었다. 소비자의 선호는 크게 다양화되었고 제품의 차별이 일어나고 있었다. 다른 한편 생산자는 새로운 생산기술과 많은 정보에 점차 가까워지고 있었다. 이러한 변화는 시장뿐만 아니라 기업의 내부조직의 경쟁에 영향을 주고 있었다.

미국에서는 지속적으로 증가된 국민소득 때문에, 1960년대까지는 다수의 소비자가 별다른 생각의 여지없이 제품소비를 하고 있었으나 서서히 그 선호는 색다른 개인주의화의 경향을 보이게 되었다. 이에 시장의 분화는 탁월해졌고 이러한 차이를 소홀히 하는 생산자의 능력은 감소하기 시작한다. 현재의 상황에서 보면, 정보통신과 수송수단의 발달은 어떤 한 지역에서 또 다른 지역으로 무엇인가 전파하는 속도가 빨라졌다. 세계무역의 팽창과 글로벌 경쟁의 격화에 의해 그 속도는 가속화되고 있는 것이다.

이로 인해 다양한 소비자의 기호와 시장의 세분화는 무조건적인 소비자기호를 다루는 능력과 대량광고에서의 이익을 다루는 능력이 점차적으로 그 자리를 잃게 하고 있다. 비즈니스맨은 점차적으로 소비자의 색다른 수요를 접하기 위해 다품종 소량생산이 바람직하다는 것을 발견한다. 그러나 이러한 가능성은 실제적으로 소비자 기호를 확신할 수 있고, 소비자의 전체 윤곽을 그릴 수 있는 잠재능력을 지닌 현재 정보기술의 완성 정도 이후에나 가능한 현실이다. 다행스럽게도 전자상거래(e-commerce)를 위시한 정보네트워크 형성과 관련한 기술들의 활성화가 고객의 기호와 소비자 전체의 윤곽을 그릴 수 있는 시발점으로 그 역할을 하고 있다.

더욱 더 다행스러운 것은 현재 기업은 관련 소비자를 목표로 하는 니치 마케팅(niche marketing)을 데이터베이스를 사용하여 판매를 보장하기 시작했다. 이 발전은 산업조직의 변화에 그 배경을 두고 있다.

동시에, 생산기술의 변화는 생산의 속성을 대체하고 있으며, 생산과정의 통합을 서둘렀다. CAM(computer-aided manufacturing)은 기계와 로봇을 함께 연결하는 컴퓨터로 통제되는 자동 안내 시스템이다[28]. 전통적인 기계통제시스템에 비해 이 시스템은 기계가 적을수록 프로세스에 더욱 적은 장비(기계설치)를 구성한다.

그것은 단지 한 장비의 활동수를 증가시킬 뿐만 아니라 1회분 처리 사이즈에 정밀성과 변화에 대한 허용치도 가능하게 한다. 결과적으로 CAM은 생산효율성과 유연성을 크게 증가시켰다. 이로 인해 흥미로운 결과는 이 새로운 기술이 소규모의 생산자의 생존능력을 향상시켰다는 것이다.

최근의 시장분화와 기술변화 속도는 1) 대량 마케팅과 대량 생산의 이점을 작게할 뿐만 아니라 2) 기업의 전략선택과 내부조직에 영향을 주고 있다. 앞에서 보았듯이, 소비자의 기호를 평가하기 어렵고 생산기술이 더욱 정밀해 갈 때, 생산자는 소비자에게 평균적인 만족 밖에 줄 수 없다는 견딜 수 없는 현실에 처하게 된다. 과거 전략의 성공을 위해, 생산자는 소비자기호를 다루기 위해 과대한 광고에 의존하였으며 그들의 수요는 평균적인 소비자를 이끌어 내었다. 앞으로, 소비자의 전체윤곽과 그들에게 적용하는 생산기술의 유연성의 가능성은 더욱 높아질 것이고, 이러한 상황 하에서, 생산자는 각 개인소비자의 특별한 수요에 접하는 더욱 수익적이라는 것을 발견하게 될 것이다.

그러므로 변화하는 소비자기호에 더욱 응답하게 될 것이다. 전략의 새로운 형태는 이제 출현하고 있다. 기업은 소비자의 전체윤곽, 니치 마케팅의 사용, 판매자와 파트너십의 유지에 데이터베이스를 사용한다. 이러

---

28) Knight, F. H.(1971) Risk, Uncertainty and Profit, Chicago, University of Chicago Press. : 268~304.

한 전략 모두는 기업이 시장에서 소비자 주권(consumer sovereignty)의 중요성을 인식하고 있다는 것을 반영한다고 해도 무리는 없을 것이다.

시장에서의 빠른 변화는 또한 기업의 의사결정기구와 그 메커니즘에 대해 리스트럭쳐링(restructuring)을 요구한다. 기업의 내부조직은 소비자 기호의 갑작스런 변화에 의해 창출된 그리고 경쟁자에 대해 반응을 하는 능력을 향상시키기 위해 시장기회에 대한 이익을 잡으려고 노력한다. 이러한 시장환경 하에서, 공식화된 규칙이 높은 관료주의적 기업은 더욱 작고 기민한 경쟁자와 경쟁하는 것이 부담스러워질 것이다.

수평적인 하이어라키, 정보공유, 권한의 분배에 대한 요구는 조직의 리엔지니어링(reengineering)으로 가능하게 되었다[29]. 물론 이 리엔지니어링은 엄격한 계획의 중요성과 조직의 파워를 강조하지 않았지만, 그 대신에 창의성의 이익과 기업가 정신의 가치(the value of entrepreneurship)를 적용하고 있다.

「리엔지니어링을 하는 기업은 정보통신과 컴퓨터 네트워킹에서 발생하는 혁신에 의해 가능하다. 이 기술은 이용 가능한 모든 곳에 정보를 참작(參酌)하게 하고, 그래서 많은 직능의 분해, 의사결정의 분권화, 기업가적 창의성을 실현하는 기회를 허용한다.

일례로, 컴퓨터 네트워크를 통한 정보공유는 가장 잘할 수 있는 곳에 집중하게 하고, 다른 나머지는 아웃소싱하는 기업의 영역을 가능하게 한다. 이 경험은 전문화를 크게 하고, 시장에의 큰 의존, 그리고 작은 핵심 생산단위를 이끈다.

---

29) M. Hammer (1990) "Reengineering Work : Point Automate, obliterate" Harvdrd Business Review. Jul-Aug. 1990.

차례로, 시장에의 큰 의존은 관리적인 동등성에 대한 요구를 적게 한다. 각자가 무언가에 접촉을 유지하는 고용인은 동등한 경영자의 직접적인 도움과 간섭 없이 일을 할 수 있다. 이러한 모든 발전은 사람경영에서 정책경영까지 강조할 수 있도록 이동시켜왔다.

현대 비즈니스 기업에 의해 수행되는 직능이 다양하고 많다는 사실 때문에, 경영정책은 창의성을 가지는 직능을 필요로 하고 다양한 상황을 다루는 책임성을 수용한다. 소심한 개인들은 안내규칙 없이 이러한 책임을 수용하는데 멀어지는 반면, 기업가적 정신을 소유한 자는 불확실성에 도전하고 의사결정의 따르는 책임성을 수용하게 된다. 결과적으로 기업의 통제는 기업가에게 되돌아온다.」[30]

기업가의 부활에도 불구하고, 19세기 기업가와 오늘날의 기업가의 차이는 기본적으로 두 가지가 있다. 첫째, 19세기 기업가는 기업의 자본소유자이었던 반면, 현대 기업가는 소유권 역할을 포기하는 진정한 기업가가 되고 있다. 둘째, 19세기 기업가는 완전한 비즈니스 기업의 직능 상에서 통제를 실행했지만 오늘날의 기업은 비즈니스에 특별한 기능과 공동적인 기업 활동을 관리하며 통제를 실행한다.

기업가에 의한 기업의 통제는 기업이 이제 단순하게 그들 자신의 이익을 추구하는 수단을 제공하는 것뿐이다. 순수한 기업가는 자본가가 아니기 때문에, 생산은 자본시장을 통해 조달되어야 한다. 기업가는 의사결정의 역할을 공유하기 때문에, 의사결정은 분권화된다. 그리고 의사결정의 분권화는 소비자에게 반응할 수 있어 시장의 효용을 더욱 확장하게

30) Wu, Shin-Yen. (2000) On the Changing nature of Entrepreneurship, International Review of Sociology, Vol.10 Issue 1. :41~55.

된다.

따라서 기업가의 새로운 등장은 시장성과를 향상시키게 되는 것이다. 이제 경제는 생산, 소비의 변환과정을 포함할 뿐만 아니라, 기업가의 협력도 포함한다. 기업의 형태는 시장과정의 필수부분이 되고 있다. 결론적으로 기업가의 특성변화는 기업의 속성뿐만 아니라 그 경제의 속성에 깊숙히 영향을 받고 있는 것이다.

06 미래의 발전방향

역사적인 검토 작업에서 기업가의 역할이 변화해 왔다는 역사적 증거는 매우 높다. 첫째, 시장이 너무 분화되고 불완전하여서, 각기 다른 정보를 소유한 기업가의 재능과 자원에서 시장기회를 다르게 인식했다. 그것들은 다른 목표를 추구하게 이끌었는데, 일례로, 어떤 기업가는 새롭거나 향상된 제품을 생산하면서 새로운 생산기술을 도입했고, 다른 기업가는 생산과 그 변환을 옮기기 위해 기초시장을 창출하는 의사결정을 했다. 그리고 여전히 다른 기업가는 단순히 재정(裁定: arbitrage)[31] 기능을

31) 차익거래 또는 재정거래라고도 한다. 동일한 상품이 지역적으로 가격의 차이가 있을 때 가격이 낮은 지역에서 높은 지역으로 매각해 차익을 얻으려는 것을 의미한다.

수행했다. 그렇다고는 하나 상술한 세 가지 타입의 기업가는 공통적으로 재정거래를 하고 있었다고 보여진다.

자본시장이 고도로 불안정하기 때문에, 기업가는 시장의 변화를 다룰 뿐만 아니라 생산활동에 그들의 돈을 사용해야만 했다. 그래서 기업은 불가피하게 자본시장에서 약간 벗어난 상태로 카리스마적인 자본기업가에 의해 통제되었다. 기업가는 수익을 극대화하기 위해 시장에서 비협조적인 행동을 했으며, 이 당시 기업은 자본기업가에 상징이었으므로, 모든 기업의 목표는 수익을 극대화하는 것이었다.

둘째, 20세기로 전환된 이후 기업영역은 많이 확장되었다. 대기업의 등장에 따라 기업의 내부거래(internalization of transction)는 기업직능의 전문화를 크게 필요로 했다. 전문적인 기술경영자는 자본기업가를 대체하게 되었고, 또한 생산결정의 통제도 지니게 되었다. 그 경영자는 계획과 통제활동에 그 권위를 실행하였는데, 대량광고와 판매노력을 통해 경영자는 시장에서 창의성을 얻고 그를 통해 소비자주권을 침해했다.

법인 기업이 경영자로서 동일시되기 때문에, 그것은 더 이상 수익극대화를 필요로 하지 않으며, 그 대신 각 기업은 판매의 극대화, 성장률을 위해 또는 경영자의 이익을 위한 경영자의 목표를 수행했다.

셋째, 1980년대 정보혁명의 시작은 소비자들에게 그들의 주권을 인식시키는 계기가 되어 기업의 의사결정은 분권화되기 시작했으며, 기업내부에서 시장효용뿐만 아니라 기업가적 창의성에 대한 기대가 재출현하였다. 모든 이러한 변화는 기업과 시장, 경제의 재구축으로 이끌었다. 특별하게, 법인기업으로서 기업은 더 이상 기업 자체의 목표를 지니지 않은 그런 순수한 기업가들의 협력구조로 되어간다.

더욱이 시장활동 자체는 생산자에 의해 주도되는 것을 그만두고, 소비자 선호에 의해 시장수요가 형성된다. 경제는 이제 협력적이고 비협력적인 행동 둘 다를 보여준다. 즉 기업내에서 기업가들은 협력적으로 그들 자신의 목표를 위해 수익을 극대화하는 행동을 하는 반면, 시장에서 공급자와 판매자는 비협력적으로 그들의 목표를 추구하는 행동을 한다.

이러한 결론에서 다음의 중요한 사실을 발견하게 된다. 즉 시장의 속성 중 무한한 수요와 공급을 형성하는 시장은 어떠한 대리인(경영자)을 위한 장소가 아니라는 것이다. 또한 시장은 본래 불안정하고 불완전하기 때문에, 최대한 시장파워는 스스로 차선의 최적 결과(sub-optimal results)를 이루어낸다.

기업가의 공헌은 효율성을 올리고 진보와 개발을 가져오는 것이 요구되며, 그래서 시장은 시장파워와 기업가가 끊임없이 수익기회를 창출하고 개척하는 상호교환적인 시스템으로 설명되어야 한다. 더욱이 기업가의 기능은 점차적으로 전문화되어가고 있다.

시장과 기업가는 각자에게 상호보완적이기 때문에 시간의 흐름에서 기업가 역할에 대한 전문화는 기업의 내부조직이 능률적이게 되고 시장의 전체 효율성이 향상된다는 것을 필연적으로 말해준다. 역사가 증명하듯이, 시장시스템이 전체적으로 역동적이고 창조적인 기술의 증가를 가져오기 위해서는 기업가의 능동적인 참여가 필수적인 것이다.

5

실리콘밸리의 성공과 창조성지수

01

실리콘밸리의 의미

경이적인 호황을 이루고 있는 미국 경제의 원인을 물어보면 미국 교수들은 대개가 지식경제로의 빠른 선회, 노동의 순조로운 변화, 그리고 실리콘밸리의 존재를 예로 든다. 실리콘밸리의 명암이 미국 경제의 성쇠와 관계가 있다는 것은 명백하다. 그렇다면 미국 경제에 있어서의 실리콘밸리란 무엇이며 우리는 이러한 실리콘밸리를 어떤 시각으로 바라보아야 하나?

필자가 보스톤에서 1년간 방문교수 생활시[1] 보스톤에서 유명한 '루트 128'을 찾으려는 사람이 많았고 필자도 처음에는 만나는 사람마다 어느 지역이냐고 물었지만 모든 사람들이 웃으며 대답을 회피하였다. 후에 알고 보니 어느 특정지역이라기보다는 128번도로 지역에 위치한 지역을 말하는 것이었다. 실리콘밸리도 어느 한 지역이라기보다는 실리콘밸리는 캘리포니아의 샌타 클래라(Santa Clara)를 중심으로 산 마테오(San Mateo) 알라메다(Alameda)와 산타크루스(Santa Cruz)와 그 안에 밀집해 있는 하이테크 기업으로 정의할 수 있다.[2] 그러나 이것은 실리콘밸리의 위치적인 요소를 말한 것이지 성공의 본질을 명확히 한 것은 아니다. 실리

1) 1년간 Babson College의 Arthur M Blank Center for Entrepreneurship에 방문교수로 2000년 1월부터 2001년 1월까지 있었다.

콘밸리를 정확히 이해하기 위해서는 지리적 · 공간적인 요인은 물론, 역사적인 배경까지 고려하여야 한다.

1. 실리콘밸리와 가젤 영양기업

실리콘밸리라는 단어를 처음 사용한 사람은 전자 산업작가인 Don.C Hofler(단호플러)로 알려져 있다. 1972년에 그가 사용한 이 명칭 속에는 투철한 창업 정신, 그리고 미지에의 도전을 향한 기발한 두뇌들의 열정이 함축되어 있다고 한다.

실리콘밸리가 세계적으로 폭발적인 관심을 끈 것은 1990년대 중반부터이다. 불과 7, 8년 전인 1980년대 후반만 해도 미국 불황과 마찬가지로 이곳 역시 불황에 허덕였으며, 이곳에서 연구하던 많은 학자들이 떠났다. 그러나 지금은 돈을 주어도 집을 얻기 어려울 만큼 경쟁력이 넘치고 심지어는 동부지역의 하버드 경영대학이 이곳에 연구센터를 설치할 정도로 발전했다.

실리콘밸리를 이야기할 때 스탠포드대학을 빼놓을 수 없고 스탠포드대학의 전기공학과 교수인 프레드 터만(Fred Trman)을 말하지 않을 수 없다. 1938년에 그는 학생들이 일자리를 찾아 동부지역으로 가야만 하는

2) 실리콘벨리는 샌프란시스코 반도에 위치하고 있으며 그 심장부는 유명한 관광도시 샌프란시스코에서 차로 40분 거리에 있다. 오늘날의 실리콘밸리란 지정학적으로 여러 해석이 있을 수 있지만 흔히 샌프란시스코에서 남동쪽으로 45마일 가량 떨어진 세로 25마일, 가로 10마일의 하이테크 메카를 지칭한다. 명문 스탠포드대학이 위치한 산타클라라 카운티의 팔로알토를 정점으로 북쪽으로 10마일 떨어진 남부 산호세, 동쪽으로 알라메다 카운티의 프리몬트, 밀피타스시를 가리킨다.

현실을 못마땅하게 생각했으며 자기의 두 명의 제자인 휴레트(Hewlett)와 패커드(Packard)를 설득하여 휴레트의 집에서 전자계측 장비를 만드는 회사를 설립하도록 지원하였다.[3)]

실리콘밸리에는 현재 약 8,000개의 첨단기술 기업들이 있는데 그 중에서도 휴렛 팩커드와 오라클, 넷스케이프, 인텔들과 같은 우량기업들이 있다. 또한 세계 100대 기업의 20%가 이곳에 본사를 두고 있으며 미국 전체 밴처 투자자금의 40%가 이상을 이곳에서 유치한다고 하니 가히 세계 첨단사업의 중심지라고 할 만하다.

그리고 가젤(gazell)영양기업[4)]으로 불리는 고속성장기업은 1989~1995년 사이에 평균 40개에서 1996년 7개로 늘어났을 정도이다. 그리고 실리콘밸리는 실리콘밸리 지역만으로도 GDP는 약 65억 달러로 추정되어 세계 12권의 수준이라고 하니 거의 우리나라의 경제규모와 비슷하며 약 25만 명의 백만장자가 이 지역에 살고 있다고 한다.

2. 실리콘밸리의 경쟁력

그렇다면 지금 왜 실리콘밸리가 관심을 끌고 있는 것일까? 그리고 이것의 경쟁력은 무엇일까?

첫 번째, 실리콘밸리는 지식사회의 전형적인 모형을 보여주고 있다는 점이다. 특히 아이디어와 신지식을 돈으로 바꾸는 가장 효율적인 경제시스템을 가지고 있다. 인터넷 정보혁명의 진원지답게 전체 주민 중 52%

3) 김병균, 벤처산업의 미래 전략, 21세기 북스, 2001, p. 125.

4) 최근 4년간 매년 20% 이상씩 매출이 성장하는 기업.

가 가정이나 직장에 전자우편 주소를 가지고 있는데 하이테크산업 종사자는 이 비율이 73%에 이른다고 한다.

두 번째, 타국가의 인력과 자원을 흡수하고 활용하여 효율화하였다는 점이다. 인텔의 앤디 그로브 회장이 헝가리에서, 야후의 창업자인 제리 양이 대만에서 이민해 왔다는 사실은 그리 주목거리가 아니다. 마우스와 조이스택의 로지스택 사의 다니엘 보렐 사장은 스위스 출신이고 소프트웨어의 보란드사의 필립스 칸 사장은 프랑스인이기 때문에 오히려 이곳 토박이인 스티브 잡스와 워즈니악이 창업한 애플컴퓨터의 성공이 더 드문 사례로 꼽힐 정도이다.

이민자 중국계와 인도계의 기여도는 대단하다.[5] 최근 실리콘밸리의 주요 산업인 IC를 인도인과 중국인(Indian and Chinese) MIT를 Made in Taiwan이라고 죠크할 정도로 아시아태평양지역 출신의 경영자와 기술자가 많다. 특히 인도의 경우에는 영어를 사용하기 때문에 5만 명의 대학졸업자 가운데 15,000여 명이 미국으로 진출하고 대부분이 실리콘밸리에 취직한다고 한다.

또한 스탠포드대학의 박사과정 재학생의 50%와 벤처비즈니스 기술자의 30%가 중국계가 차지한다고 할 정도이다. 다인종 사회와 다인종 문

5) 로버트 리 사장은 1980년 미국으로 이주해 뉴저지 주의 스티븐스 공대에서 컴퓨터전공으로 석사학위를 마치고 실리콘밸리에서 미국 기업들을 전전하다가 피코파워 테크놀로지사를 설립했다. 1995년 이 회사를 매각하여 40대 나이에 억만장자가 된 리 사장은 현재 새로운 사업들에도 관여하는 전문사업가로 활동하고 있다. 또한 활동범위를 대만, 일본 등으로 넓히면서 내면적으로는 중국인을 위한 엔젤 투자가의 역할을 담당하고 있다. 리 사장과 비슷한 중국인은 아주 많으며 이들은 눈에 보이지 않는 화교 엔젤 네트워크를 형성하고 있다. 그리고 그 뒤에는 ISSI, OPTI, 솔렉트론 등 이미 성공한 화교기업들이 지원세력으로 자리잡고 있다.

화, 그리고 자유스러움, 새로움이 함께 하는 곳이야말로 기회적 효율과 생산적 효율이 나타나기 때문이다. 문화는 열등과 우등이 없으며 편리함과 불편함이 존재하기 때문에 다민족의 다사고하의 새로움과 자유야말로 실리콘밸리의 진수라고 해도 과언은 아니다.

세 번째, 노동력의 이동은 능력과 관계가 있다는 점이다. 실리콘밸리에는 이직률이 30% 정도나 된다. 1998년 3월 초에 발표된 통계에 의하면 미국의 실업률(4.3%)은 일본(4.4%)에 비해 오히려 낮다. 현지 언론들은 종신고용제의 나라인 일본의 고용창출에서 드디어 압도했다고 자축하는 분위기이다. 리스트럭처링과 집단해고로 악명 높은 미국식 경제가 오히려 고용창출에서 뛰어난 성과를 보이고 있음은 우리에게도 흥미롭다.[6)]

실리콘밸리는 전쟁이라 할만큼 노동이동이 자유롭다. 그러나 전체 일사리 수는 줄지 않았다. 그 이유는 물론 또 다른 분야에서 새 일자리가 만들어지기 때문이다. 미국 전체로 보면 매달 20만 개의 일자리가 생기고 있다. 해고 바람과 고용 붐이 공존하는 패러독스, 이것은 급속한 환경변화에 대응해야만 하는 하이테크 산업의 속성상 노동의 유연성이 반드시 필요하다는 사실을 대변하고 있다.

이와 반대되는 것이 일본적 경영인데 종신고용과 연공서열로 대표되는 정체적인 조직형태의 경영이라고도 한다. 일본에서는 실리콘밸리와

---

6) 실리콘밸리의 실업률은 훨씬 낮은 수준이다. 중심지역인 샌타클래라 카운티는 3.6%를 보이고 있다. 1998년 3월에는 한때 2.8%까지 떨어졌었다. 그런데 재미있는 것은 이러한 고용창출이 집단해고와 함께 일어나고 있다는 것이다. 1998년부터 반도체 업체를 중심으로 집단해고가 줄을 잇고 있다. 1998년 7월 한 달만 해도 3,200명이 해고통지를 받았으며 하이테크 분야에서만 전년에 비해 4배나 늘었다.

는 정반대의 개념, 즉 개인의 능력보다는 얼마나 그 회사에 오랫동안 공헌하였는가에 의해 평가된다.

이러한 폐쇄된 조직 속에서는 제너럴리스트가 중시되고 능력 있는 외부인보다는 조직에 공헌한 비능력인과 제네럴리스트가 임용되기가 쉽다. 이러한 점은 우리나라와도 비슷한 점이 많다. 노동의 이동과 창업과 실패를 격려하는 벤처문화 그리고 창업문화의 흡수력 등과 깊은 관계가 있다.

네 번째, 뛰어난 능력은 높은 임금이다. 실리콘밸리에서는 첨단 벤처기업들의 인력수요가 계속 늘어나고 있어, 다소 영어가 불편하더라도 기술만 있으면 쉽게 취직할 수 있다. 기술인력의 공급수요를 따라가지 못하기 때문에 나타나는 현상이다.

그래서 이 지역의 임금수준은 가파른 상승세를 타고 있으며, 이 지역의 평균 임금수준은 연봉기준 4만 6천 달러로 미국 평균치인 3만 달러를 훨씬 웃돌고 있다. 특히 소프트웨어, 정보통신, 반도체, 컴퓨터 등 핵심산업군의 경우 6만 5천 달러가 넘는다.

전문가들은 미국 경제가 첨단기술 분야에서만 앞으로 10년간 매년 10만 개 이상의 일자리를 창출할 것이고, 이는 기술인력의 부족을 더욱 가중시킬 것이라고 한다. 그래서 실리콘밸리의 많은 업체들이 중국, 인도 등에서 기술인력을 스카우트하는데 열을 올리고 있다.

02

실리콘밸리의 성공적 원인

1. 실리콘밸리의 원동력

미국발전의 원동력이며 미국 경제의 심장이라 할 수 있는 실리콘밸리의 원동력은 무엇인가? 이 질문에 대한 답은 1980년대 중반부터 진행된 불황극복의 역사에서 찾을 수 있다. 실리콘밸리는 1970년대 반도체산업 붐을 타고 대호황을 맞았다. '실리콘밸리' 라는 이름도 이때 만들어졌다. 그러나 1980년대 중반 이후 일본의 도전에 압제되어 거의 침몰할 뻔했다. 1985년과 1986년 두 해에 반도체 부문 종사자 중 5분의 1이 감원되고 2만 5천 개의 일자리가 없어졌다.

이러한 위기를 맞아 실리콘밸리를 선도하는 기업들은 기존 경영방식을 근본적으로 바꾸었다. 우선 소품종 · 대량생산 제품을 과감히 버리고 차별화할 수 있는 고부가가치 제품에 집중했다. 그리고 소비자와 공급자들과 긴밀한 관계를 재구축하고 조직 내부에 존재하는 부서간 벽도 과감히 허무는 개혁을 단행했다. 여기에 신세대 벤처기업이 줄지어 창업하여 도전에 가세했다.

신세대 벤처기업의 창업은 젊은 엔지니어들이 주도했다. 이들은 기존의 관료적인 경영방식에 반기를 들고 사업경험이 전무한 상태에서 비즈니스에 뛰어들었다. 이들은 전혀 다른 철학과 이념으로 새로운 경영방식을 과감하게 실험했던 것이다. 다음으로 이러한 새로운 경영방식을 실험할 수 있었던 것은 세계 각국의 젊은이들이 일거리와 높은 임금을 찾아 몰리기 때문이다.

1997년은 그 절정을 이뤘다. 전국 평균고용 증가율이 3%에 미달하는 가운데 실리콘밸리의 일자리는 5.9%가 늘어났다. 캘리포니아 주 평균고용 증가율 4.4%를 훨씬 상회하는 수치이다. 2002년의 산타클라라 카운티의 실업률은 3%에 불과해 완전고용 상태를 이루고 있다.

2. 제2의 산업혁명과 실리콘밸리

고용은 사업확장에서 창출된다. PC산업이 1990년대 초반 폭발적인 신장을 거듭하면서 실리콘밸리는 황금의 땅으로 변모했다. 빌 게이츠를 미국 최고의 갑부로 만든 Window 소프트웨어가 장족의 발전을 거듭하고 인텔(Intel)의 CPU 개발속도와 그에 따른 가격혁명으로 PC산업은 팽창 일변도를 달릴 수 있었다. 그 과정에서 인터넷의 실용화와 이메일(e-mail) 등 소위 킬러 어플리케이션의 등장으로 제2의 산업혁명이라 불리는 컴퓨터혁명은 본 궤도에 올랐다.

포레스터 리서치의 조사에 따르면 1998년 현재 이메일 구좌를 갖고 있는 가구 수는 6년새 6배 정도 증가했고, 하루 평균 2억 2,000만 건의 이메일이 인터넷 공간에 뿌려지고 있다. 이메일 사용도가 같은 기간 동안 8배나 증가한 셈이다. 지난 몇 년새 PC 의존도가 증가일로를 치닫고 있는 것이다.

인터넷이고 이메일이 일반 소비자들에게 배급되는 순간 컴퓨터는 필수품으로 둔갑했다. 정보화 시대의 첨병이라고 불려지는 것이 이메일이자, 인터넷이다. 미국을 주도하는 산업이 곧 컴퓨터산업인 시대가 도래한 것이다. 하이테크 기업들이 주류를 이루고 있는 나스닥 시장은 불이 났고 폭등세를 거듭했다.

하이테크 회사들의 상장이 줄을 이었고, PC 매출은 그 회사들의 주식을 급등시켰다. 돈은 자연 하이테크 산업에 집중될 수밖에 없었다. 늘어나는 수요를 감당하기 벅찬 하이테크 회사들의 고용창출은 당연한 귀결이었다.

실리콘밸리의 성공적인 원동력은 학자에 따라 논의가 다를 수 있으나 이코노미스트에서 말하는 실리콘밸리의 성공적인 문화적 특성은 다음으로 요약될 수 있다.[7)]

① 실패의 포용
② 배반의 포용
③ 위험의 추구
④ 지역사회에 대한 재투자
⑤ 변화에 대한 욕구
⑥ 성과에 대한 승진
⑦ 제품에 대한 집념
⑧ 제품 및 기술개발에서의 협력
⑨ 기업형태 및 문화의 다양성

---

7) Economist, 1997, April. 4.

⑩ 누구든지 성공할 수 있다는 사고

그러나 여기에서 중요한 것은 어느 하나의 요소만 가지고 실리콘밸리는 만들어질 수 없다. 모든 것이 종합되고 섞여야만 실리콘밸리가 만들어지는 것이다.

03 실리콘밸리와 벤처캐피탈

바늘이 있으면 실이 있고 물고기가 있으면 어부가 있듯이 벤처창업자가 있으면, 벤처투자자가 있다. 안정된 삶을 박차고 나와 자신의 모든 것을 걸고 100만 분의 1의 가능성에 도전하는 벤처사업가가 있고 뛰어난 안목으로 이들의 성공잠재력을 지닌 창업기업만을 선택하여 투자지원하는 벤처캐피탈이 존재한다.

사업자금에는 여러 유형이 있을 수 있지만 어떠한 것을 벤처캐피탈이라 부르는가를 알아보기로 하자. 은행에서 꿔주는 돈은 벤처캐피탈이 아니다. 물론 요즘 은행이 따로 벤처캐피탈을 운용하고 있지만 은행에서 일반적으로 대출되는 자금은 벤처캐피탈이 아니다.

한국은 창투라도 담보를 잡는다. 창투가 은행 주도로 운영되는 데서

비롯되는 한국적 모순이라 생각된다. 벤처캐피탈과 창업가의 관계는 채권자와 채무자의 관계는 결코 아니다. 이따금씩 벤처투자가가 주식이 아닌 전환사채의 형태로 투자하는 경우도 있지만 그나마도 절대 다수의 경우가 채권은 벤처기업의 자산을 담보로 한 것이지 창업자 개인의 자산을 담보하는 경우는 극히 드물다. 사실 벤처기업, 특히 창업단계의 경우 유형자산이라야 무의미한 만큼, 채권은 담보 확보차원보다는 회사가 망할 경우, 남은 자금의 분배과정에서 투자가 사이에 우선권을 확보하기 위해 형식적으로 담보 설정만 하는 경우가 대부분이다.

벤처캐피탈은 고도의 위험을 감수하는 자금이다. 창업기업의 기술과 경영진을 담보로 하는 창업자금이다. 말이 담보이지 넘어간 창업기업의 기술이란 것은 무담보에 다름없다. 몇 개 기업과 은행이 창투라는 이름하에 한국형 벤처캐피탈을 운영해 오기는 했지만 이는 진정한 벤처캐피탈로 보기는 어렵다.

한국에서는 은행이던 창투이던 담보가 필요하다. 다음으로 그러한 의미에서 필자가 알고 있는 창업가 C씨는 '은행은 담보 잡는 전당포' 이고 창투도 마찬가지라는 이야기이다. 그리고 그는 아이디어나 기술을 담보로 하는 능력의 부재가 오늘날 한국의 벤처기업을 죽이고 있다고 주장한다.

액수는 적더라도 동업자 몇 명과 개인투자가 돈을 모아 시작하는 창업자금은 벤처캐피탈의 한 유형이다. 친척에게 빌리는 돈도 벤처캐피탈의 유형에 속한다. 회사가 부도나면 빈털터리가 되는 것임에도 불구하고 먼 미래의 푸른 꿈을 향해 이루어지는 투자만이 진정한 의미에서의 벤처캐피탈이라 할 수 있을 것이다.

이제는 한국에서도 담보 없는 진정한 벤처투자가 큰손뿐 아니라 개인 투자가들까지도 아주 적극적으로 이루어지고 있다. 미국의 벤처캐피탈은 경영자문에 있어서도 적극적이다. 창업기업이 성공하기 위해서는 자금 외에도 경영 노하우를 필요로 한다.

이러한 의미에서 벤처캐피탈은 벤처기업가에게는 엄연한 동업자라고 할 수 있다. 그러나 아직은 한국에서는 벤처캐피탈은 동업자가 되기 어렵고 경영자문도 받기 어렵고 오직, 투자가일 뿐이다.

04

실리콘밸리와 보스톤의 루트 128과의 비교

얼마 전까지만 해도 실리콘밸리와 함께 세계 첨단기술의 양대 산맥을 이루었던 보스턴 루트 128지역 역시 정부지원과 비즈니스 환경에 있어 매우 뛰어난 곳이었다. 보스턴과 메사추세츠주의 케임브리지를 둘러싸고 있는 65마일의 고속도로 주위에 각종 첨단기업들이 모여 있는 루트 128지역은 1950년대만 해도 미국 전자산업의 중심지였다. 전자부품산업의 경우 그 당시 고용인력만 해도 실리콘밸리의 두 배가 넘었다고 한다.

필자는 2000년에 1년 동안 루트 128지역을 많이 돌아볼 수 있었다. 그 이유는 보스톤의 뱁슨 칼리지(Babson College)의 기업가 정신 센터(Arthur

M Blank Center for Entrepreneurship)에서 1년 동안 객원교수로 연구를 하였기 때문이다.

루트 128이란 명명을 한 바이그레이브(W. Bygrave) 뱁슨 칼리지 교수에게 루트 128지역에 대해 물어보자, 그는 보스톤의 128번 도로(루트 128)를 따라서 이루어지는 기술지역이라서 루트 128지역은 전통적으로 금융중심지에 속하며 하버드대학과 MIT대학, 뱁슨 칼리지 등의 우수한 인력이 공급되는 뛰어난 주변환경을 갖추고 있다고 하였다.

그의 말대로 실리콘밸리가 형성되기 전의 1960년대만 해도 매년 10억 달러의 정부예산이 지역기업들의 기술개발에 투여되었으며, 방위산업 관련 정부구매의 절반이 이곳에서 이루어져 말 그대로 미국의 자존심을 이루었다.

그러나 1970년대 중반 이후에는 실리콘밸리의 고용인력이 오히려 2배 이상 더 많은 대역전 현상이 일어났다. 이 두 지역의 격차는 그 이후 더욱 벌어졌다. 예를 들면 1980년대 창업한 기업들의 총 매출액을 합하면 실리콘밸리의 경우는 220억 달러에 이르는데 루트 128지역은 20억 달러 정도로 10분의 1에도 못 미친다. 벤처캐피탈의 투자규모도 현재 절반 정도에 그치고 있다.

색스니언(Saxenian)은 실리콘밸리와 루트 128지역의 비교에서 1975년부터 1990년 사이의 기술 관련의 고용창출에 대해서 실리콘밸리는 15만 명, 루트 128지역은 5만 명의 고용창출이 있었다고 한다. 또한 실리콘밸리에는 1965년 이후 설립된 미국의 100대 기술회사 중 1/3이 모여 있고,

---

8) Saxenian A, Saxenian A(1994), Regional Advantage : Culture and Competition in silicon Valley and Route 128, Harvard university press.

시장가치는 1986년에서 1990년 사이에 260억 달러 증가했는데, 루트 128지역은 겨우 10억 달러 증가한 것에 그쳤다고 한다.

또한 색스니언은 1980년대 후반 이후 2개의 지역경제에 나타난 커다란 지역 격차요인은 벤처기업의 창조와 성장을 들고 있다.[8]

그렇다면 무슨 요인이 이 두 지역의 격차를 벌려놓았는가? 이를 이해하기 위해 두 지역의 차이점을 살펴보자. 첫째, 산업구조와 지역문화의 차이이다. 실리콘밸리는 중소기업들의 활발한 고삐 풀린 개인주의적 경쟁과 상호교류를 중심으로 하는 사회적 네트워크를 이루고 있다.[9] 그리고 사업실패를 오히려 경력으로 인정해주는 독특한 기업문화와 비공식적 사회교류 및 기업간 인력이동이 활발한 개방적 풍토를 가지고 있다.

반면에 루트 128지역은 소수의 대기업이 산업을 이끌어가고 방위산업에 크게 의존하는 경직된 산업구조와 WASP(White, Anglo Sexon, Protestant) 문화에 대표되는 것처럼 보수적 문화풍토를 가지고 있다. 이 일대를 뉴잉글랜드로 불리는 것도 문화와 주거지역까지도 잉글랜드와 비슷해서 지어졌다고 한다.

특히 70년대의 히피로 알려진 새 문화는 캘리포니아에서 나타났듯이 이 지역의 대표적 문화는 새로움과 자유스러움이다. 반면에 128지역은 새로움보다는 보수적인 문화로 대표되듯이 새로운 기술도 창조되기가 쉽지 않다〈표 5-1 참조〉.

물론, 보스톤의 128지역도 메이프라워호가 정착하여 청교도정신과 금욕으로 오늘의 미국을 이루는 데 많은 공헌을 하였으나 새로움과 자유스

---

9) 프랜시스코 후쿠야마, 대붕괴와 신질서, 류화선 감역, 한국경제신문사 2001 p.323

러움에는 실리콘밸리를 따라 잡을 수가 없었다.

〈표 5-1〉 실리콘밸리와 루트 128지역 간의 차이점

구 분	실리콘밸리	루트 128 지역
산업구조	다수의 중소기업으로 이루어진 네트워크형	소수의 대기업중심의 방위산업형
지역문화	개방적, 실패허용, 자유로운 인력이동	보수적, 실패불용, 사회적 네트워킹 부족
대 학	중소기업과의 산학협동 중시	정부와 대기업으로부터의 연구비 획득에 집중
벤처캐피털	사업가, 엔지니어 출신이 다수	기존의 은행가 및 금융업 종사자 중심

둘째, 기업의 전략과 관리방법의 차이이다. 실리콘밸리는 전문영역에서 제품을 계속 차별화하는 전략을 사용하였으며 지역사회와의 유대강화를 통해 주변 여건 개선에도 관심을 가졌다. 그리고 종업원의 의사결정 참여, 개방적 조직문화, 스톡옵션을 통한 이익공유 등 새로운 경영방식을 선보였다. 반면에 루트 128지역의 기업들은 수직적 통합을 통해 규모의 경제와 안전성을 추구하는 전략에 의존하였다.

특히 이러한 전략은 소수의 품목에 의존하여 대규모 투자를 감행해야 하는 경직된 사업구조를 야기시켰으며, 결과적으로 중소 벤처기업의 사업영역을 축소시켜 지역의 기업가 정신을 저해하는 역할을 했다. 또한 지역사회와 동떨어진 관계를 유지하였으며 하향식 명령체계를 중시하는

관료적 관리방법에 의존하였다.

셋째, 관련기관과 단체들의 역할 차이이다. 실리콘밸리의 대학들은 중소기업과의 산(産)·학(學) 협동 프로그램을 강화하는데 주력한 반면, 루트 128지역의 대학들은 정부와 대기업으로부터 연구비를 얻어내는 데만 관심을 두었다. 벤처캐피탈 리스트들도 실리콘밸리의 경우 사업가 또는 엔지니어 출신이 대부분이어서 과감하고 신속한 의사결정이 가능한 반면, 루트 128지역의 경우 보수적인 기존 은행가나 금융업 종사자들이 대부분이었다.

또한 민간협회의 활동을 보면 실리콘밸리의 단체들은 지방정부와 산업계 간 수평적 협력관계를 구축하거나 지역의 교통, 주택, 환경문제를 같이 고민하는 자세를 보였다. 특히 서부지역 전자공업협회(WEMA)는 창업기업을 위한 경영교육 프로그램 개발을 통해 전반적인 비즈니스 능률 향상을 위해 힘썼다.

반면에 루트 128지역의 단체들은 정부 로비를 통한 집단이익 챙기기에 급급했다. 특히 매사추세츠 하이테크협회(Massachussetts High Technology Council)의 경우 세금감면에 지나치게 치중한 나머지 지방정부의 예산 부족을 초래해 오히려 지역발전에 역효과를 가져왔다는 평가를 받고 있다.

05

실리콘밸리와 창조성 지수

1. 기술(하이테크 지수), 인재, 관용(게이 지수), 창조성 지수

현대 기업의 경제적 성장에 필요한 것은 다양성과 창의성이다. 그리고 진입장벽이 낮은 산업의 중요성에 대해 경제학자들은 언급하고 있다. 리처드 플로리다(Richard florida)[10)]는 기술(하이테크 지수), 인재, 관용(게이 지수), 창조성 지수로 미국의 도시를 비교하였다. 그렇다면 이러한 이론이 가장 많이 반영되고 있는 곳은 어디일까? 바로 실리콘밸리이다.

현재 미국의 하이테크 지수 순위 1위 도시는 샌프란시스코이다. 이곳에는 실리콘밸리가 위치하고 있다. 실리콘밸리는 '멜팅팟'(Melting Pot)이라는 별명을 갖고 있다. 세계인들의 최첨단 아이디어가 가장 효율적으로 융합하는 용광로이기 때문이다. 모든 문화를 다 녹이고 흡수하고 받아들이는 의미로 사용한다. 용광로란 이민, 혹은 외국 태생의 비율을 도가니 지수라고 부른다.

미국의 시사주간지 타임(2008년 1월 17일호)에 의하면 21세기 금융시대를 맞이하여 나일론콩(Nylonkong)이 뜨고 있다고 보도했는데 나일론콩이란 뉴욕, 런던, 홍콩의 영문 일부를 따서 만든 신조어이다. 이들 도시의

10) Richard florida, "Creative class 역자 이길태 창조적 변화를 주도하는 사람들", 전자신문사, 2002.

숨은 경쟁력은 다양한 재능과 문화의 융합체라는 점인데 이들은 다양한 민족과 문화가 만들어 내는 개방적인 시민 정서와 세계적인 문화 중심지라는 점이다. 특히 이 세 도시는 세계 각지의 이민자와 외지인이 많다는 공통점을 갖고 있는데 2006년 뉴욕과 런던의 외지 출생자는 34%, 31%이고 홍콩은 40%를 기록하고 있다.

노동의 자유로움과 개방화로 노동력을 흡수할 수 있는 곳이야말로 글로벌 도시(Global city)로서 경쟁력이 있으며 사람의 글로벌화는 문화의 흡수력을 포함하기 때문에 21세기의 창조력으로 표현되고 있다.

실리콘밸리도 문화의 다양성이란 면에서는 나일론콩과 비슷한 점이 많아 문화의 다양성과 창조성이 새로움에 대한 도전을 가능케 했다고 보고 있다.

〈표 5-2〉 "이민자와 하이테크산업"을 참조하면 도가니 지수가 높은 지역과 하이테크 지수가 높은 지역 사이의 관계를 비교해 보면 하이테크 지수가 높은 지역이 도가니 지수 또한 높다는 것을 알 수 있다. 샌프란시스코는 하이테크 지수가 1위이며 도가니 지수 4위이고 하이테크 2위인 보스턴은 도가니지수가 8위이므로 두 지수가 상관관계가 없다고는 할 수 없다.

〈표 5-2〉 이민자와 하이테크 산업

하이테크 지수 순위	지 역	도가니 지수 순위
1	샌프란시스코	4
2	보스턴	8

3	시애틀	16
4	로스앤젤레스	2
5	워싱턴DC	14
6	달라스	17
7	애틀랜타	31
8	피닉스	21
9	시카고	7
10	포트랜드	24

자료 : Richard Florida 역자, 이길태 "creative class" 창근적 변화를 주도하는 사람들, 전자신문사, 2002. p. 386 참조.

〈표 5-3〉 게이 색인 및 하이테크 산업

하이테크 지수 순위	지 역	1990 게이 지수 순위	2000 게이 지수 순위
1	샌프란시스코	1	1
2	보스턴	18	22
3	시애틀	5	8
4	로스앤젤레스	3	4
5	워싱턴DC	7	11
6	달라스	12	9
7	애틀랜타	8	7
8	피닉스	23	15
9	시카고	17	24
10	포트랜드	22	20

주) 인구 백만 이상의 49개 지역을 근거로 한 순위.

자료 : Richard Florida 역자, 이길태 "creative class" 창근적 변화를 주도하는 사람들, 전자신문사, 2002. p. 389 참조.

실제로 실리콘밸리 사업의 약 1/4이 이민자들에 의해 설립되었다. 그리고 현재 미국의 거대기업을 보면 그 설립자들이 외국인들이다. 지금도 실리콘밸리의 외국인 노동자는 25%에 달한다. 다양성 측면에서 〈표 5-3〉 하이테크 사업을 게이 지수와 비교한 것을 살펴보면 게이 지수가 한 지역의 하이테크산업 밀집도를 나타내는 아주 강력한 예측자료가 되고 있음을 알 수 있다.

이 게이 지수가 다양성을 재는 훌륭한 척도가 되는 이유는 동성애는 우리 사회에서 다양성의 마지막 전선을 나타내기 때문이다. 따라서 게이 공동체를 받아들이는 지역은 모든 종류의 사람들을 인정한다고 볼 수 있다. 그리고 게이공동체에 대한 개방은 창조성을 자극하고 하이테크 성장을 생성하는데 매우 중요한 지표가 된다.

게이지수도 하이테크 지수와 비슷하게 상관관계가 있음을 보여준다. 다음으로 보헤미안 지수를 살펴보면 보헤미안 지수는 작가, 디자이너, 음악가, 배우, 감독, 화가 등의 수를 집계한 것인데, 보헤미안 지수는 한 지역의 문화시설에 대한 기존의 척도를 개선한 것이다. 보헤미안 지수는 한 지역의 하이테크놀로지 기반에서 전반적인 인구 및 고용증가에 이르는 모든 측면을 강하게 예기해 주는 것으로 드러난다. 보헤미안 지수의 최고 10순위 중 5곳과 최고 20순위 중 12곳이 국가의 최고 20순위 하이테크놀로지 지역에 해당된다. 보헤미안 지수의 최고 20순위 지역 중 11곳이 최고 20순위의 가장 혁신적인 지역에 속한다〈표 5-4 참조〉.

〈표 5-4〉 보헤미안 지수와 하이테크 산업

하이테크 지수 순위	지 역	보헤미안 지수 순위
1	샌프란시스코	5
2	보스턴	4
3	시애틀	7
4	로스앤젤레스	10
5	워싱턴DC	13
6	달라스	15
7	애틀랜타	12
8	피닉스	23
9	시카고	26
10	포트렌드	6

자료 : Richard Florida 역자, 이길태 "creative class" 창근적 변화를 주도하는 사람들, 전자신문사, 2002. p. 395 참조.

마지막으로 복합적 다양성 지수(게이 지수, 도가니 지수, 보헤미안 지수를 모아 집계한 것)를 하이테크 지수 순위와 비교해 볼 때도 앞의 사실들과 거의 동일한 결과를 보였다(표 5-5 참조).

〈표 5-5〉 다양성과 하이테크산업

하이테크 지수 순위	지 역	도가니 지수 순위
1	샌프란시스코	1
2	보스턴	4

3	시애틀	8
4	로스앤젤레스	2
5	워싱턴DC	7
6	달라스	14
7	애틀랜타	13
8	피닉스	18
9	시카고	15
10	포트랜드	16

자료 : Richard Florida 역자, 이길태 "creative class" 창근적 변화를 주도하는 사람들, 전자신문사, 2002. p. 397 참조.

실리콘밸리에서의 다양성과 창의성을 인재경영 벤치마킹을 예로 보면, 대부분의 인적자원 전문가들도 인재경영의 벤치마킹 모델로 실리콘밸리를 꼽는데 주저함이 없다. 실리콘밸리의 기업들은 인재를 어떻게 확보, 육성, 관리할까? 이곳의 기업들은 대규모 공채보다 내부 임직원들의 추천이나 인턴제를 통한 인재채용을 선호한다.

인재채용에 따르는 비용을 줄일 수 있을 뿐만 아니라 검증된 인력을 채용할 수 있는 장점이 있기 때문이다. 마이크로소프트는 신입사원의 40%를, 시스코시스템즈는 60%를 내부 추천을 통해 확보하고, 인텔은 전체 신입사원의 70%, GE는 60%, 3M은 30% 가량을 인턴십을 통해 채용한다.

이곳 기업들은 확보한 인재를 관리하기 위해 확실한 성공보수를 보장한다는 공통점을 갖고 있다. 일한 만큼 돈을 벌 수 있도록 해주는 것이야말로 우수인력을 장기간 확보할 수 있는 수단이며, 동시에 내부경쟁을 유도해 끊임없는 혁신이 가능토록 하는 원동력이라고 인식하기 때문이다.

가장 널리 활용되는 방법은 스톡옵션으로 스톡옵션은 일시적인 보상 차원이 아니라 혁신적인 문화를 강화하는 장기적인 수단으로 활용도가 높다. 실제 시스코시스템즈의 경우 전체 지분의 5% 가량을 임직원들이 갖고 있다.

최근 한 방송사의 다큐멘터리는 그러한 시각을 뒷받침하는 흥미로운 내용을 보여줬다. 첨단산업의 발전도를 가리키는 이른바 '보헤미안 지수'가 도시의 게이 지수와 비례한다는 사실은 의미 있는 인과성을 보여준다. 도시의 '게이 지수'는 단순히 물리적 구성원의 수가 아니라 그 지역의 문화적 다원성과 포용력을 보여주는 척도가 된다.

따라서 약간의 일반화를 적용한다면 '다른' 가치에의 존중과 관용이 창의성을 동력으로 하는 첨단산업의 발전 지수와 연동된다는 해석이 가능하다는 것이다. 현재 인재의 글로벌 이동은 사실이다.

그렇다면 이러한 인재들이 어떠한 곳에 정착하기 쉽고 장착하려 하겠는가? 대답은 이미 나와 있다. 다양성과 그들의 자율성, 창의성이 인정되는 곳이다. 인재를 받아들이고 경제적 성장을 이루기 위해서 이제 다양성과 창의성은 필수요소이다. 개방적이고 포용적이면 다양한 공동체가 됨으로써 경제적으로 얻는 것은 많다. 경제적으로 성공하고 번영을 누리기 위해서 지역들은 경제 발전의 3T(기술, 인재, 관용)를 제공해야 한다. 만일 실패하면 그 지역들은 후퇴할 것이다.

2. 대덕밸리와의 비교

대덕밸리와 해외 벤처집적지의 차이점을 살펴보겠다. 우선 국내의 벤처생태계는 형성 초기단계로서 시행착오를 겪는 단계이다. 해외의 벤처생태계는 수십 년에 걸쳐 서서히 형성되어 왔지만 우리의 경우는 초기단계로서 아직 성공여부를 판단할 수 있는 시점은 아니다.

서울벤처밸리, 대덕벤처밸리로 대표되는 국내 벤처생태계는 IMF 이후 급속히 벤처붐이 조성되는 과정에서 여러 가지 문제점이 나타나고 있는데, 이러한 불균형은 벤처생태계가 조성되는 과정에서 자율적인 조절 메커니즘이 작동한 결과로 보는 것이 타당하며 집적지의 생태계 전체에 대한 비판적인 시각은 경계할 필요가 있다. 또한 생태계 속성을 무시한 벤처집적지 조성은 문제가 될 수 있다. 생태계의 기본 속성인 자율적인 서식환경, 단계적 진화, 공생 및 경쟁 등에 대한 충분한 고려 없이, 정책적 목표 하에 인위적으로 벤처기업 집적지를 조성할 경우 실패 확률이 높다.

특히 단기간 내에 정책목표를 달성하고자 하는 성급함은 생태계의 형성과정을 무시한 근시안적인 사고방식으로서 결코 건전한 서식환경을 조성하는 데 도움이 되지 못한다. 또한 각 지역별로 다수의 벤처집적지(벤처기업 촉진지구)를 정책적으로 육성하고 있으나 각 집적지별 정책의 차별화가 미흡한 상황이다. 동일한 생태계 모델이 없기 때문에 각 집적지별로 유연한 대처가 필요하다.

해외의 성공적인 벤처생태계 형성 사례는 우리에게 많은 점을 시사하고 있다. 미국의 실리콘밸리, 대만의 신쥬단지, 프랑스의 앙티폴리 등 해외의 벤처집적지의 생태계는 그 나름의 독창적인 서식환경을 바탕으로 성공적인 벤처기업을 잉태하고 있다. 대학 및 연구소의 발달, 우수인력 유치시스템, 소비자와 분해자로 대별되는 엔젤, 벤처캐피탈, 자본시장의 균형된 성장, 교통통신 및 입지공간 등 첨단산업 인프라 구축, 스핀오프와 산학연계 등 순환시스템의 발달, 경제주체 간의 활발하고 다양한 네트워크 등이 주요 특징이다.

그러나 각기 다른 경제, 사회, 문화, 역사적 배경으로 인하여 한 지역의 성공모델을 다른 지역으로 이식하더라도 각기 다른 생태적 환경 때문에 성공을 보장할 수는 없다. 즉, 벤처집적지의 성공에 대해서는 단일 모델이 있을 수 없는데 이는 다양성과 자율적 메커니즘을 원칙으로 하는 생태계의 기본적인 속성에 기인하는 것이다. 따라서 우리나라에서의 벤처 집적지의 형성을 위해서는 먼저 다양성과 창의성을 수용할 수 있는 자세를 가지고 사업을 진행할 수 있는 자세가 필요하다.

06

우리나라의 문제점과 발전방향

우리는 실리콘밸리를 본따 테헤란밸리가 있는데 대충 잡아 1,500여 개의 벤처기업이 있으며 한국정보통신협회, 한국전자진흥협회 등이 밀집하여 교통이 편리하면서도 네트워크의 형성에 무척 좋다. 포터 교수의 지역군집이론(regional cluster) 이론이 지적하듯이 서로의 연결과 제휴가 이루어지려면 지역적으로 가까워야 한다. 아쉬운 점은 대학과의 연계가 아쉽다. 대덕밸리는 이것과는 달리 인위적으로 만들었는데 벤처라는 것은 저절로 시장에서 창업자 자신이 만드는 것이듯이 사실은 실리콘밸리도 국가의 정책적 지도 하에 만들어진 것은 아니다. 그리고 아울러 정보가 전부 서울에서 이루어지기 때문에 정보와의 연계가 어렵고 교통 면에서 약간 불편한 점이 있다. 외국의 바이어들이 서울까지 오는데 대전까지는 오지 않으려 하니 교통 면에서 시간적인 면에서의 불편함이 대덕밸리의 단점으로 지적되고 있다.

또한 상술한 바와 같이 실리콘밸리는 하루아침에 만들어진 것이 아니며, 이들의 문화와도 관계가 깊다는 것이다. 실패를 경력으로 인정하는 사회와 '가만히 있으면 중간 간다' 는 사회와의 경쟁력은 현저하게 나타난다. 실패를 높이 평가하는 사회가 되면 저절로 기업가 정신이 나타나고 서열의식보다는 능력주의로 변화하여야만 실리콘밸리를 만들 수 있고 그들을 이길 수 있다.

실제로 실리콘밸리는 하이테크형의 기업뿐만이 아니라 모든 기업의 경영기법에 대로운 기준을 보여줘, 기업경영의 원칙까지 변해지고 있다. 이러한 새로운 기업경영의 토대에 대해서는 ① 자유스러운 조직 ② 기업간의 네트워크 ③ 실행을 가능케 하는 문화 ④ 빠른 의사결정 ⑤ 우수한 인재의 축적이라는 5가지 현상이다. 〈그림 5-1 참조〉 그러나 이러한 요인이 전부 결집되어야 새로운 기업경영으로 발전 하는 것이지 따로 따로 분리해서는 그 해답을 얻기 어렵다.

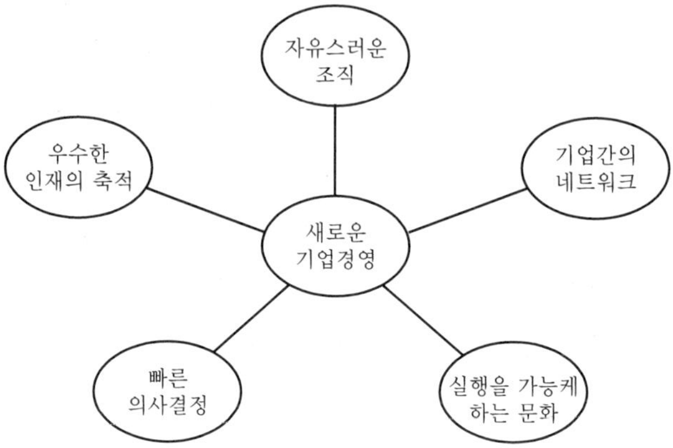

〈그림 5-1〉 새로운 기업경영의 토대

이러한 성공요인은 세계의 많은 곳에서 도입되고 있음에도 불구하고 성공을 거둔 곳은 그다지 많지 않다. 이러한 이유로 실리콘밸리에서 얻어지는 창업으로 성공하기 위한 교훈으로서는 일반적으로 다음과 같은 요소가 필요하다고 한다.

〈표 5-6〉 교훈과 문화

문화
- ① 실패허용의 문화형성
- ② 새로운 아이디어의 시행착오 장려
- ③ 아이디어의 신속한 구체화
- ④ 변화에의 신속한 대응
- ⑤ 이익의 폭 넓은 분배 (스톡옵션, 지주제도)
- ⑥ 인터넷의 활용

〈표 5-6〉 에서의 교훈과 문화(文化)는 실패를 허용하는 문화가 성립될 수 있도록 사업의 방식을 바꿔야 되는 것이 우리의 과제라고 하겠다.

그리고 아이디어의 신속한 구체화와 변화에서의 신속한 대응 스톡옵션 등의 이익의 폭 넓은 분배 등을 빨리 흡수하는 문화로 바꾸어야 한다.

실패없이는 성공없다는 문화가 정착되어 창업에 도전, 실패를 높이 평가하는 사회적문화가 정립되도록 변화하여야 한다.

6

중소기업경영

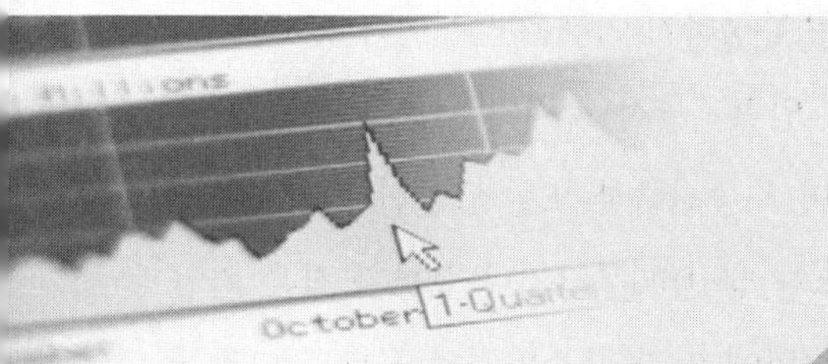

01

현대경제와 중소기업

현대의 경제는 세계 어느 나라를 막론하고 대기업 경제와 중소기업 경제에 의해 성립되고 있다. 물론, 일부 선진국에는 양자의 중간층인 중견기업층이 두꺼워 이들이 대기업으로 발전되고 있는 경우도 많다. 그러나 대기업 경제의 비중이 크다는 것은 부정하기 어려운 사실이다.

중소기업이란 대기업과는 달리 인적 · 물적 자원의 규모가 작고 단순한 조직구조를 갖는 경향이 있으며 최종산출물 또한 단순한 생산절차를 필요로 하는 단일품종이나 서비스를 생산하는 크기나 규모가 작은 기업을 말한다. 그러나 국가에 따라 산업에 따라 중소기업의 규모도 다르게 책정됨을 알 수 있다.

일반적으로 중소기업은 이웃에서 볼 수 있는 독립형의 채소상, 패스트푸드 레스토랑, 슈퍼마켓, 이발소, 미장원, 그리고 세탁소 등을 지칭하지만 미국 자동차 산업에서는 종업원 8,500명의 어메리칸 모터스도 중소기업으로 분류한다. 그 이유는 세계적인 GM, Ford 등의 기업과 비교하다보니 양적으로 중소기업으로 취급받았다.[1)]

---

1) Leon Megginson, Charles Scott and william Megginson, Successful Small Business Management, IRWIN, 1991. p11

중소기업은 인적, 물적 자원의 규모가 작은 기업이다 보니 대기업을 연구대상으로 하여 전개하는 경영이론을 일반적으로 적용시키기는 것은 바람직하지 않은 경우도 많다.

외부환경변화에 따라 전략경영이론을 그대로 적용하는 것이나 사업부제조직 등을 고려하는 것은 더욱 부적절하다. 이는 중소기업은 투입에서 산출로 이어지는 경영순환과정상의 모든 요소에서 대기업과는 확연히 구별되는 입장에 있기 때문이다.

특출한 제반 경영이론을 중소기업에 쉽사리 적용시킬 수 없다고 해서 중소기업의 위상이 낮고 국가경제측면에서의 그 중요성을 무시해도 좋다는 말은 결코 아니다. 중소기업은 오늘날의 우리 나라 경제발전을 일으키는 숨은 주역이라고 할 수 있다.

그동안 대한민국의 대외 지향적인 수출 드라이브 정책 하에서 규모의 경제를 지닌 재벌이나 대기업이 정부가 제공하는 각종 특혜나 행정적 보호 하에 급속히 성장해온 것에 반해, 중소기업은 금융 · 세제 · 기술지원 등의 제 부분에서 응분의 관심과 배려를 받지 못하고 고유 업종의 상당 부분을 대기업의 무차별 확장에 잠식당함으로써 존립 자체를 위협 당하고 있었던 것도 사실이다.

중소기업을 착실히 육성 · 발전시켜온 일본이나 대만은 세계 경제전쟁에서 승승장구하고 있는 반면, 대기업 위주의 우리 나라 경제가 강한 시련에 봉착하고 있다는 것은 중소기업 육성의 필요성을 강하게 표현하고 있는 부문이다. 특히 대기업이 수출시장에서 팔고 있는 제품은 수많은 부품으로 구성된 복합조립품이 대부분이기 때문에, 이러한 부품을 생산하여 공급하는 중소기업의 동반육성이 없이는 향후 세계 시장에서의 우리 경제의 위치는 지극히 위태롭게 될 것이다.

1. 중소기업의 육성 필요성

중소기업을 육성해야 할 필요성은 그것이 우리나라에서 차지하는 경제적 비중과 고용비중이 높아 서민경제와 지역경제, 국가경제에 차지하는 비중이 높기 때문이다.

예를 들면 중소기업청의 통계자료에 의하면(2,005년 기준) 중소기업의 사업체수는 300만개로 전체 사업수의 99.8%를 차지하고 고용은 1,077만명으로 전체고용의 88.1%, 생산은 49.5%, 수출 921억불로 32.3%를 담당하고 있다. 그중에서도 50인 이상의 중기업은 9만 2천개로 전체의 3%에 해당하여 96.8%가 소기업에 해당한다.[2)]

〈표 6-1〉의 중소기업과 대기업의 연대별 경제발전 기여율을 보면 나타나듯이 2000년 이후 중소기업은 고용, 생산, 부가가치에서 중소기업의 역할이 증대되어 산업의 축이 대기업에서 중소기업으로 이동하고 있다고 볼 수 있다.

〈표 6-1〉 중소기업과 대기업의 연대별 경제발전 기여율

기 여 율		1960년대 (63~69)	1970년대 (70~79)	1980년대 (80~89)	1990년대 (90~99)	2000년대 (00~05)	전 체 (63~05)
종사자수	중소기업	38.1	47.1	81.9	△6.8	106.7	77.8
	대기 업	61.9	52.9	18.1	△93.2	△6.7	22.2

생산액	중소기업	26.5	32.2	45.7	50.3	53.8	49.5
	대기 업	73.5	67.8	54.3	49.7	46.2	50.5
부가가치	중소기업	25.7	35.7	47.7	50.5	54.4	51.5
	대기 업	74.3	64.3	52.3	49.5	45.6	48.5

주 : 1. 종사자수 5인이상 기준이며, 증감은 기간중 증감수치임
2. 기여율은 전체 증감분에 대한 중소기업(또는 대기업) 증감분의 백분비(%)임

* 자료 : 통계청, 『광업 · 제조업통계조사』 가공, 중소기업중앙회 중소기업 위상지표

중소기업의 종사자수와 생산액, 그리고 부가가치도 1,980년대부터 급격히 증가하였으며 국제적인 환경의 변화와 규모의 경제를 활용하여 세계적으로 수출하여 국민증대에 노력하고자 했던 정부의 수출 드라이브 정책과도 무관하지 않다.

특히 1990년 말 외환위기 이후 10여년 동안 중소기업은 신규고용 창출에 큰 몫을 담당하였다고 해도 과언은 아니다. 1997년의 중소기업 근로자수는 약 826만명에서 1,077만명으로 약 251만명 증가하였으며 대기업근로자수는 97년 284만명에서 오히려 139만명이 감소되어 2005년 현재 145만명으로 기록되고 있음은 고용효과에서 차지하는 중소기업의 비중이 커졌음을 나타내는 간접적인 증거이기도 하다.

* 중소기업 근로자수 : (1997) 8,260,062명 → (2005) 10,771,623명, 251만명

---

2) 통계청, 연도별 사업체 기초통계조사 보고서, (2005년) 여기에서의 중소기업은 중기업과 소기업을 말하며 소기업은 제조업, 광업, 건설업, 운송업은 50인 미만, 기타 산업은 10인 미만을 말한다.

증가

* 대기업 근로자수 : (1997) 2,840,429명 → (2005) 1,450,538명, 139만명 감소

그러나 대기업과 중소기업은 계층간, 지역간의 양극화가 더욱 커지고 있어 우리 경제의 성장잠재력을 훼손할 우려도 보이고 있다. 임금격차는 2001년 대기업을 100으로 했을 경우 71%였으나 2003년에는 66%, 2004년에는 63%를 기록하고 있다. 그리고 1인당 부가가치의 비율도 대기업을 100으로 보았을 경우, 2001년의 34%에서 2004년은 31%로 감소하고 있어 중소기업의 육성 필요성은 현실적으로 커지고 있음을 알 수 있다.

* 중소기업 1인당 부가가치(대기업 = 100) : (2001) 34.1 → (2002) 32.2 → (2003) 33.5 → (2004) 31.3
* 대 · 중소기업 임금격차 비율(%) : (2001) 71.0 → (2003) 65.8 → (2004) 63.1

중소기업을 육성하고 발전시켜야 하는 다른 이유는 자유자본주의를 표방하는 경제체제하에서는 희망하는 사람에게는 누구든지 시장원리에 의해 자영사업을 시작할 수 있는 기회가 주어져야 하며, 이 경우 기업형태는 중소기업이 적격이라는 것이다. 우리나라를 대표하는 삼성과 현대도 중소기업으로 시작했듯이 중소기업에서 대기업으로 성장하는 사례가 언론에 자주 소개되고 있는데, 이는 중소기업의 역할과 중요성에 관한 인식과 공감대를 확산시키는 효과를 주고 있다.

02

중소기업의 존속에 관한 이론

중소기업론은 중소기업문제의 해명이라는 실천적 성격을 갖고 있기 때문에 끊임없이 현실문제와 부딪히며 발전하였다. 특히, 경제학의 기초이론의 일환으로서 대기업에 대한 소기업의 존속과 다국적기업의 대규모 할인점의 한국진출과 재벌의 대형할인점 진출로 인해 중소기업이 밀집한 재래시장의 도태론과 존속론이 대두되고 있는 실정이다.

중소기업의 존속과 도태에 대한 이론적 제시는 산업화 과정에서 새로 출현한 기계제 공장공업에 의하여 수공업 및 가내공업의 도태는 역사적 사실을 배경으로 한 것이다.

이 이론은 마르크스(K.Marx)의 자본축적의 일반적 과정에서 나타나는 '자본주의적 축적의 일반 법칙으로 설명된다.[3] 즉 자본주의의 경우 대자본이 자본의 축적에 의해 생산규모를 확대하여 노동의 생산성이 증대되고 저렴한 가격으로 상품을 공급함으로써 소자본은 소멸된다는 논리이다.

중소기업의 대기업과 상호의존속의 소기업의 존속이론이 지시를 받고

3) J. A Hobson (the general law of capitalistic accumulation) "産業制度論" 186~188면. 瀧澤菊太郎, "中小企業の見方と發展", 山中篤太郎編, "經營成長と中小企業", 49~50면에서 재인용.

있는바 그 내용은 다음과 같다. 또한 적정규모를 중심으로 종속적 영세 기업이나 착취기업으로 표현하였으며 경제적 비합리적으로 대규모 이윤의 실현 방해 요인으로서 중소기업의 소멸론을 주장하였다.[4)]

그러나 로빈슨(E.A.G. Robinson)은 소기업 존속론은 ① 생물학적 설명 ② 적정규모론 등으로 기업의 비합리적 존속이 아닌 진실의 생존(genuinl survival)으로 설명하였다.[5)]

또한 베른스타인(E. Bernstein)은 ① 업종별로 소기업의 적합성 ② 하청 업종으로서의 대량생산에의 소기업의 용이성 등이 주장되었다. 중소기업은 합리성의 차원을 벗어나 자유기업체로의 상징이고 경제발전의 원동력인 서민 경제의 기반이 된다는 것이다.

이것은 경제적 독점의 폐해를 인식한 미국과 일본의 중소기업 보호 육성법이 근거를 제시하고 있다. 그리고 중소기업의 대기업과의 연관효과가 필요하며 국민경제에 필요하다는 논리이다. 그리고 대기업의 경쟁이 격화되고 있는 지금 대기업의 틈새(Niche) 시장에 진입할 수 있는 중소기업의 존속은 국민경제와 대기업의 발전에도 중요한 역할을 담당하고 있다.

---

4) P. S Florence, The Logic of Industrial Organization, London, 1993, 瀧擇菊太郎, pp.45~46 위의 논문, 위의 책, 50면에서 재인용.

5) E.A.G. robinson, "The Problem of Management and the Size of Firms," The Economic Journal, June 1934 및 The Structure of Competitive Industry, London, 1931, chap. 8 및 13, 고병무 역, 산업구조론, 진명 문화사, 1961

03

중소기업의 개념 및 특성

1. 중소기업의 개념

중소기업을 명확히 정의한다는 것은 쉬운 일이 아니다. 그 이유는 중소기업의 성격이 국가경제의 발전과정이나 상거래 관행 그리고 경영환경 등 여러 요소에 의해 서로 다를 수 있기 때문이다. 그러나 일반적으로 중소기업과 대기업을 구분하는 일반적인 분류기준은 종업원수 20인 이하를 소기업으로, 그리고 21인 이상 300인 이하를 중기업으로 규정하고 있다.[6] 일본에서는 50인 이하, 자본금 1천 만엔 이하(도 · 소매업)과 300인 이하, 자본금 1억엔 이하(공 · 광업)으로 구분하고 있다.[7]

미국에 있어서의 중소기업에 관한 정의는 중소기업청(Small Business Administration)과 경제개발위원회(Committee for Economic Development)의 두 기관에 의한 것이 있다. SBA에 의한 정의는 종업원수와 매출액 기준을 동시에 적용하고 있는데, 제조업이나 도매업은 500인 이하의 종업원이 고용된 경우에, 그리고 서비스업이나 소매업은 연간 매출액이 3.5백만 달러 이하의 경우에 이를 중소기업으로 규정하고 있다. 한편, CED는 중소기업을 다음 몇 가지의 특성을 가진다고 정의하고 있다. 즉 경영층은 소유경영자가 주류를 이루며, 자본은 개인이나 소수 몇 사람에 의해

6) 중소기업 기본법 제 2조

7) 중소기업진흥공단, 일본중소기업제도, 1981.

공급되거나 지배되고, 영업지역이 국지적이며, 그 산업 내에서의 당해 기업의 크기가 종업원의 수나 매출액 면에서 상대적으로 극히 작다는 특성을 갖는다는 것이다. 이처럼 각국의 중소기업의 정의는 조금씩 그 양상을 달리하고 있으나 종업원 수와 매출액의 규모가 적으며 그 사업분야에서 지배적이지 않지만 독립하여 소유경영되는 기업을 말한다.

〈표 6-2〉 각국 중소기업의 정의

(단위 : 명)

국명	수공업	규 모			적 요
		소	중	중소기업	
한국	–	–	–	1~300	기본법, 종업원수 5억 원 이하,
미국	–	1~250(1500)	–	–	중소기업법(복수적, 양질적 기준 임용)
독일	–	1~49	50~499	1~499	법 없음, 질적기준 : 증권시장에서 자금동원없이 독자적 관리
프랑스	1~5(10)	6~50	51~500	6~500	법 없음, 경영자가 책임질 경우 독자적 관리
일본	–	*1~50(1억원)	–	1~300	기본법(1973년), 종업원 및 자본액
영국	–	1~25	–	1~200	불권위원회, 자본금 25만파운드 이상
대만	–	–	–	1~300	중소기업 보도 준칙 100만 US달러 자본금 이하(제조업 가공업)
캐나다	–	1~100	1~300	–	중기업 : 연간매출액기 200만 캐나다달러 소기업 : 연간매출액 200만 미만
홍콩	–	1~100	–	1~300	R. K. Vepa의 조사자료

출처 : 소매업, 서비스업 자료 : 오상락, 김종운 「중소기업경영론」 1993 「중소기업진흥공단」 「각국의 중소기업 시책」

〈표 6-2〉에서 보여지는 것처럼 각국의 중소기업의 정의는 종업원수, 자본금, 총자산, 자기자본 및 매출액 등의 기준에 의해 정해지고 있음을 알 수 있다.

한국과 일본은 종업원수를 자본금을 기준으로 규정하고 있으며 미국과 캐나다는 종업원수와 매출액을 기준으로 규정하고 있다. 그리고 프랑스는 개인소유주가 기업경영(재정적, 기술적, 사회적)상의 직접적이고 개인적인 책임을 지는 기업(중소기업연합회)으로 규정하고 있으며 독일은 기업의 자금이 공개시장에서 조달됨이 없이 한 개인에 의해서 되고 책임을 지는 기업으로 규정하고 있다.

그러나 일반적으로는 종업원 수를 기준으로 보고 있으며 대개가 50인에서 500인까지의 경우를 중소기업으로 보고 있다고 하겠다.

미국의 경우 석유제조업에서는 1,500인 미만을 중소기업으로 보고 있는 경우도 있어 각국의 경제발전의 정도 산업별 조직 특성에 따라 중소기업의 정의가 다름을 알 수 있다.

이처럼 각국의 중소기업의 정의는 조금씩 그 양상을 달리하고 있으나 필자는 종업원수와 매출액의 규모가 적으며 독립하여 경영되는 기업으로 정의하기로 한다.

2. 중소기업의 역할

(1) 국민경제의 안정대 형성

중소기업은 산업의 생산과 고용 및 소득증대에 크게 공헌하며 그 비중 또한 크기 때문에 국민경제의 안정대로서의 역할을 담당한다. 우리나라 전체에서 중소기업의 사업체의 비중이 99%로 종업원 88%를 차지하고 있어 국민경제의 안정대를 형성하는데 큰 기여를 한다.

(2) 산업간 균형발전의 유지 및 수출산업의 저변구축

중소기업은 대기업과의 연관효과와 상승효과를 갖고 서로 보완관계를 유지함으로써 공산품의 품질향상, 생산성 향상 및 기술혁신을 도모할 수 있고 수출산업의 저변을 구축한다.

(3) 투자의 효율화와 불황위험의 분담

중소기업은 자본의 보유기간이 짧고 투자액이 적은 반면에 상품의 수요변동에 따른 시장에의 탄력성을 가질 수 있기 때문에 투자의 효율화를 기할 수 있고 반면에 불황시에는 타산업으로의 전환 또는 투자액의 신속한 회수 등 위험의 분담이 용이하다.

(4) 지방경제의 활성화와 균형발전의 열쇠

중소기업은 각 지방에 광범하게 분산되어 있기 때문에 지역사회의 균형적인 발전과 공업화를 촉진한다. 또한 지역성과 연계되므로 지역경제사회의 문화형성자로서 역할도 하고 있다. 정부는 중소기업이 비수도권으로 이전할 경우 특별지원을 하고 있는데 지역적 분산을 통한 지방경제의 활성화를 꾀함에 있다고 하겠다.

(5) 경제발전의 원동력

일반적으로 국가경제에서의 중소기업의 비중이 99% 이상을 차지하고 있어 중소기업이 발전되면 중산층이 확대되기 때문에 소득향상과 소득배분에 있어서 중요한 역할을 담당하기 때문에 경제발전의 원동력이 된다. 특히 미국과 EU에서는 중소기업을 창조적 다수(Vital Majority)로 간주하여 중시하고 있으며 창의성과 유연성을 지닌 중소기업은 신산업 창출과 기술혁신의 중심 주체로 부각됨은 경제발전과 직접적인 관계가 있기 때문이다.

(6) 고용창출의 역할

중소기업의 기업규모는 작지만 전체적인 비중(전체고용의 88%, 2005년 기준)은 높기 때문에 노동력의 흡수와 활력소로서 고용창출의 기회를 제공하는 중요한 역할을 담당하고 있다.

3. 중소기업의 특성

종업원의 수나 매출액 규모 등이 최적 기준에 의해 중소기업을 정의하는 것은 정확한 방법이 아니므로 위에서 살펴본 CED(Committee for Economic Development)의 정의와 유사한 중소기업의 정의를 고려할 필요가 있다. 그리고 중소기업은 창조적 다수자로서의 중요성을 갖고 있음과 동시에 기업특성상 대개 다음과 같은 특성이 있다.

① 종업원의 수와 매출액 규모가 작다

이는 중소기업의 가장 중요한 특성이다. 물론 대기업과 구분되는 정확한 분류기준은 국가별 · 업종별 그리고 연도별로 가변성을 띤다. 우리 주위에서 흔히 볼 수 있는 편의점(CVS)이나 노래연습실, 가전제품 대리점 등은 고용원과 매출액 규모가 작은 소기업에 해당한다.

② 소규모 자본을 가지며 창업과 폐업이 용이하다

중소기업은 대개 투자 자본의 규모가 작아서 누구나 쉽게 사업을 시작하거나 철수하는 것이 가능하다. 영세자본의 특징은 기업형태에 있어서도 개인기업이나 합병 · 합자회사 혹은 주식회사가 주류를 이루는 이유가 된다. 앞으로의 성장전망이 밝은 산업에 독창적 아이디어나 기술을 가진 몇 사람이 개척자로서 진출하는 것은 모험기업(venture business)이라고 부른다. 이들은 소규모 자본으로 쉽게 창업될 수 있으며, 전자 · 통신 · 기계 · 컴퓨터 · 특수기술 등의 분야에서 성공적 창업사례가 목격되기도 한다. DOS 프로그램으로 출발한 Bill Gates의 Microsoft 회사는 처음에는 모험기업이었다.

③ 소유와 경영이 분리되어 있지 않다

개인이나 소수의 몇 사람이 출자를 하고 이들이 경영일선에서 직접 경영에 참여하기 때문에 경영층은 소유경영자가 대부분이며 기업의 소유와 경영은 밀착되어 있다. 때문에 신속한 의사결정이 가능하며 엷은 관리계층으로 인해 경영의 효율성이 예상되기도 한다. 한편 소유와 경영이 분리되어 있지 않아 경영자의 오판에 의해 도산에 이르는 경우도 많다.

④ 단순한 조직구조와 의사결정 규칙을 가진다

중소기업의 조직구조는 부서화(departmentaligation)가 아직 진행되어 있지 않거나, 가장 단순한 형태의 기능적 조직구조를 갖는 특징이 있다.

부서의 단순화뿐만 아니라 경영계층의 숫자 역시 작기 때문에 최고 경영자가 하위 작업부분의 일상적 업무를 소상히 파악할 수 있다. 이는 조직의 권력이 소유경영자의 최고경영층에 집중되는 집권적 조직형태를 띤다는 의미이다. 또한 제반의사결정도 규범적이며 요식적인 절차에 의거하기보다는 비공식적이며 즉흥적으로 되기 쉽다.

⑤ 생산기술과 제품의 종류가 단순하다

제조업에 속한 중소기업은 대개 대기업에 납품되는 단순부품을 생산하는데, 이에는 복잡한 생산기술이나 공정이 요구되지 않는다. 대기업이 사전에 지칭하거나 요구한 주문에 의해 수동적으로 생산하기 때문에 대기업의 매출상황에 따라서 중소기업의 영업실적이 연계되는 위험이 발생된다. 또한 중소기업은 자본력의 취약성이나 대기업에의 의존성으로 인하여 독자적인 연구개발을 소홀히 하는 경향이 있다. 부품생산이 아닌 경우일지라도 중소기업은 다양한 종류의 제품을 생산하지 않으며, 한두 개의 단일품목에만 의존하는 경우가 많다.

⑥ 국지적 시장을 가진다

중소기업이 생산하는 제품이나 서비스는 전국적이거나 국제적인 판매망을 갖지 않으며 제한된 지역에서만 판매된다. 종업원 5인 미만의 소기업이 모 활어직배점의 영업범위는 서울의 일부 강북지역에 국한되고 있다.

⑦ 행정의 혜택보다 규제를 많이 받고 있다

중소기업은 대기업에 비해 금융 · 세제 · 기술지원 · 창업 · 해외진출 등 영업의 각부문에 걸쳐 행정부로부터의 많은 간섭을 받고 있다. 종래의 대기업 위주의 경제지원책이 상당부분 중소기업 쪽으로 옮겨왔다고 하지만, 아직도 중소기업의 금융기관 접근의 문턱이 높아서 중소기업의 부도율이 현저히 높다거나, 중소기업 고유업종인 유통이나 서비스업분야에 대기업이 진출하는 것을 행정부가 방관하고 있는 것이 그 예라고 할 수 있다.

04

중소기업의 경영

1. 창업과 계획

계획은 중소기업의 성공적인 경영에 결정적인 영향을 미치게 된다. 그러나 대부분의 중소기업가들은 계획이란 단지 대기업에서나 필요하다고 잘못 생각하는 수가 많다. 중소기업 경영자는 기업의 출발 이전과 이후의 두 단계에서 철저하게 계획을 수행하여야만 한다.

(1) 창업 이전의 계획

완전한 사전계획이 필요하다는 것은 오늘날 기업환경이 복잡하고 불확실성이 높아가는 상황에서 더욱 당연해지는 사실이다. 오늘날 기술,

시장, 경쟁, 기타의 환경요인이 급변하기 때문에 경영계획은 무엇보다도 중요하게 되었다.

그러면 기업계획에는 어떠한 내용이 포함되어야만 하는가? 우선 기업계획은 그 경영자의 능력과 제품이나 서비스의 생산판매에서 요청되는 것이 서로 부합되는 것이어야만 할 것이다. 또한 그것은 생산 · 마케팅 · 재무 · 인사 · 회계와 같은 기업활동을 위한 전략을 정의해 주는 것이어야만 한다. 그리고 기업 계획에서는 내가 무엇을 원하고, 어떠한 능력을 지니고 있으며, 나의 목표를 달성하기 위해 가장 실용적인 방법은 무엇이고, 또 나의 강점과 약점은 어떠한 것이며, 미래는 어떠한 것이 될 것인가와 같은 것이 명시되어 있어야만 할 것이다.

(2) 창업 이후의 계획

어떠한 중소기업 경영자도 성장을 추구하지 않으려는 기업가는 없을 것이다. 그러나 성장이란 예기치 않게 도래할 수도 있기 때문에 그에 대비하여 철저하게 출발 이후의 계획이 필요하다.

주로 기업의 성장단계는 제품수명주기(PLC ; product life cycle) 곡선의 형태를 갖기 때문에 이에 대한 대책을 마련하여야 한다. 그리고 때로는 그 성장속도가 너무나 빨라서 경영자들이 미처 그에 적응치 못하고 여러가지 문제점을 노출시키기도 한다. 따라서 다시 제2, 제3의 약진기를 맞느냐, 아니면 쇠퇴기로 전락하느냐 하는 것은 전적으로 경영자의 경영능력, 특히 전략적 계획능력에 달려 있다.

2. 조직화

계획수립 후 이제 그 계획을 집행하기 위해 조직을 구성하고 인원을 채용하여 각 직위간의 역할이나 커뮤니케이션 관계를 규정하는 이른바 조직화 과정이 필요함은 대기업의 경우와 다를 바가 없다.

전문적 기능을 보완해 가는 가운데서도 중소기업은 대기업에서 이용하고 있는 직무기술서 · 인사고과 · 조직도를 사용해 권한과 책임의 관계를 명확히 하는 등 경영합리화에 노력할 필요가 있다. 또한 분권화의 원리에 입각해서 권한을 위양하고, 성격과 요구되는 기능이 유사한 직무는 분업화시키는 등, 중소기업이라 할지라도 오늘날 대기업에서 채택하고 있는 조직화의 제원칙을 가급적 그대로 따라야만 할 것이다.

3. 지휘화

중소기업 경영자 역시 성공하기 위해서는 효과적인 리더십을 발휘해야만 한다. 종업원들이 그들의 개인적 목표를 충족시킴과 동시에 기업을 위해서도 보다 생산적으로 일하도록 하는 것이 동기유발, 바로 리더십의 핵심이다. 이를 위해서는 경영자가 다음과 같은 몇 가지 점을 유념해야할 것이다.

첫째, 중소기업 경영자는 종업원들이 스스로 성과를 높이도록 해야만 한다. 둘째, 중소기업경영자는 항상 종업원들과 근접해 있으면서 그들에게 동기를 부여하고 직무수행방법을 교육시키며 표준과 어긋날 경우 지체없이 정정을 해주어야만 한다는 것이다. 셋째, 중소기업 경영자는 개별 종업원들의 의사를 존중해야만 한다. 넷째, 중소기업 경영자는 그의 종업원들이 항상 탁월한 성과를 유지하도록 해야 한다.

4. 통제

이상의 세 기능이 아무리 원만히 수행되고 있다 하더라도 마지막의 통제활동이 제대로 이루어지지 않는다면 아무런 의미가 없을 것이다. 왜냐하면 통제를 통해서야만 비로소 이들 세 기능의 유효성 여부가 판가름되기 때문이다.

통제란 목표나 표준을 결정하고 그것과 실제의 결과를 비교하여 어떤 차이가 발견되는 경우에는 시정조치를 취하는 일련의 과정이기 때문에, 그것이 없는 한 조직은 정상적으로 유지 · 발전될 수 없다.

05 중소기업과 기업가 정신

1. 기업가 정신의 의의 및 효과

(1) 기업가 정신의 의의

기업가 정신(entrepreneurship)을 나타내는 'Entrepreneur' (기업가)의

어휘는 불어로서 원래 '중간자' 라는 의미를 담고 있었으나 이 개념이 기업활동에 적용되면서 서서히 변질되어왔다. 중세기에는 '배우' 나 '대형 프로젝트를 수행하는 사람' 을 지칭하였으나, 17세기경에는 정부에 납품하는 일을 수행하는 '관납업자(官納業者)' 를 가리켰다. 이때의 기업가의 의미는 '자신의 사업을 수행하기 위하여 자금을 필요로 하는 사람' 을 뜻하였는데, 근래에 와서는 '새로운 기술과 혁신을 추구하는 사람' 으로까지 그 개념이 진화되고 있다. 또한 기업가란 '필요에 의해 인력 · 자재 · 자본을 목표 달성에 동원하는 사람' 이라고 정의되기도 한다. 기업가 정신을 경영과 구별하여 내린 정의도 있는데, 기업가 정신은 '생산과정의 변화를 촉구하는 단절적 현상' 인 반면, 경영은 '생산을 위한 지속적 조정과정' 으로 표현한다.

기업가와 관련된 정의가 다양한 만큼 기업가 정신의 의미 또한 복합적일 수밖에 없으나, 중심이 되는 어휘는 '조직의 결성', '혁신', '위험' 이라고 할 수 있다. 따라서 기업가란 기업가 정신의 개념을 실현하는 당사자로서 다음과 같이 정의될 수 있다. 즉 기업가란 기업이 미래에 대한 비전과 목표를 분명히 제시하며, 시간과 금전적 손해를 감수할 용의가 있으며, 목표를 수행할 강인한 추진력을 가지며, 생산이나 판매 등 각 경영분야에서 혁신을 주도할 준비가 되어 있으며, 고객이나 경쟁업체 등의 이해당사자들과 선린관계를 유지할 수 있는 사람이다.

위의 조건을 충족시키는 기업가들은 대부분 중소기업의 창업자나 소유자로서 이들 중소기업이 대기업으로 성공하더라도 자신들의 이름이 기업의 명칭으로 남는 경우가 많다.(예, Ford자동차, 혼다자동차, Gucci, Heinz 케첩, 앙드레 O패션 등)

(2) 기업가 정신의 효과

최근 들어 기업가 정신에 대한 관심이 고조되는 이유는 이것이 중소기업의 창업에 기여함은 물론 경제적 · 사회적인 효과도 제공하기 때문이다.

① 경제성장에 기여

기업가 정신은 많은 기업이 신설되도록 함으로써 경제성장을 촉진시키는 결과를 가져다준다.

② 혁신

새로운 아이디어와 기술로서 창업되는 모험기업은 우리의 의 · 식 · 주 생활에 편리성과 윤택함을 제공한다. 국내의 모 제약회사에 의해 개발된 염가의 국산 간염백신제는 우리를 간염의 공포에서 벗어날 수 있게 하였다. 또한 Henry Ford[8]에 의해 시도된 조립공정(assembly line[9])은 오늘날 제조업의 거의 모든 분야에서 채택되는 가장 보편적인 생산방식이 되고 있다.

③ 고용기회의 창출

많은 중소기업이 창업되면 수많은 인력이 필요하게 되는데, 이는 새로운 일자리가 늘어남을 의미하게 된다. 우리 나라 전체 고용인구 중 대기업에 일자리를 갖고 있는 비중은 불과 40%이며 나머지 비중은 중소기업

---

8) H.FORD, Today and tomarrow 1926

9) '이동조립법' 방법을 통하여 1909년에 950불하던 자동차가격을 1910년에 780불, 1911년에 450불, 1912년에 600불, 1913년에 550불, 1917년에 450불까지 인하하였다. 천명섭, 김준식 차덕환 공저, 경영학원론, 세영사 p.65

임을 보더라도 중소기업의 고용창출효과는 지대하다. 특히 경영부진 등의 이유로 대기업이 대규모 감원을 행하면, 실직한 사람의 상당수는 중소기업에서 새로운 일자리를 찾으려고 한다.

④ 여성이나 미숙련 노동자에게 기회제공

중소기업은 여성인력이나 저학력 소지자 혹은 미숙련 노동자에게 유리한 창업기회나 고용기회를 제공하게 된다. 이들이 대기업에 고용될 때에는 낮은 직급이나 임금을 감수해야 하는 차별대우를 받게 되는데 중소기업을 시작하거나 고용되는 경우 여러 불이익을 피할 수 있다. 또한 자신의 능력이나 노력에 따라 높은 사업의 성과를 올릴 수 있거나 고용된 경우에도 진급이 빨라서 중소기업은 여성들이나 미숙련 노동자에게 유리한 기업형태이다.

2. 기업가 정신의 결정요인

무엇이 성공적 기업가와 실패한 기업가를 구별짓는 요인인가? 이를 규명하기 위해서는 기업가 정신에 영향을 미치는 몇 가지 원인을 고찰할 필요가 있다. 기업가 정신, 또는 기업가에게 영향을 미치는 요인은 개인적 특성 · 성장배경 그리고 환경적 요소가 있다.

(1) 개인적 특성

성공적 기업가에게서 목격되는 특성은 리더의 특성에서와 같이 그 종류가 실로 다양하지만 다음의 몇 가지로 요약할 수 있다.

① 높은 성취동기

높은 성취동기를 가진 기업가는 자신들의 노력을 통하여 원하는 결과를 얻을 수 있도록 상황을 전환시키는 능력이 뛰어나며, 항상 높은 목표를 추구하며, 그리고 그들의 작업내용과 결과에 대한 반응을 즉시에 수용할 수 있는 자세를 갖추고 있다.

② 강력한 자기통제

성공적 기업가에게서 발견되는 또 다른 특징은 노력을 통하여 자신들의 운명을 개척해나갈 수 있다는 강한 신념과 감정의 제어력을 가진다는 것이다. 이는 흔히 실패한 사람들이 실패의 원인을 외부여건이나 운명탓으로 돌리는 현상과 대조되는 것이다.

③ 불확실성 하에서의 높은 인내성

유능한 기업가가 일반경영자와 구분되는 또 하나의 특징은 그들이 불확실한 상황하에서도 꾸준히 참고 견딘다는 것이다. 새로운 사업을 시작할 때 기업가들은 상당수준의 불확실성에 직면하게 되는데, 이때 그들은 묵묵히 또 성실하게 자신들이 해야 할 일을 수행하는 인내력을 갖는다는 점이 일반경영자들과 다르다.

(2) 성장배경

성공적인 기업가를 만드는 데 큰 영향을 미치는 성장배경요인으로 유년시의 가정환경, 교육수준, 연령 그리고 전력이 있다.

① 유년시의 가정환경

유년시의 가정환경과 관련된 사항은 부모의 직업이나 출생순서 등으로서, 성공한 기업가 중에서 부모의 관심과 사랑을 많이 받고 책임감을 강하게 느끼는 장남이 많다는 것이 그 예이다.

② 교육수준

우리 나라의 많은 기업에 있어 창업주들의 교육수준은 그다지 높지 않았으나, 전대의 사업을 이어받아 더욱 큰 규모로 확장시키는 데 성공하는 2세 기업가들이나, 새로운 아이디어와 도전욕으로서 모험기업을 큰 기업으로 부상시킨 젊은 기업가들의 대부분은 대졸 이상의 높은 교육수준을 보인다.

③ 연령

연령 역시 기업가의 성장배경과 관련된 주요 항목으로 대개 성공적 기업가는 20대와 같은 젊은 나이에 사업을 시작하는 경우가 흔하다. 현재 우리 나라 재벌그룹의 창업주들은 혈기왕성한 젊은 나이에 사업을 시작하였으며, 일본 마츠시타(松下電氣)의 故 마츠시타 고노스케나 미국의 Apple 컴퓨터사의 Steve Jobs 같은 사람들도 일찍이 20대에 사업에 뛰어들었다. 그러나 늦은 나이에 새로운 도전을 시도하여 성공한 기업가도 결코 적지 않다. McDonald 햄버거사는 Ray Kroc이 50세에 창업한 기업이다.

④ 전력

전력 또한 결코 무시할 수 없는 성장배경으로서, 과거의 직장생활의 경험을 토대로 하여 그간의 축적된 기술이나 원만한 인간관계를 바탕으로 하여 과거와 동일한 업종에서 사업을 시작하여 발군의 업적을 이루는 경우가 종종 있다. 특정 출판사에 근무하다 퇴직하여 새로운 회사를 설립한 후에 과거에 근무하던 회사의 실적을 능가하는 좋은 업적을 보이는 기업가가 그 예이다.

(3) 환경적 요인

기업가에 영향을 미치는 환경적 요소로는 불만스러운 작업환경, 인생의 시련기, 전직의 기회, 조력자의 존재, 그리고 선결요소의 확보가 있다.

① 불만스러운 작업환경

불만스러운 작업환경이란 현재 근무하고 있는 직장의 작업내용이나 상사의 감독에 대한 불만이 고조되어 현 직장을 떠나서 새로운 사업을 시작하고 싶은 충동을 느끼는 경우이다. 혹은 기발한 아이디어의 제안이 고용주로부터 무시되었을 때 제안자는 홀로 사업을 시작하려는 결심을 하게 된다. 1992년, 미국 대통령 선거에 출마하여 초반에 돌풍을 일으켰던 Ross Perot는 일찍이 소비자에게 컴퓨터 hardware는 물론 software를 끼워 팔자고 IBM사에 제안하였으나 거절당하자 Electronic Date Services를 설립하여 억만장자의 기틀을 다졌다.

② 인생의 시련기

직장에서 해고당하거나 이혼을 하거나, 부부 중의 한쪽을 사별하거나, 중년이 되거나, 이주나 이민을 가서 다른 지방이나 다른 나라에 정착해야 할 때, 우리는 흔히 새로운 신변의 변화를 모색하게 되는데, 기업가는 창업을 시도할 때도 이러한 인생의 시련기에 봉착했을 때이다. 국내 모 재벌그룹의 총수는 북한에서 월남하여 쌀장수에서 세계적 기업을 만들었으며, 현재 미국의 유수한 기업들 가운데 DuPont처럼 유럽이나 아시아로부터 이민간 사람들이 시작한 회사가 상당수에 달한다.

③ 전직의 기회

학업이나 학위를 마친다거나, 군복무를 마치고 전역할 때, 그리고 중요한 프로젝트를 마칠 때가 이에 해당되는데, 전직 학원강사나 교사 출신들이 시작한 택배교재회사인 大○文化나 ○진IQ사 등이 그 예라고 할 수 있다.

④ 조력자의 존재

조력자란 개인이 기업가로서 사업을 시작할 때 물심양면으로 도움을 주는 스승 · 투자가 · 고객 또는 동업자를 말한다. 이들은 장래의 기업가에게 적극적 조언이나 물리적 지원을 마다 않고 유리한 분위기를 조성해 줌으로써 그들이 사업을 쉽게 시작하도록 도와준다.

⑤ 선결요소의 확보

앞에서 언급한 환경요소 이외에 창업에 필요한 제반 선결요소가 확보되어야 한다. 그러한 선결요소는 자본, 숙련공, 원료의 공급처, 토지와 시설, 운송수단, 정부의 지원, 그리고 지역사회의 생활여건 등이다. 이러한 여러 가지 선결요건이 사전에 확보되기 어려운 때는 제 요소가 중앙집중식으로 제공되는 기관을 저렴한 비용으로 이용하는 것이 가능하다. 이런 기관을 일컬어 창업학교 또는 창업기관(incubator)이라고 한다.

이외에도 기업가 정신은 한 나라의 문화와도 깊은 관련이 있어 문화와 관련지어 기업가 정신을 논할 필요를 느낀다.

3. 기업가 정신의 취약점

훌륭한 기업가 정신에 의거하여 성장의 기틀을 다진 기업일지라도 지속적인 팽창을 추구하는 과정에서 다음과 같은 문제점에 직면하게 된다.

(1) 행정적 분위기와의 상이

아무리 기업가 정신이 주도하는 중소기업일지라도 고도로 일상적이고 요식적인 업무수행도 필요하게 마련이다. 이러한 통상적 업무는 지극히 규범적이고 행정적인 분위기 아래에서 수행될 수밖에 없다. 행정적 분위기에서 수행되는 여러 분야의 경영업무는 보수적이며 점진적일 수밖에 없으므로, 진보적이며 급진적 성격을 지닌 기업가 정신의 영향하에 있는 여타 업무와는 대립적인 성격을 띠게 된다.

다음의 〈표 6-3〉은 기업가적 분위기와 행정적 분위기 하에서 여러 업무분야의 상이한 특성을 제시하고 있다.

〈표 6-3〉 기업가적 분위기와 행정적 분위기의 차이점

업무분야	기업가적 분위기	행정적 분위기
전략분야	기회추구	자원통제
사업기회 활용	혁명적 · 단기적	점진적 · 장기간

자원활용	임기응변식	체계적 · 계획적
경영구조	비공식 네트워크를 통한 수평구조	권한과 책임이 분명한 계층구조
보상정책	성과위주 · 무책임	투자자의 능력에 의한 단기적 보상

(2) 기업가 정신의 문제점

기업가 정신에 충만한 사람의 성격이 기업운영에 있어 항상 긍정적 효과만을 주는 것이 아니라, 때로는 부하들에게 군림하고 불신하기도 하며, 자기들의 큰 일을 꼭 해내어야 한다는 강박관념에 사로잡혀 오히려 기업의 일을 그르칠 수 있다.

기업가 정신에만 사로잡혀 균형적인 경영감각을 결여하고 있는 중소기업 경영자에게서 찾아볼 수 있는 약점으로는 다음과 같은 것이 있다. 시장에 대한 지식의 결여, 독선과 아집, 동기감의 결여, 사회적 오명, 합리적 사고의 결핍, 전문적 기술의 부족, 그리고 충분한 자본의 미확보 등이다. 이러한 결격사유로 인하여 기업가의 경영행위가 불건전하고 파행적으로 수행되어 기업에 악영향을 미치지 않도록 사전의 보완작업이 필요하다. 예컨대 동기감을 결여한 중소기업의 기업가는 기업가를 위한 재교육이나 성공적인 역할모형을 인지하여 활력에 찬 성취감을 배양하도록 해야 한다.

06

중소기업의 장단점과 정책방향

1. 중소기업의 장점

중소기업의 운영상 이점 혹은 중소기업의 존립의의를 뒷받침해 주는 기초는 소유와 경영이 일치한 데 있다. 소유와 경영이 일치되는 개인적 경영은 자본액을 제한하고 규모의 중소성을 초래하여 그 결과로서,

① 비교적 싼 임금을 지불함으로써 비용을 절약할 수 있다.

② 대기업에서는 새로운 고안이나 새로운 방법을 막대한 비용을 들여 시험단계를 거치지만, 중소기업에 있어서는 실험과 적용을 동시에 할 수 있다.

③ 시장변화에 순응하기가 용이하다. 고정설비가 비교적 소규모이기 때문에 수요변동에 대해서 비교적 손쉽게 순응할 수 있다. 유행성 상품같이 수요변동이 심한 상품은 중소기업이 유리하다.

④ 고정설비가 비교적 적기 때문에 업무의 다양화 또는 단순화가 비교적 용이하다.

⑤ 제품에 특색이 있거나 상품의 질이 중요시되는 분야에서는 대량생산을 위주로 하는 대기업보다 중소기업이 더 탄력적이다.

⑥ 기계화나 표준화가 어려운 산업분야에서는 임금이 비교적 싼 중소기업이 유리하다.

⑦ 주원료가 분산되어 있거나 시장이 널리 분산되어서 원료나 제품의 운송이 곤란할 경우에는 지역적 색채를 가진 중소기업이 유리하고 대기업은 제한을 받는다.

⑧ 어떤 연속된 생활공정의 일부가 소규모 기업으로서는 달성할 수 없는 대규모생산을 요구하는 경우에는 그 부분의 산업공정은 주생산공정으로부터 분리해서 대규모의 전문공장이 되고 그 반대로 어떤 일부분의 생산공정이 소규모가 아니어서는 안 될 경우에는 그 부분이 분리해서 대규모 생산공정을 위한 보조적 기능을 하게 된다. 이것은 기계공업에 있어서의 소규모 부분품공장의 존재조건이다.

⑨ 어떤 업무의 집행이 상급감독자의 직접감독이나 혹은 빈번한 접촉을 필요로 할 경우에는 조직의 계층이 많은 대기업에서는 용이한 일이 아니다. 소규모기업에서는 경영자와 종업원간의 접촉이 용이하다.

⑩ 종업원 수와 조직의 계층이 비교적 적은 관계로 조정 커뮤니케이션, 인사관리 등이 비교적 순조롭게 이루어진다.

⑪ 중소기업의 경영자는 그 기업의 성패가 직접적으로 자기 일신상에 영향을 주기 때문에 경영에 열성적이며 성과에 대한 개인적인 만족감이 크다.

⑫ 개인적 친분으로 고객을 유지 및 증가할 수 있다.

2. 중소기업의 단점

중소기업의 가장 심각한 문제는 자금난 문제이다. 대부분의 중소기업은 장기자금차입에 곤란을 느끼며 소액의 단기자금도 저리로 차입하는 것이 용이하지 않다. 특히 자금축적이 부족한 기업에서는 불경기 때에 가장 위협적인 존재로 다가온다. 또한 자금의 부족은 중소기업의 기계화나 시설확장을 방해하고 새로운 기계와 설비의 도입을 지연시킨다. 그 결과는 생산성과 업무능률을 저하시키고 생산원가와 비용을 늘려서 자본의 수익률을 감소시킨다.

그 다음은 경영능력의 부족이다. 출자자가 경영자이기 때문에 다행히도 출자자가 자신의 경영능력이 풍부하다면 모르거니와 그렇지 않을 경우에 경영은 순조롭지 못할 것이고 설혹 출자자, 즉 경영자의 능력이 풍부하다고 할지라도 각 방면에 걸치는 계획, 지시, 감독, 통제조정을 단독처리할 수는 없는 것이다. 또한 자본의 제약은 유능한 경영전문가를 보조자로서 맞아들이는 것을 어렵게 한다. 더욱이 기업이 대대로 계승되어질 때는 그 후계자들은 창립자와 같은 열성을 갖지 못하고 노력과 창의가 부족해지는 것이 보통이다. 따라서 중소기업에 있어서는 소유자가 되었건 경영자가 되었건 간에 후계자 문제는 매우 중요한 것이다.

그 다음 중요한 문제로서는 일반적 중소기업에서는 연구 · 개발(R&D)을 위한 충분한 시간과 능력이 없다는 것이다. 급진하는 과학기술과 격동하는 소비자 수요를 따라가자면 끊임없는 연구개발활동이 있어야 할 것이나 시간과 능력의 제약을 받아 항상 미흡한 단계에 놓여 있다.

3. 중소기업정책의 방향

우리 나라 경제가 가까운 장래에 선진경제권에 진입하기 위해서는 경제에서 큰 비중을 차지하고 있는 동시에 중요한 기능을 담당하는 중소기업이 중소기업다운 중소기업, 즉 국내외시장에서 경쟁력을 지니며 왕성한 활력을 지닌 중소기업을 많이 만들어 내는 것이 중요하다. 변동이 심한 현대경제에 있어서는 그 분야에서 세계적인 중소기업의 육성이 더 크게 요구된다고 하겠다. 따라서 그러한 중소기업이 많아야 각 분야에 걸쳐 일어나는 격심한 환경변화에 경제가 원활하게 적응할 수 있게 될 것이다. 따라서 중소기업정책은 기본적으로 다음과 같은 방향을 지향해야 할 것이다.

첫째, 국제화 시대에 중소기업이 국제화에 대응하게 해야 한다. 개발도상국으로서 국제경제관계에서 오랜 동안 많은 보호를 받아온 우리 나라는 최근 원화가치의 상승, 국내시장의 대폭적인 개방 등에서 볼 수 있는 것처럼 국제경제환경이 급변하고 있다. 우리 나라 경제의 국제화에 따라 중소기업이 세계경제와 다각적인 관련을 갖게 함으로써 세계를 무대로 하여 사업활동을 전개해야 한다는 것이다. 그러므로 중소기업정책도 경제의 국제화에 대한 중소기업의 대응이 원활하게 이루어지도록 지원하여야 한다.

둘째, 중소기업이 질적 경영자원을 축적하도록 지원해야 한다. 과거의 고도성장기에는 국내외에 걸쳐 수요가 비교적 안정되고 기술진보도 원만하게 이루어지는 등 경영환경이 비교적 순조롭게 변동해 왔기 때문에 중소기업은 대체로 생산의 양적 증대를 지향해 왔다.

그러나 최근에 일어나고 있는 수요의 고급화와 다양화, 원가가치의 상승 등 경제환경의 광범위하고도 급격한 변동에 중소기업이 원활하게 대응하려면 경영활동의 전환이 필요한 것이다. 즉 설비의 근대화와 기술의 현대화 등 경영관리의 합리화는 중소기업의 경영에는 여전히 중요하지만 앞으로는 이에 더하여 정보수집, 기술개발, 신제품의 개발 등 질적 경영활동을 전개하지 않으면 안된다.

셋째, 소규모기업에 대한 지원을 크게 확충해야 한다. 소규모기업은 '중소기업 가운데의 중소기업'으로서 사업체수로는 압도적으로 많은 수를 차지하고 있다. 그러나 생산액이 적으므로 제품의 고부가가치화에 앞서야 한다.

넷째, 전국을 대상으로 하는 중소기업정책과 더불어 지역의 중소기업정책도 실시해야 한다. 우리 나라는 지난 고도성장기에 있어서는 대도시와 대기업을 중심으로 하는 중앙집권적 경제개발이 추구되어 왔기 때문에 지역경제와 중소기업은 상대적으로 낙후되어 왔다. 최근 이러한 부문간 · 지역간 불균형적 발전은 우리 나라 경제의 선진화를 저해하는 중요한 요인으로 작용한다는 것이다.

다섯째, 중소기업정책의 대상을 서비스산업에까지 확대해야 한다. 이미 우리 나라에서도 디자인 개발, 시장조사, 교육훈련 및 컨설팅 등의 여러 분야에 종사하는 전문 서비스 기업이 등장하고 있다. 따라서 중소기업의 질적 경영활동의 촉진을 위해서는 전문 서비스 기업을 적극적으로 지원할 것이 요청된다. 아울러 중소기업을 포함하는 경제의 운용을 돕는 모든 서비스 산업을 중소기업정책의 대상에 포함시켜야 할 시기가 왔다고 할 수 있을 것이다. 이러한 중소기업 정책도 중요하지만 그 보다 더 중요한 것은 중서기업 경영자의 기업가 정신이라 하겠다.

4. 프랜차이징(franchising)

중소기업은 과거에는 독립경영으로 보아왔으나 요즈음은 프랜차이징[10]도 중소기업으로서의 역할을 다하고 있다.[11] 프랜차이징은 프랜차이저(franchisor)가 소유권이 독립된 프랜차이지(franchisee)에게 일정 수수료를 받고 상표(商標) 등의 사용권을 허가해 주고 계속적으로 기업의 운영을 지원해주는 국제 경영방식이다. 프랜차이저는 프랜차이지의 운영에 필요한 물품을 공급해 주기도 한다. 프랜차이저와 프랜차이지는 양자가 독립성을 가지고 최종소비자에 이르는 재화 및 서비스의 일부를 각기 생산한다는 점에서 수직적(垂直的) 통합과 비슷하다. 프랜차이징은 라이센싱의 한 형태라고도 볼 수 있는데, 즉석식품, 자동차 임대, 건설, 음료수, 호텔, 모텔, 주유소 등의 산업에서 많이 채택되고 있으며 증가추세를 보이고 있다.

(1) 프랜차이즈의 의의

프랜차이즈 형태는 매우 다양하므로 일관된 정의를 내리기 어렵다. 미국의 경우 유사한 용어로써 프랜차이즈연쇄점, 프랜차이즈 소매, 프랜차이즈, 프랜차이징, 프랜차이즈 조직, 프랜차이즈 시스템 등 다양한 용어가 사용되고 있다. 일반적으로 프랜차이즈 조직은 중앙본부나 모회사가 지역의 가맹점에게 특정지역에서 일정기간 영업할 수 있는 특권권한과

---

10) 이성근 배수현 공저, 무역 경영사, p.416~420

11) 중소기업을 시작하려는 사람들이 프랜차이즈 시스템을 잘 이용한다면 훨신 효과적으로 기업활동을 수행할 수 있다.

각종 지원을 주고 그 대가로 로열티를 받는 시스템을 의미한다. 여기에서 모기업을 프랜차이즈(Franchise)라고 하며 특권을 받는 기업을 프랜차이지(Franchisee)라고 한다. 프랜차이즈란 프랜차이저가 프랜차이지에게 프랜차이저의 상호, 상표, 소비스 마크, 노하우, 기타의 기업운영방식을 사용하게 하며 제품이나 서비스를 판매할 수 있도록 해주는 '모든 경영양식의 허가' 라고 할 수 있다.

(2) 프랜차이즈의 특성

프랜차이즈의 특성으로는 다음과 같은 것이 있다. 첫째, 본부는 혁신적 신사업이나 특수 전문적 사업을 창업하며 가맹점의 신규참여를 유도한다. 둘째, 계약대상은 상품뿐만 아니라 서비스, 제조 및 마케팅에 관한 노하우까지 포함한다. 셋째, 가맹점은 자본에 의해 재산권을 확립하므로 사업추진에 대한 의욕이 높다. 넷째, 시장의 이질화에 대응하기 위해 전문화를 마케팅 전략의 기반으로 하고 있다.

프랜차이즈가 급격히 성장해온 이유는 다음과 같다. 첫째는 창업의 위험이 적다는 것으로 사업을 시작하는데 따르는 위험이 자영 사업을 하는 것보다 훨씬 적다. 실례로 미국의 경우 과거 10년간 프랜차이즈의 실패율은 5% 이하인 반면, 소규모 자영상의 사업 첫해 실패율은 50% 수준에 이르고 있다.

둘째는 프랜차이즈 본부의 지원이다. 특별한 지식이나 경험, 영업에 대해 전혀 몰라도 본사에서 각종 관리기법, 교육, 마케팅을 사업 개시할 때부터 지속적으로 지원해 준다.

셋째는 자금상의 이점이다. 본부의 입장에서는 사업확장이나 시장의 개척에 많은 자금과 인력을 투자하지 않아도 되고 가맹점의 입장에서는 적절한 자금과 인력을 투자함으로써 기존 시장에서 유통되는 상품과 서비스를 빠른 시간내에 판매할 수 있는 이점이 있다. 이와 같은 이유로 프랜차이즈는 성공적인 시스템으로 발전해 왔다.

(3) 프랜차이즈의 구조

운영구조를 보면 본부는 가맹점과 계약을 체결하고 가맹점에게 자기의 상호, 상표, 상징 및 경영 노하우를 사용할 권리를 준다. 그래서 가맹점 모두가 동일한 이미지하에서 상품을 판매하고 사업을 행하도록 해준다. 가맹점은 사업에 필요한 자금을 투자하고 본부의 지도 및 원조하에서 사업을 행하며, 그 보상으로써 일정한 대가(로열티)를 본부에 지불한다.

본부는 가맹점의 확대에 의해 판로를 확대할 수 있으며 기맹점은 독립적인 경영욕구를 충족할 수 있으므로 양자는 공존공영의 관계가 형성된다. 즉 본부에서는 자금은 없지만 사업과 경영능력을 가지고 있고 가맹점의 경우에는 자본을 가지고 있지만 사업을 할 능력이 없을 때, 계약에 의해 양자가 결합함으로써 서로의 장점을 가장 효과적으로 활용하는 것이다.

(4) 프랜차이즈의 현황

프랜차이즈는 미국에서 가장 발전되어 왔다. 미국의 현황을 보면, 1978년 조사에 의하면 1,100여 개의 프랜차이즈 체인(Franchise Chain)과 280,000개의 프랜차이즈 점포가 운영되고 있으며 이 점포들을 통하여 매출액 2,300억 달러를 기록하였다. 1990년도의 프랜차이즈 매출은

7,164억 달러로 전년대비 5.2%의 성장을 했으며, 1980년에 비해서는 115%의 고성장을 기록하고 있다. 총상점수는 533,000개에 이르고 있으며 1988년 기준 프랜차이즈 종사자는 파트타임을 포함에서 770만명으로 농업부문을 제외한 전체 종업원의 6.9%에 해당하고 있다.

회사형태의 프랜차이즈는 17%가 해외에서도 급속히 성장을 하여 35,000개의 해외상점을 가지고 있다. 진출 업종 중 가장 큰 비중을 차지하는 것은 식당업으로 7,000여개의 상점을 가지고 있다. 주요 진출국가로는 캐나다, 영국, 호주, 일본 등이다.

2007년도에는 100만개를 넘는 프랜차이즈 점포를 기록하고있고 세븐일레븐 만 32,000개, 서브웨이가 27,000개, 맥도널드도 32,000여개를 기록 급성장을 보이고 있다.

우리나라의 패스트푸드 시장은 최근 들어 외식문화의 급속한 발전으로 급격히 성장해 오고 있다. 다음 표와 같이 1991년에 전년대비 40%의 매출신장을 보이고 있다. 패스트푸드의 주종은 햄버거류와 캔터키치킨으로 전체의 반을 넘게 차지하고 있으며 버거킹을 제외한 대부분이 60%를 넘는 고속성장을 해오고 있다. 앞으로도 패스트푸드 프랜차이즈는 계속 고속성장을 하리라고 본다.

1997년~1999년의 통계를 보면 그중 롯데리아는 매출액의 증가율(20.7%)이나 점포수의 증가율(12.2%)에서 단연 1위를 차지하고 있다.〈표 6-4〉 그러나 2001~2002년의 통계는 롯데리아는 제자리 걸음을 하고 있으나 토종 B.B.Q의 매출액 성장율 45.2%와 점포수 성장율25.9%는 경이적이라 할 만큼 대단하다고 하겠다.〈표 6-5〉

그리고 시스템 운영에 있어 앞으로는 제품보다 서비스 위주의 경향을

보이게 될 것이다.(자동차 서비스업, 고용서비스업 등)

참고로 세계의 프랜차이즈 업계를 리드하고 있는 순위는 세븐일레븐, 서브웨이, 던킨도나츠, 피자헛 등으로 나타났다. 그리고 이러한 패스트푸드의 프랜차이즈와는 달리 인터톤티넨탈호텔, 서틀K, 구몬학습지 등의 종류도 각양각색이다.〈표6-6〉

〈표 6-4〉 한국의 패스트푸드 매출액 및 매장 수 변화 추이(1997-1999)

(1999. 12월 31일 기준)

브랜드명	매출액(억원)			증가율		점포수(개)			증가율		점포당평균매출액		증감률
	97	98	99 (예상)	97v98	98v99	97	98	99 (예상)	97v98	98v99	97	98	97v98
롯데리아	2,450	2,900	3,500	18.4	20.7	383	410	480	7.3	12.2	6.4	7.1	10.9
맥도날드	930	1,300	1,800	39.8	15.5	115	131	145	13.9	10.7	8.1	9.9	22.2
KFC	1,300	1,200	1,400	-7.7	16.7	127	135	145	6.3	7.4	10.2	8.8	-13.7
파파이스	870.6	1,042.2	1,409.7	19.7	35.3	117	142	165	21.3	26.1	7.4	7.2	-1.35
버거킹	416	443.3	510.4	6.6	10.6	49	49	57	0	16.3	8.5	9.0	5.9
하디스	174	160	210	-8	31.3	24	23	43	-4.2	8.7	7.3	7.0	-4.10
계	6,140.6	7,045.5	8,830.1	14.7	25.3	814	890	1,035	9.5	16.3	7.5	1.9	5.3

*자료: 농축산 신문, 한국식품연감(2003) 한국외식정보(주)

〈표 6-5〉 한국의 패스트푸드 프랜차이즈 현황(2001-2002)

(2003. 2)

브랜드명	매출액(억원)			증가율(%)		점포수(개)			성장률(%)	
	2001	2002	2003 (예상)	01vs02	02vs03	2001	2002	2003 (예상)	01vs02	02vs03
롯데리아	5,400	5,400	5,400	0	0	750	850	850	13.3	0
BBQ	2,700	3,100	4,500	14.9	45.2	1,400	1,350	1,700	▼3.6	25.9
맥도날드	2,860	2,800	3,000	▼2.1	7.1	321	361	361	12.5	0
KFC	2,230	2,500	2,500	12	0	236	226	236	▼4.2	4.4
파파이스	1,298	1,301	1,600	0.2	23	185	211	250	14.1	18.5
버거킹	1,100	930	930	▼15.5	0	113	114	124	0.9	8.8
하디스	210	150	165	▼28.6	10	25	21	21	▼16	0
계	15,801	16,181	18,095	2.4	11.8	3,030	3,133	3,542	3.4	13.1

주) 점포당 평균매출액은 매출액÷점포수를 계산한 것임.

*자료 : 농축산 신문, 한국식품연감(1999)

〈표 6-6〉 미국프랜차이즈 업계 순위 1~20위(2008년 현재)

순위	상호명
1	7-Eleven Inc
2	Subway
3	Dunkin' Donuts Request Info
4	Pizza Hut
5	McDonald's

6	Sonic Drive In Restaurants
7	KFC Corp
8	InterContinental, Hotels Group
9	Domino's Pizza LLC
10	RE/MAX Int'l. Inc.
11	UPS Store. The/Mail Boxes Etc. Request Info
12	Ace Hardware Corp. Request Info
13	Jani-King Request Info
14	Jiffy Lube Int'l. Inc
15	Arby's
16	Baskin-Robbins USA Co
17	Circle K
18	Kumon Math & Reading Centers Request Info
19	Great Clips Inc. Request Info
20	Bonus Building Care Request Info

출처 : entrepreneur, http://www.entrepreneur.com/

7

창업과 사업계획서

01

사업목표와 계획

기업가가 자신이 개발한 사업구상을 실제로 추진하기 위해서는 그것을 실행에 옮기기 전에 어떤 형식으로든 기업의 앞으로의 갈 방향을 계획하고 설정하는 것이 필요하다. 창업 기업의 이러한 장 · 단기 계획 활동을 사업기획(Business Planning)이라 한다.

사업기획은 창업시에 제일 중요한 요소중의 하나이므로 배가 항해할 때 선장이 작성하는 항해도와 비유하기도 한다. 사업 기획에 임하는 자세에 있어 창업자를 크게 두 분류로 나누어 볼 수 있다.[1]

하나는 창업 준비 단계부터 매우 체계적이고 공식적인 계획을 세우고 그것을 철저히 실행하는 유형이라고 할 수 있다. 애플 컴퓨터사가 창업 초기부터 수억 불 규모의 중견 기업과 같이 체계적인 방법으로 기획한 것으로 유명하다.

두 번째의 부류는 우선 사업 구상을 행동으로 옮기면서 그때그때 상황의 변화에 따라 새로운 사업상의 계산과 계획을 세우며 발전하는 방식을 취한다. 대부분의 중소 기업들이 이와 같이 사전적으로 체계적인 전략적

1) Karl H. Vesper, New Venture Mechanics (Englewood Cliffs: Prentice Hall, 1993): 311~313

기획을 수행하지 않는다고 할 수 있다.[2] 이러한 분류의 창업자는 사전적인 공식적 계획이 불필요하다고 생각한다. 그러나 대개의 창업자가 사업계획서대로 움직이는 것은 아니며 오히려 환경변화에 따라 회사의 방향을 설정하는 것도 중요하다.

그러나 사업계획서는 앞으로의 자기의 가야할 방향표이므로 계획없이 우왕좌왕 하기도 하고, 여러 가지 갈등이 생기거나 할 경우에는 사업계획서를 보고 다시 시작할 경우도 있어 이것의 중요성은 말로 표현하지 못할 정도로 주요하다고 하겠다.

우리나라에서 창업에 관해 조사한 통계수치를 보면 창업 5년 후를 기준으로 했을 때 대대적인 성공자는 총창업자의 1% 이하, 만족스런 성공자는 5% 전후, 일반적인 성공자는 10% 전후, 현상유지자는 25% 전후, 적자 혹은 망한 자는 60% 이상인 것으로 나타나고 있다. 한마디로 성공이라고 말할 수 있는 비율은 15% 전후, 즉 10명중에 1~2명밖에 되지 않는다는 것이다.

미국의 Inc.지가 1990년 선정한 미국 내 초고속 성장 500대 기업 중 100명의 창업자들은 조사와 분석에 시간을 거의 투자하지 않는 것으로 나타났다. 또한 그들은 전략을 대강 고려한 뒤 사업을 개시한다.[3]

---

2) Richard B. Robinson Jr. and John A. Pearce II, "Research Thrusts in Small Form Strategic Planning," Academy of Management Review, 9: 128~137

3) 더구나 1990년에 미국의 전국독립사업협회(National Federation of Independent Business)가 2994개의 창업 기업을 연구한 보고서에서 계획, 연구 및 성찰에 필요 이상으로 많은 시간을 보낸 창업자들은 사업 개시 후 3년 이내에 망하는 것으로 나타났는데 반해 계획 없이 사업에 뛰어든 사람들은 계속적으로 성공을 구가하는 것으로 드러났다.

이것은 IT 산업이나 e-비즈니스의 경우에는 계획보다는 소비자의 욕구가 급격히 증가하거나 새로운 아이템이나 기술이 순간적으로 나타났을 경우에 더욱 그렇다.

물론, 모든 벤처가 사업분석과 계획이 전혀 필요 없다는 것은 아니다. 오히려 모든 벤처 사업은 일정 수준의 분석과 계획이 필요하다. 특히 재무조달계획은 무척 중요한 것으로 나타났다.

02 사업 계획서

1. 사업 계획서의 정의

사업 계획서란 사업 아이디어를 실행에 옮기기 전에 기업이 나아가야 할 방향을 계획하기 위한 안내서 역할을 한다. 여행을 할 때 여행계획이 잘 수립되어야만 즐거운 여행을 할 수 있듯이 기업의 창업도 사업계획서를 어떻게 작성하고 활용하느냐에 따라 성패가 좌우될 수 있다.

여행을 할 때 목적지가 어디며, 어떤 방법으로 도착하는가와 입시를 보는 수험생은 어느 대학의 무슨 학과를 가야 하는가는 어떤 방법으로 공부하는가에 달라지기 때문이다.

이와 마찬가지로 벤처창업가도 창업할 회사가 어떤 방향으로 어떻게 가는 것인가 하는 계획이 필요하다.

사업계획서(Business Plan)란 사업 아이디어를 실행에 옮기기 전에 기업의 미래방향을 설정하는 계획인데 그에 못지 않게 중요한 것이 벤처의 사업성을 결정짓는 제 요소를 투자자나 벤처캐피탈리스트, 고객, 은행, 유통업체 등 이해관계(stakeholder)에게 체계적으로 보여주는 사업계획서(Business Plan)라 할 수 있다.

이러한 사업계획서는 항해의 나침반의 역할을 하여야 한다. 사업계획서가 나침반의 역할을 제대로 하기 위해서는 기업의 내 · 외적 요소를 정확히 분석하여 다음의 세 가지 질문에 답할 수 있도록 작성되어야 한다.

1) 현재 어떤 상태에 있는가? (현재상황 파악)
2) 어디로 나아갈 것인가? (목표제시)
3) 어떻게 목표를 달성할 것인가? (계획수립)

따라서 사업계획서는 창업회사의 현재상황, 창업회사가 나아갈 목표, 창업회사가 목표를 달성할 수 있는 방법에 대한 계획을 포함하여야 한다.[4)]

다시 말하면 창업과정에 있어서 사업계획서의 작성은 사업계획에 관련된 제반사항, 즉 계획사업의 내용, 계획제품 시장의 구조적 특성, 시장확보의 가능성과 마케팅 전략, 제품에 대한 기술적 특성, 생산계획과 더불어 계획 아이템에 대한 향후 수익전망, 계획사업에 대한 소요자금 규모 및 조달계획, 조직 및 인력계획 등 창업에 관련되는 제반사항을 객관

4) 이상문 외 '벤처창업과 성장전략', 박영사, 2001, p169

적 · 체계적으로 작성하는 중요한 자료이다.[5] 어떤 의미에서 창업회사의 제품은 특정 목표시장의 고객들의 욕구를 충족시켜야 하지만 사업계획서는 모든 사람들의 관심과 목적에 부합되도록 작성되어야 한다.[6] 또한 사업계획서는 사업기회의 설명과 그 기회를 어떻게 실천하는가를 설명하는 두 부분으로 구별되므로 이 부문을 강조하여 정확히 기재하여야 한다.[7]

2. 사업계획의 구성

사업계획서는 면접의 첫인상만큼 중요한 것이고 주요원칙을 나타내는 것이므로 내용뿐 아니라 형식에도 신경을 써야 한다. 다시 말하면 사업계획서는 창업자의 얼굴이요, 마음이며 창업자 자신의 신용평가서이기도 하다. 창업시의 사업계획서는 창업자 자신이 효율적으로 기업을 설립하여, 그 사업을 지속적으로 성장 · 발전시켜가고자 하는 창업자의 구체화된 의지이며 체계적으로 정리 · 기술한 것이기 때문이다.

이러한 관점에서 사업계획서 작성시에는 다음과 같은 주의와 기본사고 아래에서 작성되어야 한다.

전반적인 형식에 있어 사업계획서의 길이는 30~40쪽 내외가 적당하다. 이 정도의 분량이면 창업자의 사업개념을 요약하고 투자자의 주안점

5) 홍성도, 벤처기업창업론, 학문사, 1998. p137

6) Hisrich R.D & M. P Peters. Entrepreneurship 4thed. Irwin McGraw-hill 1998.

7) Timmons. J. A. New Venture Creation: Entrepreneurship For the 21st century 4thed. McGraw-hill, 1999

을 잘 요약할 수 있다. 세부적인 정보는 부록으로 편집하여 별도로 제작할 수 있다. 표지에는 회사명, 주소, 연락처, 작성일자 등의 정보를 기록한다. 이러한 정보가 빠지면 사업 계획에 대한 추가적인 질문에 대해 투자자가 사후 접촉을 취하고자 하는 욕구를 무산시키게 된다. 다음 쪽에는 제목을 쓰고 발행 부수를 명시한다. 총 발행 부수가 20부를 넘지 않을 때 투자자들이 신선한 사업 계획임을 느끼게 될 것이다.

사업계획서의 본문은 일반적으로 요약, 회사, 제품/서비스, 시장, 경쟁, 영업 및 마케팅, 운영, 재무, 부록 등으로 구성된다.[8]

요약 : 사업계획서의 요약(Executive Summary)에서는 회사의 현황과 경영진, 제품/서비스 및 사용자의 효익, 시장과 경쟁 상황, 재무 예측, 필요자금의 액수와 운용 방안, 그리고 투자자의 예상 수익 등을 2쪽 이내로 기술한다. 이 부분은 투자자들이 여러 사업계획을 스크리닝할 때 가장 처음 보는 부분이므로 매우 중요하다. 이 요약 부분 뒤에 목차를 각 절별로 보기 좋게 구성하고 쪽 번호를 단다.

회사 : 회사 소개 부분에서는 회사의 연혁, 목적, 경영진 등이 다루어진다. 구체적으로 회사의 조직 방안, 역할과 책임, 창업자의 개략적 경력, 회사의 생성과 과정 및 현황(종업원, 매출, 순익, 제품, 설비 등), 그리고 사업 전략 등을 기술한다.

제품/서비스 : 제품에 관해서는 보다 구체적인 수준에서 제품이 충족할

---

8) Ennis J. Walton and Michael J. Roberts, "The Business Plan," Harvard Business School Note 9-389-020, 1988.와 정승화, 벤처창업론. 박영사, 1999. p244~245.

시장의 욕구를 경쟁사의 제품과 대비하여 기술한다. 이미 제품이 개발되어 시판되고 있다면 용도, 결과, 소비자의 소감 등을 설명한다. 아직 제품이 완성되지 않았다면 어떻게 제조하려고 하는지와 특허권이나 고유기술 등을 기술해야 한다.

시장 : 많은 사업 계획서가 시장 부분을 체계적으로 다루는 데 있어 미흡하다. 실제로 투자자들은 창업자가 목표 시장에 대해 이해하는 정도와 지식수준에 대한 구체적인 증거를 원한다. 시장 부분에서는 (1) 목표시장의 크기, 성장률, 구매 특성 (2) 창업자가 시장을 보는 시각 (3) 회사가 예상하는 사장의 반응 등을 기술해야 한다.

경쟁 : 이 부분에서는 목표 시장의 경쟁업체를 분석한다. 주로 경쟁업체의 제품, 가격, 마케팅 방법 등을 기술한다.

영업 및 마케팅 : 이 부분은 제품이 어떻게 판매될 것인가를 설명하는 것이다. 목표 고객을 파악하는 방법, 광고 및 판매 촉진 방안, 유통 경로, 그리고 제품 출시 방안 등을 기술한다.

운영 : 여기서는 제품의 생산 방법, 또는 서비스의 운영 방법 등을 다룬다. 구체적으로 설비 투자 방법, 하도급 방안, 운송 방법 등을 논의한다.

재무 : 재무 예측 부분에서 투자자들은 최대한 현실적인 수치를 기대한다. 손익계산서, 대차 대조표, 현금 흐름표, 손익 분기 분석, 그리고 매출, 순익, 현금 잔고 등 중요한 재무 지표 등을 기술해야 한다. 이 부분은 사업계획서 내용 중 가장 충실을 기해야 한다. 자금이 언제, 얼마나 회수되고, 어디에 운용되는지를 기술한다. 투자자는 자신의 투자 금액의 회수, 즉 현금화에 관심이 있기 때문에 기업 공개, 회사 매각, 자사주 매입

등과 같은 투자자의 회수 방안을 언급해 준다.

부록 : 여기서는 핵심 경영진에 대한 이력서와 업무 책임을 기술하고, 창업 경영진이 능력 있고 조화로운 팀을 형성한다는 점을 부각시킨다. 제품에 대한 소개와 고객이나 공급 업체로부터의 서한 등을 첨부할 수 있다.

이러한 구내용으로 구성된 사업계획서를 인쇄하고 나면 배포할 단계에 오게 되는데, 가능한 모든 투자자에게 우편으로 발송하는 것보다는 주요 투자자층과 접촉이 많은 다른 창업자, 투자 자문, 변호사 등의 추천을 받아 선별적으로 배포하는 것이 효과적이다. 투자자들이 마구잡이로 접수되는 사업계획서보다는 과거의 투자 활동을 통해 잘 알고 있는 사람들이 추천하는 신규 사업에 더 귀를 기울이게 마련이다.

3. 사업계획서를 왜 작성해야 하는가?

일반적으로 사업계획서는 기존 업체의 사업계획서와 창업기업의 사업계획서로 나누어지는데 기존의 사업계획서는 일종의 경영계획으로서 작성되며 창업기업의 사업계획서는 투자자를 위한 것으로 작성되는 것이 일반적이라고 하겠다.

기존의 사업계획서이든 창업계획서이든 사업계획서를 잘못 작성하였을 경우를 제외하고는 일반적으로 사업계획서를 작성한 기업이 작성하지 않은 기업보다 성과가 높고 성공률이 높은 것으로 나타났다. 대학에서의 교수의 강의 계획서의 작성시와 작성하지 않았을 때의 학생반응과 같다. 아무래도 강의계획서를 작성하면 그대로 100%는 못한다 하더라도 그와 비슷하게 가기 때문에 아무래도 강의 계획서 작성하는 것이 유리하다고 하겠다. 그리고 일반적으로 창업 기업의 경우는 업적 성과와 상관관계가 있음을 나타낸다.[9)]

사업계획서는 창업가의 아이템은 물론 창업가 자신을 알리는 계기가 되며, 기업의 외부와 의사소통을 하는 역할을 하기도 한다. 그리고 사업계획서를 통해 잠재적 투자자, 파트너, 공급자 등 이해관계자들에게 창업가의 비젼을 알리고 자원을 끌어들일 수 있는 기회를 제공한다.[10)]

그리고 사업계획서는 외부뿐만 아니라 내부 구성원들에게도 나아갈 길을 안내해주기도 한다. 종업원과의 갈등이 있을 경우 사업계획서를 보고 목표를 재확인하거나 다시 재정립할 수 있다.

4. 사업계획서의 구성 내용

사업계획서는 크게 나누어 기존 업체의 사업계획서와 창업기업의 사업 계획서로 대별된다. 기존업체의 사업계획서는 일종의 경영계획으로서 작성되며, 기간에 따라 중 · 장기 경영계획과 단기 경영계획인 연도별 경영계획으로 구분된다.[11)]

창업과 관련된 사업계획서는 크게 나누어 4가지, 즉 ① 인 · 허가용 창업사업계획 승인 신청용 사업계획서, ② 금융지원을 위한 신기술사업 금

---

9) Vesper. K. H new Venture Mechanics. Englewood Cliffs, Prentice-hall, 1993

10) Marc. J. Dollinger, Entrepreneurship Strategies and Resources, Prentice Hall, 1999, pp132~133

11) 박주관, 『사업타당성 분석과 사업계획서의 작성』, 21세기북스, 1996. 2. 15. pp. 179~181.

융회사 또는 창업 투자회사 제출용 사업계획서, ③ 공업단지(농공단지 등) 입주계약신청용 사업계획서, ④ 기타 용도의 사업계획서로 구분된다.

설명의 편의를 위하여 각종 사업계획의 내용을 망라한 기본 사업계획서의 양식에 그 구성과 내용에 따라 사업계획서 작성 방법을 구체적으로 설명하고자 한다. 창업자는 이와 같은 기본 사업계획서를 토대로 하여 사업계획서 작성목적과 필요에 따라 이 내용의 전부 또는 일부를 발췌하여 정해진 배열순서에 따라 작성하면, 용도에 맞는 사업계획서가 된다.

이러한 사업계획서는 목적에 따라 여러 가지로 분류할 수 있으나 많이 활용하는 측면에서 보면 ① 창업자 자신이 사업계획을 나름대로 구체화하여 사업계획을 수립하고, 이를 동업자 · 판매처, 창업자 자체 용도 등에 활용할 목적으로 작성하는 간이 사업계획서, ② 창업조정 실시계획 승인, 공장 인 · 허가 및 창업자금조달 등을 위한 외부 관계기관 제출용 사업계획서로 구분하여 볼 수 있으며, 구성내용을 살펴보면 〈표 7-1〉과 〈표 7-2〉와 같다.

〈표 7-1〉 창업자용 간이사업계획서(예서)

Ⅰ. 기업체 현황	Ⅲ. 기술현황 및 기술개발계획
1. 회사개요	1. 제품(상품)의 내용
2. 업체연혁	2. 기술현황
3. 창업동기 및 향후계획	3. 기술개발투자 및 기술개발계획
Ⅱ. 조직 및 인력현황	Ⅳ. 생산 및 시설계획
1. 조직도	1. 시설현황
2. 대표자, 경영진 및 종업원 현황	2. 생산공정도
3. 주주현황	3. 생산 및 판매실적(최근 2년간)
4. 인력구성상의 강 · 약점	4. 원 · 부자재 조달현황

5. 시설투자계획 V. 시장성 및 판매전망 1. 일반적 시장현황 2. 동업계 및 경쟁회사 현황 3. 시장 총규모 및 시장점유율 4. 판매실적 및 판매계획 VI. 재무계획 1. 최근 결산기 주요 재무상태 및 영업실적 2. 금융기관 차입금 현황	3. 소요자금 및 조달계획 VII. 사업추진 일정계획 VIII. 특기사항1 IX. 첨부서류 1. 정관 2. 상업 등기부등본 3. 사업자등록증 사본 4. 최근 2년간 요약결산서 5. 경영진 이력서

〈표 7-2〉 외부기관제출용 기본사업계획서(예서)

I. 기업체 현황 1. 회사개요 2. 업체연혁 3. 창업동기 및 사업의 기대효과 4. 사업전개방안 및 향후계획 II. 조직 및 인력현황 1. 조직도 2. 조직 및 인력구성의 특징 3. 대표자 및 경영진 현황 4. 주주현황 5. 관계회사내용 6. 종업원현황 및 고용계획 7. 교육훈련현황 및 계획 III. 기술현황 및 기술개발계획 1. 제품(상품)의 내용 2. 제품(상품) 아이템 선정과정 및 사업전망 3. 기술현황	4. 기술개발투자 현황 및 계획 IV. 생산 및 시설계획 1. 생산 및 시설현황 가. 최근 2년간 생산 및 판매실적 나. 시설현황 다. 조업현황 2. 생산공정 가. 생산공정도 나. 생산공정상의 제문제 및 개선대책 3. 원 · 부자재 사용 및 조달계획 가. 제품단위당 소요원재료 나. 원재료 조달현황 다. 원재료 조달문제점 및 대책 라. 원재료 조달계획 및 전망 4. 시설투자계획 가. 시설투자계획 나. 시설투자효과

Ⅴ. 시장성 및 판매전망
1. 관련사업의 최근 현황
2. 동업계
3. 판매현황
가. 최근 2년간 판매실적
나. 판매경로 및 방법
4. 시장 총규모 및 자사제품 수요전망
5. 연도별 판매계획 및 마케팅 전략
가. 연도별 판매계획
나. 분류시스템 및 마케팅 전략
다. 마케팅 전략상 제문제 및 해결 방안
Ⅵ. 재무계획
1. 재무현황
가. 최근 결산기 주요 재무상태 및 영업실적
나. 금융기관 차입금 상환
2. 재무추정
가. 자금조달 운용계획표(자금흐름 분석표)
나. 추정 대차대조표
다. 추정 손익계산서
3. 향후 수익전망
가. 손익분기점 분석
나. 향후 5개년 수익전망
다. 순현가법 및 내부수익률법에 의한 투자 수익률
Ⅶ. 자금운용 조달계획
1. 소요자금
2. 조달계획
3. 연도별 증자 및 차입계획
4. 자금조달상 문제점 및 해결방안
Ⅷ. 사업추진 일정계획
Ⅸ. 특정분야별 계획
1. 공장입지 및 공장설립계획
가. 공장입지개황
나. 현공장 소재지 약도 및 공장건물, 부대시설 배치도
다. 설비현황 및 시설투자계획
라. 공장자동화 현황 및 개선대책
마. 환경 및 공해처리계획
(배출예상 오염물질 및 처리방법)
(공해방지시설 설치내역 및 계획)
바. 공장설치 인·허가 및 의제처리 인·허가관련 기재사항
사. 공장설치일정 및 계획
2. 자금조달
가. 자금조달의 필요성
나. 소요자금 총괄표
다. 소요자금명세
라. 자금조달형태, 용도, 규모
마. 보증 및 담보계획
바. 차입금 상환계획
3. 기술개발 사업계획
가. 사업내용 및 연구목표
나. 연구개발 인력구성
다. 개발효과
라. 개발공정도
마. 개발사업 추진계획 및 소요자금
4. 시설근대화 및 공정개선계획
가. 추진목적
나. 분야별 추진계획

(시설근대화 계획) (공정개선 계획) (신제품개발 계획) X. 첨부서류 1. 정관 2. 상업 등기부등본 3. 사업자등록증 사본	4. 최근 2년간 결산서류 5. 최근 월 합계잔액시산표 6. 경영진 · 기술진 이력서 7. 공업소유권(특허 · 실용신안) 및 신기술 보유관계 증빙서류 8. 기타필요서류

물론 창업자 자체 용도의 간이 사업계획서도 창업자의 목적 등에 따라 그 내용을 가감할 수 있으며, 외부 관계기관 제출용 사업계획서도 특수 목적에 따라 추가 또는 삭제하거나 그 분량을 임의로 조정할 수 있다.

외부 관계기관 제출용 사업계획서는 주로 창업조정실시계획승인신청 또는 각종 공장건설과 각종 용도의 자금지원을 위한 승인신청시에 제출하게 되는데, 각 기관에 따라 내용상 차이가 있다.

〈표 7-1〉, 〈표 7-2〉, 〈표 7-3〉을 보면 조금씩 그 원인에 따라 그 내용을 달리하나 기본적으로는 어느곳에다 제출할 것인가에 따라 그 내용을 달리한다.

〈표 7-3〉 **사업계획서 내용**[12)]

1. 표지 회사의 이름, 주소, 연락처 작성자의 이름 기업설립연도와 사업계획서 작성일 투자자의 화사명과 받을 사람	회사의 로고 복사번호 무단복제 금지문구 2. 목차 3. 요약문

12) 이상문 외, 벤처창업과 성장전략, p 177 참조

사업개념 및 배경
기업 및 제품에 대한 개요
사업기회와 전략
경쟁우위
수익성
창업팀
자금조달
투자요청내역

4. 산업, 기업 및 제품/서비스
산업
기업
제품/서비스
시장진입과 성장전략

5. 시장분석
목표시장
경쟁자 분석
시장규모와 추세

6. 경제성 분석
총마진 및 영업마진
순이익 및 잠재성과 지속성
고정비, 변동비 및 준변동비
손익분기 달성기간
흑자 현금흐름 달성기간

7. 제품개발계획
개발현황
위험분석
재산권

8. 생산운영계획
전략
입지
시설
직무설계와 작업측정
생산계획

9. 마케팅 계획
전반적 마케팅 전략
가격정책
판매정책
유통정책
촉진정책
서비스정책

10. 재무계획
실제 재무제표
추정 손익계산서
추정대차대조표
추정 현금흐름표
가정설명
민감도분석
원가통제
자금관리계획
기타 분석

11. 조직계획
소유형태
조직
핵심창업인력
경영진
기타 투자자
인사정책
기타 주주의 권한과 제한
전문자문역과 지원서비스

12. 위험관리
정책변동요인
시장구조변경요인
내부관리문제

13. 사업추진일정

14. 부록

5. 사업계획서의 관심도

사업계획서의 효과성은 창업자의 잠재성이 어느 정도 전달되는가에 달려있다.

우선 창업가와 이해관계자들간에도 평가가 서로 다를 수 있다.

〈그림 7-1〉 창업기업가와 이해관계자

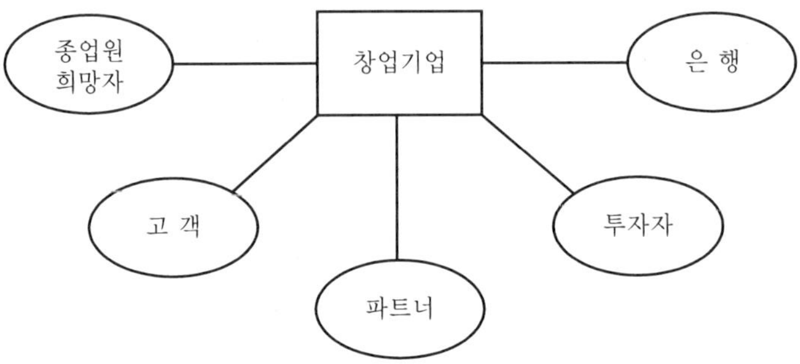

〈그림 7-1〉에서 보여지는 것처럼 창업기업은 몇 개의 이해관계자를 접한다.

은행의 경우에는 우선 미래의 성장성도 중요하지만 현재의 일정액의 이자를 지급하는가 하는 자금의 운용방법에 관심이 있을 수 있다. 또한 투자자는 창업기업의 장래 기대되는 수익잠재성에 관심을 보이고 파트너는 지속적인 경쟁우위와 미래성장성에, 고객은 좋은 제품을 값싸게 살 수 있는 것에, 종업원 희망자는 계속 기업(going concern)에 관심을 가질 수 있다.

그러나, 무엇보다도 중요한 것은 고객에게 어떻게 다가가는가가 제일 중요하다고 하겠다.

따라서 사업계획서는 관심도에 맞게 정확하게 그리고 전략적으로 쓰여져야 한다.

6. 창업 절차와 행정에 관한 내용

창업은 법률적으로 제시되어야 할 내용과 조건을 적법한 과정상의 등록 절차를 거침으로써 비로소 이루어진다. 지금부터는 서류와의 전쟁을 통해 법적으로 움직여야 하므로 모든 기업이 철저한 사전준비 기간을 두고 여러 가지 방법으로 시장조사를 하여 성공을 확신하는 경우 창업에 필요한 절차를 밟아야 한다.[13)]

(1) 창업계획

사업계획을 수립하기 위해서 우선적으로 선결되어야 할 사항은 업종 및 아이템의 선정이다. 그러나 이러한 업종의 선정은 창업자 스스로가 친숙하고, 기술적인 면에서는 충분히 이해할 수 있는 능력의 범위 안에서 고려해야 한다. 그리고 업종이나 아이템이 성숙기나 쇠퇴기에 해당되지 않을 경우에는 성장 잠재력의 확보가 가능해야 하며, 아이템이 제품화되었을 경우에는 강한 경쟁력을 가지고 있어야 한다. 또한 시장의 흐름을 조사하여 소비자의 수요가 충분히 예상되는 분야를 선택하여야 하

---

13) 이종기, 시민벤처 이론과 경영커리큘럼, 삶과 꿈, 2000년, pp 78~81

고, 창업자 스스로가 조달 가능한 자금의 규모도 충분히 숙지하고 있어야 하며, 필요한 자본금의 조달 방법에 대해서도 대책이 수립되어 있어야만 한다.

이와 같은 검증이 이루어진 후에는 여러 가지의 기법을 동원하여 사업의 타당성 분석을 통해 사업계획을 수립하면 된다. 타당성 분석은 객관적인 방법을 통해서 사업의 경제적인 효율성을 분석하는 것으로써 창업자의 의사결정에 상당한 영향력을 행사하는 근거가 되는 것이다.

(2) 회사설립

일반적으로 개인사업자와 법인사업자 중의 하나를 선택하여 회사를 설립한다.

개인사업자 등록은 업종이나 규모에 관계없이 최초 영업개시일 20일 이내에 사업장 소재 관할 세무서에 등록신청을 하여야 한다. 만일 20일이 초과되어 등록을 하게 되는 경우에는 1%의 가산세가 부과된다. 등록시 필요한 서류는 업종의 인 · 허가 필요 여부에 따라 다르다. 만일 인 · 허가가 필요한 업종일 경우에는 사업계획서, 시설명세서 등의 필요한 서류를 갖추고 해당 관청에 가서 인 · 허가 신청서를 작성하여 제출하면 된다.[14]

법인사업자 등록은 주식회사 기준으로 설명하기로 한다. 우선 주식회

---

14) 인 · 허가를 받게 되면 사업 인 · 허가증 사본, 주민등록등본, 임대차계약서(사업장을 임대하였을 경우) 사본을 가지고 관할 세무서에 가서 사업자등록신청서를 작성하여 제출하면 된다. 해당 세무서에서는 신청서류 검토 후 실사조사를 실시하여 하자의 발생이 없을 경우 7일 이내에 사업자등록증을 발급한다.

사를 만들어 사업을 하려면 법인설립등기를 마쳐야 한다. 주식회사의 법인 설립은 다음과 같은 순서에 의해 이루어진다.

우선 3명 이상의 발기인(과거에는 7인)이 정관을 작성, 주식을 발행하여 발행된 주식을 인수한 뒤 창립총회를 개최한다. 발기인은 1주 이상의 주식을 인수하고 정관에 기명 날인한다.[15)]

자본금은 5천만원 이상이 되어야 하고, 창립총회가 끝나면 14일 이내에 대표이사를 포함한 이사 3명과 감사 1명의 공동영업장이 있는 관할지방법원 혹은 등기소에 설립등기를 신청한다. 이때 필요한 서류는 신청서, 정관, 주식청약서, 주식인수증빙서류, 창립총회의사록 등이다.

이렇게 법인설립등기를 마치면 신고서와 법인등기부등본, 정관, 개시대차대조표, 주주 및 출자자 명부 등을 첨부하여 관할 세무서에 법인설립신고를 하면 된다.

(3) 행정절차의 완료

행정절차는 부동산 등기, 취업규칙신고, 사업장 설치 계획신고, 산업재해보험 관계 성립, 의료보험조합 관련 신고 등이며, 이러한 절차가 완료되면 기업은 영업을 개시할 수 있게 된다.

---

15) 정관은 절대적, 상대적, 임의적 기재사항으로 나뉘어져 있는데 법무사의 도움을 받으면 쉽게 작성할 수 있다. 이렇게 작성된 정관에 3명 이상의 발기인이 기명 날인 후 공증을 받으면 정관으로서의 효력을 발휘하게 된다.

〈그림 7-2〉 개인 또는 법인설립의 인·허가 절차

사업인·허가

(인·허가가 필요한 업종인 경우)

신청서, 사업계획서, 시설명세서

⇓

법인설립등기

(관할지방법원 또는 등기소)

신청서, 정관, 주식청약서
주식인수증빙서류, 창립총회의사록

⇓

사업장등록(개인)

신청서, 사업 인·허가 사본
주민등록등본, 임대차계약서 사본

⇓

법인설립신고(법인)

신고서, 법인등기부등본, 정관
개시대차대조표, 주주 및 출자자명부

8

자영업 창업과 소상공인

1_ 창업의 성장

2_ 창업의 유형과 절차

우리나라의 경제규모가 커지고 사회적인 다양성이 증가되면서, 소비자들의 욕구 또한 증가하고 있다. 모든 사회경제 분야의 양적인 욕구뿐만 아니라 질적인 욕구의 조화를 필요로 한다. 공급과 수요에 대해 수동적이던 소비자들은 공급과 수요를 능동적으로 창출하고 있다. 이제 모든 소비자들은 시장의 수요자이면서 동시에 공급자이다.

이에 모든 사람이 사업이나 부업의 성공을 기대하며 경제활동을 하는 것은 일반적 현상으로 받아들여야 한다. 미국의 경우 성인 20명 중 한 명이 창업을 현재 혹은 과거에 경험이 있다고 응답하여 창업에 대한 관심이 큰 것으로 알려져 있다.[1)]

01 창업의 성장

경제발전은 여러 가지 요인에 의해 이루어지지만 요즈음에는 무엇보다도 건전한 창업률 수준이 중요한 포인트가 되고 있다. 즉, 질이 높은 신규 창업기업이 경쟁력이 있는 중소기업 부분을 구축하여 사람들이 원하는 고용을 창출하기 위한 것으로 보고 있다. 레이놀드(Reynold)는 경제

---

1) 박윤재, 윤현덕, 김영수(2000), "창업활성화의 영향요인 연구: GEM 국제공동연구를 중심으로," 공공정책연구(숭실대학교).

에 대한 신규 창업률은 활력 있는 경제 시스템의 지표로 보고 기술혁신, 개선에 의한 적응, 신규 사업의 진전 등으로 각 개인으로서도 기업가 활동의 기회로 보고 있다.[2)]

1. 자영업의 성장과 신규 창업률

자영업의 증가는 대부분은 기업가 활동의 부활을 나타내는 것은 아니다. 명확한 통계 데이터는 이용할 수 없지만 일반적인 통계를 보고 자영업의 창업률에 대해 알아보기로 하자. 신규 창업률과 사업소에 대해서 국제간 비교해 보면 〈표 8-1〉과 같이 나타난다.

〈표 8-1〉 신규 사업자수의 추이

	캐나다 1984-91	덴마크 1984-89	프랑스 1984-92	스웨덴 1987-92	영국 1987-91	미국 1984-91
신규설립 (1)	19.1	14.2	14.3	16.8	9.2	13.6
폐업 (2)	16.3	13.6	13.2	14.6	8.5	9.2
순증가율 (1-2)	+2.8	+0.6	+1.1	+2.2	+0.7	+4.4

주 : 표 중에 나타낸 기간에 대해서의 기존사업체 총수에 차지하는 비율로 연평균.

자료 : OECD Employment cutlook, July, OECD, Paris.(1994).

위 표는 건전한 신규 창업기업 또는 기존기업의 신규시설로 정의되는

2) Roynold P, story D. J R Westhead P, Cross-national Comparison of the Variation in New Firm Formation Rates, Regional Studies 28. 4. pp. 443~456

신규설립의 사업소(establishment)에 기초한다. 스웨덴의 신규설립은 많으나 폐업도 많아 증가율은 +2.2를 기록하였으나 미국은 신규설립 13.6과 폐업 9.2 표기로 +4.4로 순증가율 최고를 기록하였다. 영국은 신규설립의 비율도 낮고 순증가율도 낮아 미국의 1/6에 해당된다.

2. 생존율

신규창업의 생존율 역시 창업의 요소에 가장 중요한 요인으로 등장한다. 크레세이와 스토레이(Cressy & Storey)는 2000사(社)에 해당되는 신규창업기업 중 52%는 활동을 정지하고 있으며 지불불능 폐업은 이것의 1/3을 차지한다고 한다.[3)]

〈표 8-2〉 **신규 창업기업의 생존율 (1988-94년)**

	설립시	1년후	2년후	3년후	4년후	5년후	6년후
덴마크	100	-	-	-	69	58	-
프랑스	100	83	69	58	50	42	-
독일	100	90	81	73	68	62	-
아일랜드	100	90	80	70	63	58	-
스웨덴	100	-	-	66	-	-	-
영국	100	80	61	48	36	30	-
미국	100	-	76	-	48	-	38

주 : 독일의 높은 생존율은 기업가가 창업할 때 시험을 합격해야만 하는 것을 반영한다.

자료 : OECD Employment outlook, July, OECD, Paris.

〈표 8-2〉에서 나타나듯이, 신규창업의 생존율은 2년 후를 보면 독일이 81%, 아일랜드 80%이고 영국은 61%로 가장 낮다. 5년 후도 영국은 30%로 가장 낮고 독일이 62%로 가장 높다.

3. 창업문화

각국의 창업률은 그 나라의 문화에 의해 영향을 받는다. 예를 들면, 기업가활동에 관한 리스크와 회수의 관계는 본질적으로 리스크 회피적인 개인이나 문화 하에서는 자영업의 비율을 감소시킨다고 생각된다.

중소기업의 오너가 다이나믹한 부의 창출자일 경우 이러한 지위를 희망하는 사람들이 더욱 많이 등장하게 된다. 린과 호프스테이드(Lynn & Hofsted)의 연구에 의하면 불확실성의 태도와 개인주의 등으로 나누었는데 기업가의 결정에 영향을 주는 문화적, 행동상의 요인은 〈표 8-3〉에 의해 나타난다.

〈표 8-3〉 기업가의 결정에 영향을 주는 문화적, 행동상 요인

	불확실성 회피지수	개인주의 지 수	달성동기 척 도	경쟁력 척 도	중소기업 오너의 지위	자영업 성장률 1975-95년
덴마크	23	74	n/a	n/a	n/a	n/a
프랑스	86	71	32.1	10.2	2.7	-29
독 일	65	67	28.8	9.1	2.7	-2

3) Cressy, R, and Storey, Do New Firms Their Bank, Natwese bank London, 1995.

스웨덴	29	71	32.0	9.1	3.5	+45
영 국	35	89	31.9	10.6	3.9	+60
미 국	46	91	35.2	12.8	4.3	+10
일 본	92	46	29.7	12.2	3.3	n/a

자료 : European network for SME Research(1996).

위 표에 의해 나타나는 것과 같이 불확실성에 대한 태도로서 덴마크(23), 스웨덴(29), 영국(35)이 비교적 관대하고 반면에 일본(92), 프랑스(86)가 불확실성에 대한 회피가 강하다. 한편, 개인주의 지수도 미국(91), 영국(89)이 강하고 일본(46)은 약하게 나타나고 있다. 일본의 집단주의적 문화지향을 알 수 있는 간접적인 지수이다.

또한 중소기업의 오너에 관한 지위의 인식만이 자영업의 성장과의 관계를 나타내고 있다. 중소기업의 오너의 지위가 미국(4.3), 영국(3.9), 스웨덴(3.5)이 높은데 반해 프랑스(2.7), 독일(2.7)이 낮다. 반대로 자영업 성장률은 미국(+10)이 낮고, 영국(+60), 스웨덴(+45)이 높은 것으로 나타나고 있다. 중소기업의 오너의 지위가 가장높은 미국은 자영업 성장율이 낮으나 개인주의적 성향이 가장 높고, 달성도기 척도 경쟁력 척도가 높게나타나 중소기업의 오너의 지위를 제외하고는 일본과는 많은 면에서 대조적이라 할 수 있다.

4. 창업성공의 장애요인

창업성공의 장해요인은 여러 가지가 존재하지만 자금조달의 불안이 창업성공의 최대 불안 요인이며 다음에 점포, 토지를 찾는 것과 고객 확보가 중요한 요인으로 등장하고 있다. 이러한 자금조달에 관한 불안도 사업을 경험해 본 사람은 확실하게 적은 것으로 나타났다.[4] 따라서 장래에는 현실의 자금조달 문제와 함께 자금을 조달하는 것이 곤란한 것이라는 인식일지도 모른다.[5]

신규 창업 후의 기업을 추적 조사한 연구는 실질적으로는 부족하다. 그러나 OECD의 고용동향조사(Employment Outlook Report)는 신규 창업기업 중 겨우 몇 기업만이 살아남고 또한 이러한 기업 중 몇 기업만이 성장하고 번영한다고 믿고 있다. 그러나 이러한 주장을 지지하는 실증적 증거는 거의 없다.

크레세이(Cressy)는 대규모의 데이터 샘플에서 영국의 신규 관련기업을 분석하고 기업의 생존에 긍정적인 영향을 주는 4가지 결정요인은 ① 창업가의 경험과 연령 ② 기업가 팀의 규모의 확대와 생존 ③ 관련된 일의 경험 ④ 직력이라고 주장하였다.[6] 이는 한국의 경우에도 해당된다고 하겠다.

---

4) Scottish Enterprise, The Green Book, Over view of the Findings from the Inquiry ofr Scotland's Business Brithrate Strategy, 1993.

5) Robert Gavron, Marc Cowling, Gerald Holtham & Andrew Westal, The Entreprenurial Society, Lnstitute for Public Policy Research, LONDON, 1998.

6) Cressy, R, Small Business Failure ; Failure to Fund or Failure to Learn? Paper presented at ESRC Workshop in Industrial Economics University of Durham, December, 1996.

02

창업의 유형과 절차

창업의 유형은 표면적으로 창업자 연령에 따른 형태이거나, 점포를 소유하거나 무점포 창업을 할 수 있다. 또한 소유와 경영의 형태에서 개인(창업자)이 제품을 결정하고 자금조달과 경영을 주도하는 자영업에 비해 여러 구성원들과 함께 팀중심(또는) 조합식 창업도 가능하다.[7] 그러나 창업에 있어 가장 본질적인 아이디어 원천, 혁신성 기준으로 나누면 다음과 같다.

1. 아이디어 원천

기술기반 창업 : 사업 아이디어가 전문적 기술과 노하우를 바탕으로 이루어지는 것으로 벤처창업이 대표적이다. 제조업(또는 서비스업)에서 주로 발생하며, 창업자 의사에 의해 독립적인 창업이 주를 이룬다.

시장기반 창업 : 시장 및 사회변화에 맞추어 시장의 수요에 기반하여 창업한 것으로 프랜차이즈(체인 가맹점), SOHO(Small Office Home Office), 소점포 창업이 해당한다. 서비스업이나 유통업에서 주로 발생한다.

7) 조병택, 경영학(1998), 「소기업의 창업과 회계」, 원광대학교.

2. 혁신성 기준

혁신창업 : 기존사업과 기술, 경영, 제품 등의 불연속적 혁신에서 사업화가 이루어진다.

모방창업 : 기존기업과 거의 같거나 매우 유사한 형태의 사업화를 말한다.

연령별 창업

[50대 : 안정적인 사업]

- 새로운 경력을 개발하는 기회가 다양하지 못하다.
- 경륜과 삶에 대한 지혜, 여유와 관대함을 접목할 수 있다.
- 가급적 보수적인 입장에서 유지, 모험이 적은 것을 선택한다.

- **장점** : 오랜 세월에 걸쳐 쌓은 사회 및 직장 경험이 힘을 발휘할 수 있는 연령이다. 퇴직금을 창업자금으로 이용할 수 있다.[8)]

- **주의점** : 실패시 재기하기가 어려우므로 만일을 대비해 어느 정도의 생활자금을 남겨야 하며, 체력과 기력의 한계를 고려한 여유 있는 사업계획을 세워야 한다. 신체적 연령보다는 정신적 연령의 중요성을 인식하고 열성적으로 노력한다면 오랜 경험으로 다져진 노련미

8) 50대의 경우 고령자 창업범위에 대해 고려할 필요가 있다. 노인계층 및 비노인계층을 상대로 하는 전문가 활용사업, 비전문가 활용업종 등으로 구분하여 창업을 생각할 수 있다. 자세한 업종구분은 정경배(1999), "고령자 창업 지원에 대한 정책방향," 노인복지연구 99 봄호: 9-29.를 참조하기 바란다.

와 조화를 이뤄 성공의 가능성이 높다. 따라서 창업에도 다이어트 전략이 요구된다. 소자본으로 시작하는 것이 업종 선택의 기본요령이다.

50대는 노후의 안락한 생활을 염두에 두고 저축과 안정된 수입원을 선호하는 시기이다. 건강에 대한 높은 관심, 편리성 추구, 안정 희구 등이 이 연령층의 대체적인 특성이다. 따라서 50대에는 안정적인 사업 아이템을 택해 '안정창업'을 모색하는 것이 좋다. 안정창업에 알맞은 업종으로는 점포형 사업과 임대형 사업이 있다. 주유소 사업, 인재 파견 서비스업, 노인 취업 정보센터, 편의점, 양복점, 캐주얼웨어 전문점, 제과점, 원룸주택 임대업 등이 여기에 속한다.

[40대 : 전문적인 사업]

- 자기업무 분야에서 최고의 실무를 십분 활용할 수 있다.
- 인적특성이나 보유자원의 관점에 적합한 것.

- **장점** : 사람을 다룰 줄 알며 판단력도 갖추고 있다. 인맥, 자금, 지식이 충분하다.

- **주의점** : 조직에서의 위치가 안정되어 있으므로 독립 시 신중해야 하며 실패할 땐 다시 취직하기가 어렵다. 창업 이전까지 누리던 직위는 통용되지 않는다는 점도 명심해야 한다.

40대에는 직장에서 쌓은 전문성을 살리는 '전문창업'이 바람직하다.

해당 업종으로는 전문제품 무역업, 통신판매업, 조경 사업, 유통업, 전문 여행업, 해상화물 운송업, 손해 보험 대리점업, 프랜차이즈 기획업, 건물 위탁관리업, 대형 피자집, 셀프 세차장 사업 등이 있다.

[30대 : 경적인 사업]

- 자신의 적성에 맞는 분야를 찾아 창업을 추진한다.
- 사회생활 및 일정분야에서 자기의 기반을 최대 활용
- 책임이 다른 연령층보다 무거우며, 운신의 폭이 신중함
- **장점** : 사회적 경험이 어느 정도 있다. 그동안에 쌓아둔 인맥으로부터 어느 정도 도움도 받을 수 있으며, 사업을 예측할 수 있는 능력도 있다. 또 활동력이 풍부하며 자신의 전문분야에서 쌓은 실력이 뒷받침된다.

- **주의점** : 자신의 능력을 과신할 경우 독선적인 사업운영으로 실패할 가능성이 크다.

30대에게는 21세기 유망사업 분야를 겨냥한 '선택창업'이 적합하다. '창업의 환갑은 35세'라는 말이 있듯이 앞으로는 30대가 창업세대의 주류를 이룰 것이다. 고급 인재 탐색업, 인터넷 카페, 사무기기 청소 및 수리대행업, 전문영어학원사업, IP(Information Provider) 사업, 여행설계컨설팅, 사이버 헬스클럽 사업, 퀵서비스업, 풍선 장식업 같은 사업이 유망하다.

[20대 : 모험적인 사업]

- 실패하더라도 재기의 가능성이 높다.

- **장점** : 체력과 기력이 왕성하며 독특한 아이디어가 나올 소지가 많다. 자신만의 아이디어를 잘 살리는 것이 중요하며 특히 컴퓨터 등 새로운 분야의 사업으로 진출할 수 있다.

- **주의점** : 사회적 경험이 적기 때문에 사업에 대한 준비나 계획이 완전하지 못하면 다른 사람에게 속기 쉽다.

20대에는 패기와 자신감을 밑천 삼아 '모험창업'을 꾀하는 것이 좋다. 정보 검색 안내업, 전세계 바겐세일 정보 제공 및 수입 대행업, 패션 플래닝업, 꽃배달 전문업, 집안청소 대행업, 연예인 매니지번트, 초상권 관리 대행업 등 국내에 별로 알려지지 않은 업종이 시도해 볼만한 분야이다.[9]

상술한 범위에 해당하는 인허가 업종들은 특히 시장형 사업을 구분하면 다음과 〈표 8-4〉와 같다.

9) 중소기업청(2001), 소상공인 창업가이드.

〈표 8-4〉 시장형 창업의 업종 구분

구분	업 종
허가	식품제조 · 가공업, 의약품제조업, 화장품제조업, 먹는 샘물제조업, 의료용구 및 위생용품제조업, 고압가스판매업, 용역경비업, 소방용기계기구 제조업, 숙박업, 식품접객업, 음식점업, 유기장업, 유료노인 복지시설, 유료직업소개소업, 석유판매업(주유소), 의약품도매업, 전당포업, 폐기물처리업, 중고자동차매매업, 인터넷. 컴퓨터게임방 등
신고	장난감제조업, 세척제제조업, 건설기계 매매업, 무역업, 무역대리업, 먹는샘물, 수처리제 및 용기수입업, 기술관련서비스업, 결혼상담업, 교습소, 노래연습장, 동물병원, 만화대여업, 목욕장업, 세탁업, 옥외광고업, 위생관리용역업, 이 · 미용업, 장례식장업, 체육시설업, 혼인예식장업 등
등록	부동산중개업, 비디오감상실, 안경업소, 약국, 자동차 운전알선업, 음반판매업, 창고업, 전기용품제조업, 공해방지시설업, 승강기 및 부품제조업, 출판인쇄업, 계량기수리제작업, 농약제조판매업, 다단계판매, 외국간행물수입업, 여행업, 전문서비스업, 학원 등

주 : 기타 위 업종 외의 의류, 신발, 악세사리, 문구, 완구 및 양곡 등 일반도 · 소매업종은 사업자등록만으로 창업이 가능함.

자료 : 중소기업청(2001), 소상공인 창업가이드.

〈표 8-5〉 최근 4년간 성공업종과 실패업종[10)]

연도	국민소득	성 공 업 종	실 패 업 종
1995	8,000	생활한복점 어린이 사진관 어린이 패션숍 패스트푸드점 족발배달점	실버용품점 CD롬대여전문점 덮밥전문점 즉석소시지전문점

1995	8,000	장난감대여점 캐릭터용품점 즉석 동화책방	
1996	9,500	꽃체인점 팬시용품전문점 패션내의전문점 발관리전문점 포토아트점 즉석김밥전문점 도시락전문점 삼겹살전문점	탕수육전문점 학습비디오전문점 다트전문점 조기교육용품점
1997	10,000	목욕탕전문점 위탁가맹편의점 파티용품점 비디오편의점 우동전문점 라면전문점 칼국수전문점 건강이유식전문점	영상독서실 구두세탁소 즉석두부전문점 실내사격연습장 할인서비스업 만화대여전문점 스티커포토숍 자동차약국
1998	6,000	생활용품할인점 아동복할인점 즉석명함방 과일편의점 바지락칼국수 곱창전문점 할인생등심전문점 컴퓨터공부방	

이러한 부문에서 소상공인의 창업과 가장 밀접한 관련을 지니고 있는 시장지향형 창업절차의 공통적인 절차를 설명하면 다음과 같다.[11]

① 제 1단계 : 업종선정 및 사업계획 수립

창업의 첫 번째 단계는 창업하고자 하는 업종을 선정하는 일이고, 업종이 선택되면 업종의 성공가능성을 사업성 분석을 통하여 살펴보고 나서 사업계획을 수립한다. 업종선정단계에서 경쟁우위 제품여부, 고정설비투자 규모의 크기 여부, 기술적 발전가능성 및 시장의 수요확대 가능성, 자금조달 가능성, 시장의 수용변화 및 관련분야로의 사업연계성 등을 고려한다.

② 제 2단계 : 사업의 인 · 허가 및 회사설립

사업의 인 · 허가 여부를 파악한 후 해당관청에서 법적인 인 · 허가를 취득해야 한다. 즉, 인 · 허가 관련 제도에 따라 창업자는 개인기업 또는 법인기업 형태 등으로 사업주체를 결정하여 사업자등록증이나 법인설립등기를 하여야 한다.

개인기업은 사업개시일로부터 20일 이내에 사업장을 관할하는 세무서에 사업자등록신청서를 제출하고 사업자등록증을 교부받아야 하고, 법인기업은 관할 지방법원이나 등기소에 설립등기를 한 후 30일 이내에 관할 세무서에 법인설립신고를 하여야 한다.

이를 도 · 소매업과 서비스업으로 구분하면 창업절차는 다음 〈그림 8-1〉과 〈그림 8-2〉와 같이 도시된다.

---

10) 중소기업청(2001), 소상공인 창업가이드.

11) 조병택, 경영학(1998), 「소기업의 창업과 회계」, 원광대학교.

〈그림 8-1〉 도·소매업의 창업절차

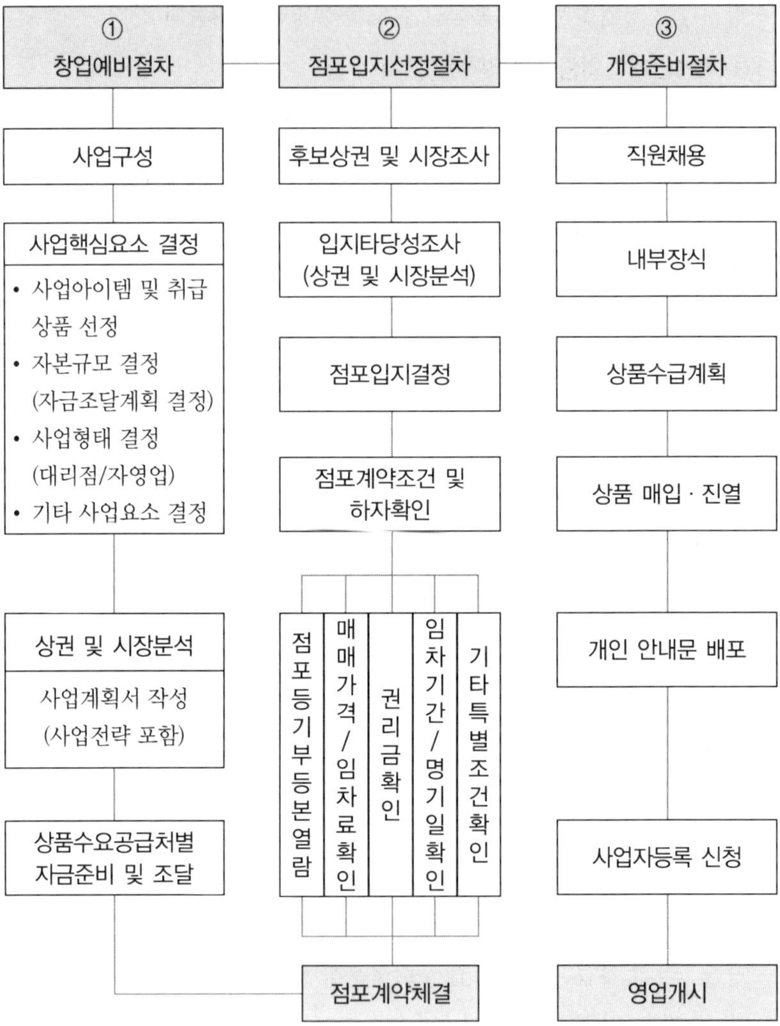

자료 : 중소기업청(2001), 소상공인 창업가이드.

〈그림 8-2〉 서비스업의 창업절차

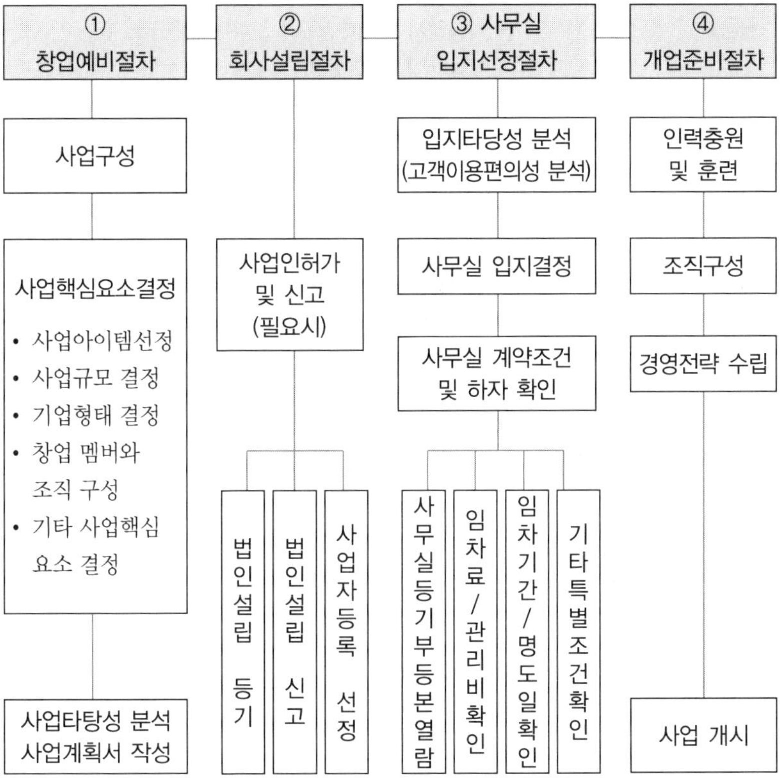

자료 : 중소기업청(2001), 소상공인 창업가이드.

이러한 흐름에서 제 1단계에서 주의하여야 할 사항인 창업준비의 Check Point를 도시하면 다음과 같다. 우선 자신을 중심으로 활용가능한 자원을 확인하고, 아이템을 선정한 후 구체화하여 사업계획서를 작성한다〈표 8-6 참조〉.

〈표 8-6〉 창업 준비의 Check Point

step Ⅰ. 창업시 전제조건?
(자신, 가족협력, 지인의 협력, 활용자산)

⬇

step Ⅱ. 창업 Item?
(경험, 지식, 자격, 특허, 틈새item, 자산, 인허가)

⬇

step Ⅲ. 창업할 장소?
(입지선정지식, 업종 및 영업상태에 따른 입지선정)

⬇

step Ⅳ. 영업 방침?
(판매처, 취급상품, 판매방법, 구입처 선정)

⬇

step Ⅴ. 사업계획 수립?
(투자계획, 손익계획, 손익계산서 작성, 목표매상고와 비교검토, 월차계획 작성)

⬇

step Ⅵ. 사업계획서 작성?
(사업계획서 정리 · 작성)

⬇

step Ⅶ. 창업자본금 상환계획?
(자본 계획, 자금 차입처 선택, 유의점)

⬇

step Ⅷ. 사업개시 준비?
(사업형태의 선택, 창업에 필요한 신고, 종업원확보)

⬇

step Ⅸ. 창업 첫날 준비?
(개업안내, 개업기념개최 기획, 오프닝 세레모니)

자료 : 중소기업청(2001), 소상공인 창업가이드.

9

벤처기업의 등장

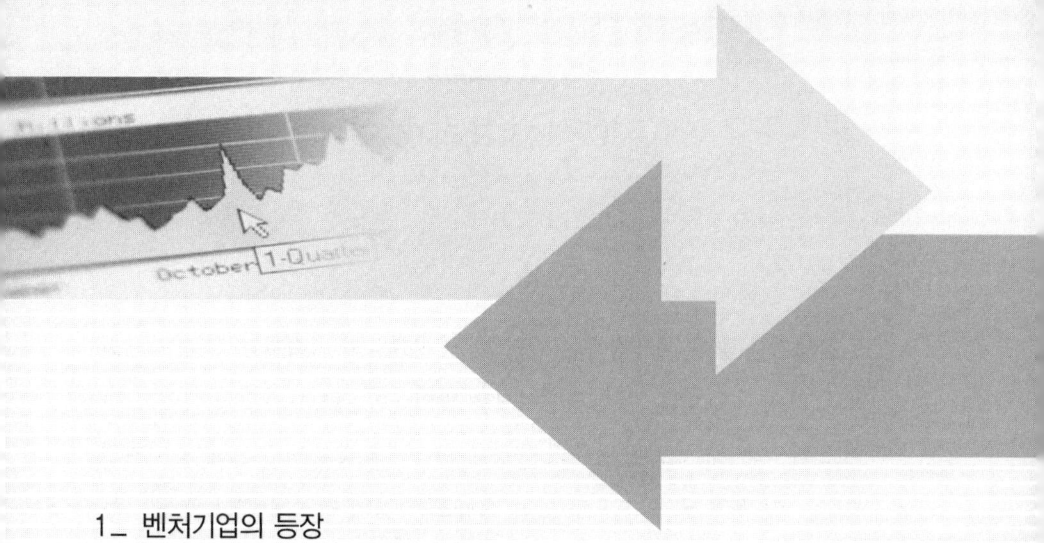

세계경제 속의 한국은 중화학공업 중심의 대기업에 의한 성장체제를 갖추고 대량생산에 의해 '한강의 기적'을 이룩하였으나 현재는 정보화 및 국제화의 새로운 환경요인에 부딪히며 전략의 부재로 인하여 금융위기를 겪어 구조조정 등 새로운 패러다임의 전환이 요구되고 있다. 다시 말하면 노동집약적이고 성숙기술 중심의 산업구조로부터 탈피하여 기술집약적인 고부가가치 산업위주의 구조로의 전환이 시급한 현실이다.

01 벤처기업의 등장

21세기를 맞아 세계경제는 개방화, 국제화로의 급속한 진전을 맞이하고 있으며 국경 없는 무한경쟁시대를 맞이하여 정보통신혁명 그리고 바이오 테크닉 등 새로운 업종의 등장은 환경변화에 더딘 관료화된 대기업보다는 발 빠르게 움직일 수 있는 소규모 기업의 창업에 대한 관심이 높아지고 있다〈표 9-1 참조〉.

1980년부터 1997년까지만 해도 대개의 대기업은 중화학공업이었고, 벤처기업의 위치는 하청 중소기업의 역할이 주를 이루었으나 1998년 이후에는 대기업이 정보 및 바이오산업으로 움직여지고, 벤처기업도 정보 및 바이오의 축적으로 이뤄진 소규모 독립기업으로 이루어지게 되었다.

〈표 9-1〉 벤처와 대기업의 시장위치 변화

	대기업 축적산업	벤처기업 축적산업	벤처기업 위치
1960 - 1979	경공업 → 중화학공업	경공업	중소기업
1980 - 1997	조립가공의 중화학공업	중화학공업 하청	중소기업
1998 -	중화학공업 → 정보 및 바이오	정보 및 바이오	벤처의 독립된 성장기대

기술집약적인 소규모 기업 즉, 벤처기업은 첨단산업을 중심으로 기술개발과 혁신을 통하여 고수익을 올리는 것은 물론, 기술개발, 고용창출, 그리고 국내외적으로 경쟁력확보를 통해 경제성장에 공헌하는 주요원천이 되고 있다.[1)]

그러나 하이테크를 기반으로 하는 벤처기업의 경우 다른 소기업에 비해 실패의 확률이 낮은 것으로 보고는 있으나 제한된 자원과 기존재무시장의 접근이 용이하지 않기 때문에 많은 신생기업의 경우 사업을 시작한 지 1년 내에 30%가 도산한다고 한다.[2)]

따라서 벤처기업은 경험보다는 정력적인 기업가 정신으로 독자적이고 고도로 높은 기술과 경영 노하우를 무기 삼아 자력으로 신규시장을 개척해 가는 젊은 기업이라는 특징을 지니고 있다.

탈공업화(脫工業化)시대의 도시화가 진행되는 과정에서 고도의 전문지

1) Timmons, J. A., & W. D. Bygrave, Venture capital's role in Financing Innovation for Economic Growth, Journal of Business Venturing vol.1 pp. 161~176.

2) Maier, J. B & D. A. Walker, The Role of Venture Capital in Financing Small Business, Journal of Business Venturing, 2, 1987, pp. 207~214.

식과 새로운 기술을 가지고, 창조적 · 모범적 경영을 도모하는 모험회사이기도 하며, 기업이라는 의미를 부여하여 모험기업, 신기술기업, 기술집약기업, 지식집약적 중소기업, 연구개발형 기업, 하이테크기업 및 벤처기업 등으로 다양하게 불려지고 있다. 본 장에서는 벤처 비즈니스의 정의와 특징, 그리고 향후 창업전망 등을 전망하고자 한다.

02 벤처 비즈니스의 개념과 정의

1. 벤처기업의 학술적 정의

벤처(Venture)는 Adventure의 유사어로 모험적 행위 또는 모험적 기업이라는 뜻으로 모험적으로 새로운 분야에 진출한 기업을 말하며, 전통적인 기업체제에서 벗어난 비교적 소규모적인 기업을 말한다. 일반적으로 첨단기술, 새로운 아이디어를 사업화하는 데 있어서 위험(risk)을 수반하여 수익성이 높지만, 투기성 사업을 포함하는 의미는 아니다. 자기의 노력이나 기술에 의하여 성과가 좌우되며 불확실한 조건하에서 도전하는 진취성이 매우 강한 기업이다.

학술적인 면에서 보면, 벤처기업이라는 용어는 첨단기술산업(High Technology Business), 신기술기반사업(NTBF : New Technology-Based

Firm), 모험기업(Risky Business), High-Tech Business 등 다양한 용어들과 혼용되고 있다. 간혹 소수의 핵심업자가 기술혁신 아이디어의 개발과 상업화를 기본 동기로 한다든가, 연구개발을 강조하거나 기술적으로 새로운 지식을 이용하는 데 중점을 두기도 한다.

보통, 미국에서는 첨단 중소기업(High-technology small firm)을 지칭하고 위험성은 크나 높은 수익이 예상되는 기업(High risk & High return)을 말한다. 또한, 유럽이나 일본에서는 '신기술기반기업(NTBFs)' 이란 정의가 주로 사용되고 있는데 이는 신기술의 사업화를 촉진시키기 위해 정책적으로 육성 · 지원을 하려는 목적을 가지고 있어서 대상의 제약성을 가지고 있다.

외국의 문헌에서 벤처기업에 대한 대표적인 정의들을 살펴보면, 두 가지 부류로 나누어진다. 첫 번째 학자들은 벤처기업이 수행하는 본질적 기능 또는 역할 측면, 즉 혁신의 수행 또는 모험(위험) 감수라는 점에 주안점을 두고 있다. 돌링거(Dollinger, 1995)와 노나카(野中郁次郎, 2002) 등은 창조적 혁신과 이노베이션 그리고 혁신의 수행에 역점을 두었다.

두 번째 학자들은 특정산업 내에 속한 신생기업들을 지칭하는 경향이 있다. 맥두겔과 로빈슨(Mcdugall& Robinson, 1990), 바첼러와 맥두겔(Bachler & Mcdugall) 등은 하이테크와 기술기반사업을 중심으로 정의하였고 기요나리(清成忠南, 1996), 후쿠다(福田昌義 외, 2002) 등은 지식집약적 기업과 신기술과 서비스의 개념으로 벤처를 정의하였다.

그 외에 선행연구들은 벤처기업의 특징에 대해 국가사회 · 경제적 측면에서 수출 · 고용 · 세금 · 연구개발 · 혁신 등의 부문에 상당한 기여를 한다는 점, 고용창출을 경제성장에 공헌한다는 점 등을 다루기도 한다.

세 번째 캐이블과 셰인(Cable & Shane, 1997)과 사피엔자와 굽타(Sapienza & Gupta, 1994) 등은 벤처캐피탈과 연관지어 벤처기업을 설명하고 있는데, 이는 벤처기업의 위험성과 수익성을 같이 인식하는 정의로 볼 수 있다.〈표 9-2 참조〉

〈표 9-2〉 외국의 벤처기업의 정의와 특징

연구자	정의 및 특징
Dollinger (1983)	소수의 핵심창업자가 기술혁신과 아이디어의 개발, 새로운 지식을 이용하는데 중점을 둔 회사 또는 이를 상업화하려는 동기를 기본적으로 갖고 설립한 회사, 특히 기존의 여타 기업에 부속된 별개의 사업부나 계열회사가 아닌 자본적으로 완전히 독립된 사업체
Sapienza & Gupta (1994)	New Venture와 Venture라는 혼용하면서 연구 샘플로서 벤처기업을 Venture Capital의 지원관계를 맺고 있는 biotechnology, 컴퓨터와 같은 high- technology 산업내의 (중소)기업으로서 조직연령이 평균 4년인 기업으로 정의
Cable & Shane (1997)	벤처캐피탈 은행과 함께 시작한 기업이라고 정의하고 new venture 및 기업가라는 용어와 혼용
Dollinger (1995)	창조와 혁신, 모험과 불확실성에 도전으로 새로운 결함을 창조하는 기업가 정신을 바탕으로 하는 신생 소기업으로 정의
Mcdugall and Robinson (1990)	High technology 기업을 연구하면서 컴퓨터와 통신장비분야의 장비 제조업체들을 연구대상
Oviat and Mcdougall (1994)/ Zahra et al .(2000)	신생벤처 기업이란 6년 또는 그 이하의 회사로서 조직 생애주기상 초기의 시장에 진입하는 기업이라고 정의
野中郁次郎 (2002)	이노베이션을 주축으로 성취지향의 기업가가 리스크에 도전함으로써 그 꿈을 실현하는 기업

清成, 中村平尾 (1971)	연구개발 집약, 또는 디자인개발 집약적인 능력 발휘형의 창조적 신규 기업
水野博之 (1998)	하이리스크 하이리턴형의 급성장 기업
清成忠南 (1996)	지식집약적인 현대적 이노베이터 중소기업
福田昌義 외 (2002)	신기술 서비스의 개념을 갖고 리스크를 갖고 성공 시 하이리턴형의 기업

자료 : 이춘우(2001), "벤처기업의 개념 및 특징에 관한 선행문헌 검토," 충북대학교 산업과 경영 13(2): 1-30. 金井一頼 외 ベンチャー 企業經營論, 有斐閣, 2002.

우리나라에서는 venture, venture business를 음역인 '벤처 비즈니스' 라고 하고 의역인 '연구개발형 기업' 또는 '기술집약적 기업' 이라고도 하며 지역에 가까운 '모험기업' 이라고도 부르고 있다.

국내 주요 선행연구들에서 나타난 벤처기업의 정의들을 살펴보면 모험기업의 용어를 사용한 김영우(1983), 나중덕(1984), 손병문(1984), 이진주(1986) 등의 학자와 벤처기업의 용어를 사용한 강문수(1987), 고중선(1991) 등을 들 수 있다. 모험기업의 경우 첨단산업에 도전하는 고위험과 고수익을 특징으로 하는 기업이라 할 수 있다. 벤처기업으로 정의한 경우에는 새로운 기술, 기술집약적 특징을 중심으로 연구개발형 기업으로 인식하고 있다.

두 정의가 다른 것이 아니고 어느 곳을 중점으로 보는가에 따라 의견을 달리 할 수 있으나 첨단산업과 새로운 기술이라는 점에서는 공통점을 갖는다고 하겠다. 우리나라의 벤처기업 특징을 살펴보면 다음 〈표 9-3〉과 같다.

외국기업의 벤처기업 정의와 우리나라의 벤처기업의 정의를 분석해 보았는데, 구미에서는 벤처캐피탈과의 지원관계를 논하는 경우가 일반적인데 일본과 우리나라에서는 벤처캐피탈이 아직도 일반적이지 않아 벤처캐피탈과의 관계의 정의는 거의 없다. 그리고 우리나라와 외국의 벤처기업의 공통점은 기술기반과 첨단산업을 중심으로 정의된 것이라 할 수 있다.

우리나라는 벤처기업이 자생적으로 발전했다기보다는 정책적으로 발전했기 때문에 벤처캐피탈이 포함되지 않은 정의가 일반적이었고, 구미에서도 초기에는 벤처캐피탈의 중요성이 인식되지 않았다. 그러나 지금은 실리콘벨리나 벤처기업이 발전된 곳에는 벤처캐피탈이 있으므로 벤처캐피탈과 벤처기업과의 관계는 너무나 당연하다고 하겠다.

이에 필자는 포괄적 개념으로서 벤처캐피탈의 주목을 받는 혁신적 기술(아이디어)을 파는 기업을 벤처기업으로 정의하고자 한다. 이는 시장중심으로 자본이 움직여야 함을 나타내는 말이기도 하다. 앞으로는 벤처기업은 정부중심보다는 시장중심적으로 움직여야 되기 때문이다.

〈표 9-3〉 우리나라의 벤처기업의 정의와 특징

연구자	정의 및 특징
김영우 (1983)	모험기업이라는 용어를 사용함. 왕성한 기업가 정신을 바탕으로 위험이 큰 첨단기술개발에 과감히 도전하여 새로운 시장을 개척하는 사업, 또는 높은 위험성에도 불구하고 그것의 성공가능성을 보고 이에 과감히 도전하는 기업
나중덕 (1984)	모험기업이라는 용어를 사용함. 기술수준이 높은 제품의 기업화를 위하여 위험부담은 높으나 성공할 경우 기대이익이 큰 사업을 기반으로 왕성한 기업가 정신을 가진 모험기업가에 의해 설립 운영되는 중소기업

손병문 (1984)	모험기업이라는 용어를 사용함. 중소기업으로 기업가 정신이 넘치는 경영자의 지도하에 독자적인 첨단기술이나 경영의 노우하우를 무기로 자력으로 신규시장을 개척해 나가는 젊은 기업
이진주 (1986)	모험기업이라고 함. 기술수준이 높은 신규기술의 기업화를 위해 기업가 정신이 강한 기술창업인 또는 기존기업인이 창업 또는 점진적 기술축척을 통해 위험부담은 높으나 성공 시 기대이익이 큰 사업을 대상으로 운영하는 중소기업
강문수 (1987)	벤처기업이라는 용어를 사용함. 기술집약형, 연구개발형 신생기업으로서 고도의 기술과 경영 노우하우를 기초로 하여 기존 기업이 만족시킬 수 없는 새로운 수요를 개발하고 새로운 수요기회를 창조하는 신생기업
고중선 (1991)	새로운 기술이나 경영노우하우를 가지고 신규시장을 개척할 것, 기업가 정신을 발휘할 것을 들고 있다. 구체적으로 규모면에서 중소기업형태 또는 신생창업형태, 지분 면에서 거대기업을 모기업으로 둔 계열사가 아닌 독립적인 기업일 것, 산업면에서 형성기 및 적어도 성장기에 있는 신생산업에 속할 것, 창업당시 기업가 개인이나 몇몇 개인들이 의기투합하여 설립한 중소기업일 것 등을 제시함
이장우 (1997)	고위험과 고성과를 특징으로 하는 기술집약적인 중소기업으로서 소수의 기술창업인이 기술혁신의 아이디어를 상업화하기 위해 설립한 신생기업, 높은 위험부담은 있으나 성공할 경우 매우 높은 기대이익이 예상되는 기업, 모험적 사업에 도전하려는 왕성한 기업가 정신을 가진 기업가에 의해 주도되는 기업

자료 : 이춘우, "벤처기업의 개념 및 특징에 관한 선행문헌 검토," 충북대학교 산업과 경영 13(2): 1–30, 2001.

2. 벤처기업의 기술적 정의

실무적인 측면에서는 미국은 "중소기업투자법"에서 '위험성이 크나 성공할 경우 높은 수익이 기대되는 신기술 및 아이디어를 독립기반 위에서 영위하는 신생기업' 으로 정의하고 있고, 일본은 '중소기업으로 R&D 투자비율이 매출액의 3% 이상인 기업으로 창업 후 5년 미만인 기업' 으로 보고 있다.

한편, OECD는 'R&D의 집중도가 높은 기업' 또는 '기술혁신이나 기술적 우월성이 성공의 주요 요인 기업'을 지칭한다. 지금까지 논의한 벤처비지니스 특징의 국제비교를 살펴보면 다음과 같다.〈표 9-4 참조〉

〈표 9-4〉 벤처기업의 국제비교

	미국	일본	대만	한국
특징	- New Business with high risk-high return - 대개 벤처캐피탈이 투자한 기업	- 특정 중소기업자 - R&D 비율이 3% 이상 - 업력 5년 미만	기술집약형 기업 (2년마다 정부에서 지정)	New Business with high risk-high returm - R&D 비율이 5%이상 - 창업 후 7년 이내 - 벤처캐피탈투자형, 연구개발집약형, 특허 신기술형, 벤처기업평가기관 우수평가형

자료 : 벤처기업지원 시책, 기술신용보증기금, 1984. 4 ; 벤처기업 확인요령, 중소기업청 제 2000-6호, 2000. 5. 30 ; 중소기업청 벤처넷 http//venture.smba.go.kr

상술한 특징에서 보면 한국 벤처기업은 선진 각국에서 적용하고 있는 기준을 대부분 채용하고 있음을 알 수 있다. 그러나 자세히 들여다보면 내용은 실질적으로 상이하다고 하겠다.

일본과 한국의 벤처기업이 미국과 다른 점은 벤처캐피탈이 투자했느냐의 존재 여부인데, 이는 시장을 전제로 하는 것이고, 한국과 일본, 대만은 벤처캐피탈 투자 여부보다는 정책적 입장이 강한 것으로 나타난다.

나름대로 이를 정의하는 것은 한국이 신규사업 여부와 상관없이 「벤처기업 육성에 관한 특별조치법」(1997)에서 지정한 요건을 충족하면 벤처기업으로 지정 · 등록되면 이러한 기업을 벤처기업이라 정의하는 제도를 지니고 있음에 기인한다. 이러한 지정요건 자체가 벤처의 본래의 모습에 어긋나기 때문에 논쟁의 여지가 많은 것도 사실이다.

특히 〈표 9-5〉에서 알 수 있듯이 벤처기업 평가기관을 중소기업진흥공단과 기술신용보증기금 그리고 기타 인정하는 기관이 우수하다고 평가한다는 뜻이야말로 시장에서의 평가보다는 정부기관의 평가라는 의미에서 정책적인 냄새를 풍기고 있다고 해도 과언은 아니다. 성소미(2001)는 벤처캐피탈투자형, 연구개발집약형, 특허신기술형, 벤처기업평가기관 우수형의 4개 유형으로 구분 짓고 있다.[3)]

〈표 9-5〉 벤처기업 지정제동에 의거한 한국 벤처기업유형

	벤처기업 지정요건
벤처캐피탈투자형	벤처캐피탈의 주식인수 총액이 자본금의 10% 이상인 기업
연구개발집약형	직전 사업년도의 총매출액에 대한 연구개발비의 비율이 5% 이상인 기업
특허신기술형	특허권 또는 실용신안권, 혹은 다른 법률에 의한 기술개발사업으로서 대통령령이 정하는 사업에 의해 개발된 신기술에 의해 생산된 제품이 직전 사업년도 매출액의 50% 이상 혹은 수출이 매출액의 25% 이상인 기업
벤처기업평가기관 우수평가형	창업 중인 기업으로 중소기업진흥공단, 기술신용보증기금, 기타 인정된 기관이 기술성 및 사업화 능력이 우수하다고 평가한 기업

자료 : 성소미, 전게서, p. 27.

3) 성소미, 『한국의 벤처-평가와 전망』, 비봉출판사, 2001, pp. 26~28.

한국은 현재(2001. 6. 24) 유형별로 보면 벤처평가 우수기업이 5,954(56%)개로 가장 많고 신기술 개발기업은 713(6.7%)개로 가장 적다. 그러나 벤처캐피탈 투자기업은 15%인 1,620개 정도에서 아직까지 시장보다는 제도와 정책에 의해 벤처기업이 정의되고 있음을 실증하기도 한다〈표 9-6 참조〉. 이러한 면에서 무늬만 벤처가 탄생하는 계기를 만들어 주었지만 시장에 의해 실패한 경우가 많아 벤처기업의 발전에 장애가 되는 경우가 많다고 하겠다. 지금부터는 시장에 의해 벤처가 탄생하고 성장, 평가되도록 하는 것이 바람직하다고 하겠다.

〈표 9-6〉 유형별 벤처기업 현황(2001. 6월 현재)

(단위 : 개)

구 분	벤처캐피탈 투자기업	연구개발 투자기업	특허기술 개발기업	신기술 개발기업	벤처평가 우수기업	계
기업수	1,620	1.093	1.326	713	5,954	10,706
비율(%)	15.13	10.21	12.39	6.66	55.61	100

자료 : 중소기업청 벤처넷 http//venture.smba.go.kr

이러한 유형 이외에 학자들의 논의에서 발견되는 유형은 다음과 같다. 크게 4가지로 나뉠 수 있다. 첫째, 벤처기업의 전략유형(strategy archetype), 둘째, 벤처기업의 창업자 유형(entrepreneur type), 셋째, 벤처기업의 조직특성 차이기준, 넷째, 다차원적인 통합모형 접근법을 취한 연구들에서 구분되어 나타나고 있다.〈표 9-7 참조〉

〈표 9-7〉 벤처기업 유형에 대한 주요 국외 연구

연구자	산업상황	구분기준	도출된 유형
McDougal & Robinson, Jr.(1990)	미국의 247개 신생벤처기업 정보처리산업의 장비제조업	경쟁방식 26개 항목	Aggressive growth (1) via commodity type ..., (2) via price competitive ..., (3) with narrow, special products... Controlled growth (4) with broad products range ..., (5) via premium price products ... Limited growth (6) in small niches ..., (7) selling infrequently purchased products ... (8) Average growth via steady development of channel ...
Carter et al.(1994)	미국 2,578개 신생벤처기업 6개 산업	경쟁전략 13개 항목	Super achievers, Price competitors, Niche purveyors, Technology value, Equivocator, Quality proponents
Bantel (1998)	미국 162개 청년기벤처기업 SIC35 산업 (반도체, 광학 등)	전략측정 32개 항목	K-specialist(direct sales & support), r-specialist(spin-offs), r-specialist(narrow market), r-generalist(tech. leadership), K-generalist(less clear strategy profile), r-generalist(broad & aggressive)
Miller (1983)	캐나다의 52개 제조기업, 여러 산업	조직구조 7개 항목	Simple firms, Planning firms, Organic firms
Gartner et al. (1989)	미국과 캐나다 107개 기업, 여러 산업	개인특성 4개 변수 조직특성 5개 변수 환경특성 3개 변수 창업과정 7개 변수	Escaping to something new, Purchasing a firm Roll over skills/contacts, Putting the deal together leveraging expertise, Aggressive servicePurchasing the unique idea, Methodical organizing

Westhead (1995)	영국의 소유경영자가 운영하는 227개 기업, 첨단기술산업	창업자특성과 조직 특성변수 13개	Technically qualified spin-out founders, Technically qualified novice founders utilizing the financial network, Mature managerially sophisticated business, Young firms with limited technical networks, established by inexperience founders

자료 : 하성욱, 김영배(KAIST), "우리나라 벤처기업 유형 : 벤처인증기업에 대한 실증연구, Preliminary paper.

이상과 같이 벤처기업이 무엇인가에 대해서는 학술적으로 명확히 통일된 개념은 없지만, 벤처기업으로 통칭되는 기업군은 크게 보아 두 가지 형태로 대별된다.[4] 하나가 미국식 경제풍토에서 유래된 '고위험-고수익' 이라는 단어로 함축되는 기업군을 지칭하는 경우로 이는 벤처캐피탈의 투자대상이라는 관점에서 정의되는 기업군이다.

미국식의 벤처캐피탈 투자대상의 벤처기업은 시장성과 창조성을 보기 때문에 이러한 벤처기업의 정의는 기업의 기술집약성이 특별한 중요성을 갖는 것이 아니며, '기술(technology)' 보다는 오히려 '혁신(innovation)'이 벤처기업의 본질로 파악될 수 있다. 다음으로, 흔히 신기술기반기업(New Technology Based Firms : NTBFs)이라고 불리는 기업군을 지칭하는 경우로 이러한 벤처기업의 정의에서는 높은 R&D 수준이 중요한 판별기준이 되며 급속한 기술발전에 유연하게 대응하는 신생 중소기업군이 관심의 대상이다.

앞서도 말했지만 우리나라의 「벤처기업법」에서는 두 가지 형태의 기업

4) 주현, 송하율, 박린, 『벤처기업 육성정책과 산 · 연 연계』, KIET 연구보고서, 1999년 11월 18일, pp. 3~4.

군을 모두 정책대상으로 삼고 있는 것으로 볼 수 있다. 한국적 특징을 감안할 때, 벤처캐피탈 투자대상보다는 우선 정부가 인정한 범위 내에 있는 것이 벤처기업이 된다는 특징을 인식하고, 일반적으로 논의되고 있는 한국적 정의의 공통점은 ① 고위험 대비 고수익을 목적으로 ② 첨단기술개발로 ③ 새로운 시장을 개척하기 위해 도전하는 기업으로 볼 수 있다. 이 정의는 개인성, 혁신성, 모험성(고위험 및 고수익성)의 의미를 담고 있다. 그러나 시장을 중심으로 한 벤처캐피탈이 빠져 있어 필자가 제시한 벤처캐피탈의 관심의 대상이 될 수 있는 것이 무엇보다 중요하다 하겠다. 이는 시장과 혁신성을 포함하기 때문이다.

03

벤처 비즈니스의 특징

1. 세계 벤처의 변화

미국은 90년대 들어 벤처기업의 활발한 창업 및 성장으로 경제활력과 산업경쟁력을 회복하였으며, 정보통신(23.7%), 소프트웨어(22.6%), 컴퓨터(21.8%), 생명공학(16.8%), 반도체(8.2%) 등 컴퓨터 · 정보기술업종 중심으로 분포하고 있다. 일본은 96년말 현재 일본 내 약 4,500개 벤처기업이 활동(日經 벤처비즈니스연감 97)하고 있으며, 전자(14.7%), 소프트웨어(9.1%)뿐 아니라, 서비스(16.4%), 유통분야(8.7%)의 비중도 높다. 대만은 96년 말 현재 첨단과학기술분야를 위주로 700여 개의 벤처기업이 활동 중이며, 업종은 컴퓨터 · 주변기기(41개), IC 제조(56개), 통신설비(30개), 광학전기(26개) 등의 순으로 성장 중이다.

한국은 2001년 6월 현재(중소기업청 벤처넷) 벤처 10,706개 중 정보처리 및 컴퓨터(3,611개), 전기기기 및 장치제조업(1,279개), 영상, 음향 및 통신장비제조업(1,173개), 기계제조업(1,103개), 석유화학(758개) 등이 활동하고 있다. 한국의 경우 벤처기업이 시장보다는 제도적인 입장에서 파악되고 있는 기업의 수이긴 하나 다양한 업종에서 역동성이 매우 높은 것으로 판단된다. 대다수 기업의 업종이 선진국과 같은 정보처리 및 컴퓨터나 전기기기, 영상, 음향 제조업의 비중이 높다.

2. 벤처 사이클

벤처경영은 벤처기업을 설립하고 운영하는 과정에서 사업기회와 필요자원 간의 격차를 해소하고 창조적으로 해결하는 과정이다. 다만 이는 기업가가 의도된 사업을 추진할 경우와 의도되지 않은 요인으로 인해 사업을 시작할 수도 있고, 어떤 의미에서 인지된 행동통제(perceived behavioral controll)만을 한다고 판단할 수 없지만 일반적으로는 〈그림 9-1〉과 같은 벤처사이클로 인해 창업이 시작되는 것이다.

개인의 강한 의지만으로 창업할 수 없기 때문에 독립의지와 위험감수능력이 합쳐진 다음에 신제품(서비스 포함)을 사회에 내놓는 과정이 필요하다. 성취욕구, 독립정신, 실현 가능성과 사회성이 연결되는 사이클을 벤처사이클이라 칭한다.

〈그림 9-1〉 벤처사이클

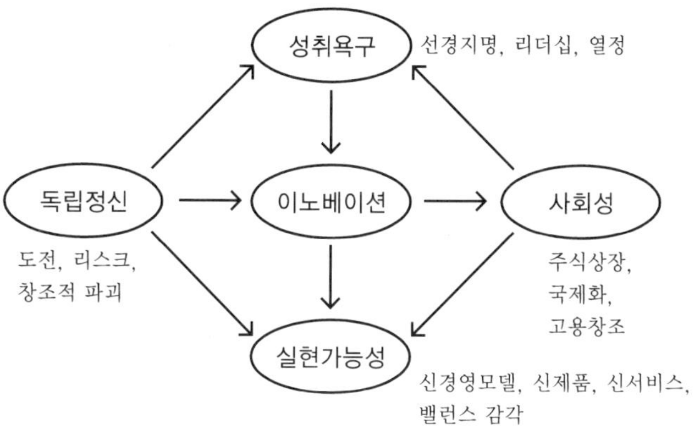

벤처기업은 혁신적인 아이디어(두뇌)를 파는 기술집약형 기업으로 필자는 인식하므로 무엇보다도 사업 아이디어와 지식체계, 그리고 사업화가 중요하다. 사업기회의 탐색은 고객욕구와 본인의 기술, 기능, 경험을 중심으로 사업 아이디어(신제품, 신서비스)를 창조하는 과정이 필요하다.

3. 벤처 비즈니스의 특징

(1) 기술집약적(Technology Intensive) 비즈니스

기존의 산업들이 노동집약적 혹은 자본집약적인 반면, 벤처 비즈니스는 기술집약적이다. 참여기업들은 주로 전문화된 고급 두뇌들이 높은 기술력을 통해 경재우위를 달성하고자 하는 벤처기업들이 주종을 이룬다.

더구나 새로운 기술을 접목하고자 하는 욕구가 높은 만큼 기술적 불확실성을 품고 있는 특징이 있다. 연구개발에 대한 투자가 크며, 기술차별화를 통한 시장 차별화를 고려한다.

한국의 경우, 매출액 대비 연구개발 투자비율이 높고, 기술 및 기능직 인력의 구성비가 매우 높다. 일례로 연구개발 투자가 매출액에서 차지하는 비중은 벤처기업(9.89%)이 일반중소기업(3%)보다 세 배에 이르며 종업원 수에서 연구원의 비중 역시 벤처기업은 0.147로서 일반중소기업의 0.065를 크게 상회한다.〈표 9-8 참조〉

〈표 9-8〉 **벤처기업과 일반중소기업의 연구개발활동 비교(1997년)**

(단위 : 10억 원, 명)

연도	매출액 (A)	연구개발 투자(B)	B/A (%)	종업원수 (C)	연 구 원					D/C (명)
					박사	석사	학사	기타	계(D)	
벤처기업	2,840.7	280.8	9.89	20,810	103	880	1,944	139	3,066	0.147
일반중소기업	31,023.1	933.7	3.01	188,899	402	2,971	8,047	416	12,254	0.065

자료 : 배광선, 주현, 송하율, 박린, 최신림, 「벤처기업의 발전전략」, KIET(21세기준비 연구보고서 시리즈 2000-16). p. 9.

(2) 시장창출형 비즈니스

전통적인 산업영역의 기업들은 시장의 욕구를 대량적인 광고를 통해서 통일화하였다. 그러나 벤처기업이 개발하는 기술과 마케팅은 소비자의 욕구를 통일화하는 것이 아니라 그 차이를 개발하고 접근하는데 용이한 특징을 지니고 있다. 기술개발 및 생산, 그리고 마케팅까지 유연하게 대응할 수 있는 조직을 충분히 준비할 수 있다. 주로 틈새시장에서 거점을 확보하고 점점 고급제품이나 글로벌 경쟁제품을 개발해 나가는 특징을 지닌다.

(3) 기업가 정신으로 무장한 비즈니스

많은 첨단기술 신생기업들이 발생되는 이유는 창업을 하려는 의지에 기인하는 바가 크다. 기존의 직장을 떠나서 새로운 창업을 기대하는 이들이나 창업기회를 의도적 또는 비의도적으로 발견한 이들은 고성장이 예견되는 새로운 산업에 참여함으로 기존의 봉급이나 대우 이상을 받게 된다는 신념을 확인하면서 이루어진다. 무엇인가 새로운 기회를 통해 자신의 것을 이루어나가려는 혁신적 기업가 정신이 벤처 비즈니스에는 충만하다. 이는 궁극적으로 새로운 시장과 산업을 창출해가는 주요한 원동력으로 판단된다.

한국의 경우 창업자의 학력수준이 높고, 자신의 전문분야의 기술력을 흡수하고 있다. 주로 이공계 출신으로 창업 이전에 대기업에 일한 경험이 있거나 산업체와 공동 프로젝트를 수행한 실적이 있다.

(4) 주식시장(벤처캐피탈 지원)을 통한 자금확보가 절대적인 비즈니스

일반적으로 기업은 기업경영성의 안정성을 위해 지분확보가 중요하지만, 기업공개나 매각을 통해 주식의 가치를 높이는 기업공개전략이 매우 중요하다. 기존 금융권에서 자금확보가 원활하지 않아 공개된 시장에서 조달을 필요로 한다. 이 역할을 벤처캐피탈이 지원하고 회수하는 특징을 지니고 있다.

(5) 글로벌화 속도가 빠른 비즈니스

전통적인 산업의 기업들이 글로벌화를 추진하는 데는 많은 시간과 경험이 필요하다. 그러나 벤처기업들은 창업 초기부터 글로벌화 된 시장에 필요한 기술 및 제품 컨셉을 개발하는 특징이 있다. 시장영역이 국한된 국내시장이 아니라 개발 초기부터 전세계 고객들이 필요한 제품과 서비스 개발에 많은 초점을 둠으로 인해 기술개발 경쟁을 급속하게 촉진한다. 자본의 조달측면에서 기술 및 마케팅까지 글로벌 접근을 신속하게 이룰 수 있는 특징을 지니고 있다. 즉, 지역화의 성공은 곧 글로벌적인 성공으로 이어지고 있다.

따라서 벤처 비즈니스는 산업 내에서, 첫째, 기존의 산업조직에 새로운 활력과 변화를 넣어준다. 둘째, 벤처 비즈니스는 새로운 기업관계를 형성하고 그것은 외부경제 의존형의 새로운 산업조직을 전개시킨다. 셋째, 이때 각 기업은 전문기능과 주체성을 가지고 대등하게 결합하기 때문에, 대기업을 정점으로 하는 피라미드형의 결합이 아니고 가벼운 관계의 수평적 산업조직을 전개시킨다. 넷째, 시스템에 있어서는 자본적 결합이 아니라 전문기능을 매개로 한 상호 의존관계를 맺기 때문에 능력본위의 경쟁이 치열하다.

4. 창업가의 특성

우선 벤처기업의 주체인 창업기업가의 특징은 새로운 사회에 도전하고 모험을 즐기며, 변화에 대하여 예견력과 창조력을 지니며, 기업가 정신이 왕성한 사람들이다. 이들은 주로 미래의 산업을 선도하는 특징으로 인해 과거 경영자와는 판이하게 다른 특성을 지니고 있기도 하다. 〈표 9-9〉의 창업기업가와 경영관리자의 비교를 보면 알 수 있듯이 그 차이는 현존자원의 활용을 중시하기보다는 기회인식에 큰 집중성을 가지고 있을 뿐 아니라 공시적 위계의 수직적 조직과 비공식망의 수평적 조직이라는 점을 들 수 있다.

〈표 9-9〉 **창업기업가와 경영관리자의 비교**

주요사업차원	경영관리자	창업경영자
전략적 관점	현존자원에 의해 주도	기회 인식에 의해 주도
기회에의 대처	장기간의 전략적 입장	단기간의 혁명적 입장
자원의 투입	일 단계 의사결정으로 전적인 투입	다단계 방식으로 단계별 최소 투입
자원의 통제	필요자원의 직접 소유 내지는 고용	필요자원의 간헐적 활용 또는 임대
경영관리 구조	공식적 위계 중시하는 수직적 조직	다양한 비공식망 갖춘 수평적 조직
보상정책	기존자원의 범위 내 집행 단기자료에 기반 승진 한정된 자원	개인적 기대에 부응 경쟁체제의 활용 개인적 부 창조 가능성의 인식증진

자료 : Howard H. Stevenson, Michael J. Robert, and H. Iriving Grousbeck, New Business Ventures and Entrepreneur, 4th, Irwin, Burr Ridge, 1994. pp. 3~16.

이러한 기업(창업)가의 특징은 다음으로 종합되어진다.

첫째, 개성이 뚜렷하고 강한 활동력과 추진력을 겸비하고 있다.

둘째, 지적 능력과 고도의 전문기술을 지닌 고학력 기술자 출신이 많다.

셋째, 대기업, 대학 또는 연구소 등의 배태조직(incubating organization)으로부터 기술개발 경험과 경영관리 능력을 가진 경우가 많다.

넷째, 의사결정 및 추진력에 있어서 신속하다.

다섯째, 실패를 두려워하지 않는다.

Sandberg와 Hofer는 17개 기업을 대상으로 벤처기업의 성과가 창업인의 특성, 전략, 산업구조 등의 변수에 의해 그리고 이런 변수 간의 상호작용에 의해 영향을 받는다는 연구모형을 제시하였다.[5] 특히 Roure와 Maidique는 창업인의 과거경험, 창업인의 특성, 목표시장, 기술전략, 창업인과 벤처투자가 사이의 자본비율을 중심으로 8개 회사를 대상으로 실증연구를 하였다. 그 결과 성공한 기업일수록 창업자가 다른 사업과 함께 일한 경험이 많았고, 더 크고 완전한 창업팀을 구성하는 경향이 있으며 성공한 기업가는 벤처기업이 속한 산업에서 경쟁적이고 빠르세 성장하는 기업체에서의 근무경험이 있음을 알아내었다.[6]

이상의 특징에서 보면 우선 과거 전통적인 기업과는 달리 벤처기업가의 역할을 기대하며 산업이 국가를 이끈다기보다는 기업가가 국가를 이끈다. 더구나 경영은 창의성과 창조성을 충분히 발휘할 수 있는 경영흐름으로 진행하고 있으며, 산업차원에서는 역동적인 구조를 형성하는 역할을 하고 있는 것이다.

---

5) Sandberg, William R and Charles W. Hofer, Improving New venture Performance : the Role of Strategy, Industry structure, and Entrepeneur, Journal of Business Venturing,1987, pp. 5~28.

6) Roure Juan B and Modesto A. maidique, Linking Prefunding Factors and High TechnologyVenture succes : an Exploratory Study, Journal of Business Venturing, 1, pp. 295~306, 1986.

04

기업과 기술혁신

일반적으로 토지나 노동 및 자본 등과 같은 생산요소가 갖추어졌으면 기업은 운영된다. 그러나 기업이 이러한 생산요소를 합리적으로 활용하지 못한다면 기업은 성장하지 못한다. 이러한 성장기능과 밀접한 관계가 있는 것이 기업가 정신이라 하겠다. 요즈음 벤처 비즈니스, 하이테크 비즈니스 등의 등장으로 우리 기업이 새로운 활로를 찾고 있는데 그 중에서도 가장 중요한 것이 기업의 기술과 관련된 부분이라 하겠다.

기술의 정의는 다양하게 나타나고 있다. 메릴(R. S. Merrill)은 기술을 "어떤 유용한 것을 만들고 사용하고 또 유용한 수행하는 기법(skill), 지식 및 절차 등의 총합"으로 정의하고 있으며, 루트(F. R. Root)는 "제품생산에 적용될 수 있고 신제품을 창출할 수 있는 지식의 총체"로 정의하고 있다.[7)]

한편 UNCTAD의 정의에 따르면 기술은 생산에 필수불가결한 투입물로서 기계와 중간재를 포함한 자본재, 숙련되고 전문화된 인력 및 관리상의 인적노동 및 쉽게 이용 가능하고 자산적 권리가 따르는 기술과 상

7) Howard V. Perlmutter and Tagi Sagafi-nejad, International Technology Technology Transfre(N.Y. : Pergamon Press, 1981) pp. 5~6.

업상의 정보 등을 들고 있다.[8] 이러한 기술의 개념을 기계류, 공정, 제품, 서비스 및 생산방법 등의 생산기술에 한정되는 것이 아니라 엔지니어링, 관리 및 마케팅 등 지식이나 정보를 모두 포함하는 것으로 보고 있다.

그러면 기업은 이러한 기술을 어떻게 획득할 수 있는가? 기업이 기술을 획득하는 데는 자체개발과 외국기술을 도입하는 두 가지 방법이 있다. 외국기술의 도입은 다시 완전히 개발된 기술의 구매와 각 개발단계에서 필요한 기술을 개별적으로 도입하는 방법으로 나눌 수 있다.

본서에서는 기술이노베이션과 관련이 있으므로 기술이전이나 도입보다는 자체 기술 개발에 필요한 요소 중 특히 기술의 혁신은 중요한데 이 기술의 혁신은 같은 제품을 생산하는데 필요한 투입요소의 결합이 변하거나 제품 자체의 변화를 지칭한다. 주지하는 바와 같이, 기술은 기업의 기본적 성격을 규정하는 것으로 기업발달을 시켜주는 경제적 행위뿐만 아니라 기술의 기초적 요인과 관련되어 있는 사회적 행위나 문화적 행위도 관련되어진다.

물론 기술은 기업의 외생적 조건에 주어진 조건은 아니다. 기업이 발달하기 위해서는 내생적 조건으로서, ① 기술수준 ② 기술인력 ③ 기술과 관련된 연구개발비 ④ 경영자의 기술관련 태도 ⑤ 국가의 기술적 환경 등과 깊은 관계가 있다고 하겠다.

그러나 무엇보다도 필요한 것은 경영자의 기업가적 태도가 중요하다. 기업가적 태도가 기술을 태동시키고 발전시키는 중요한 요인임에는 부

8) UNCTAD, Guidelines for the study of the Transfer of technology(N.Y. ; U.N., 1972). p. 5.

정할 리 없으며 이것은 이노베이션과 깊은 관계가 있다. 이노베이션의 발전단계와 이노베이션의 특징에 대해 알아보기로 하자.

1. 이노베이션의 단계

기술혁신의 주역은 기업이고, 우리의 경제생활에 영향을 주는 것은 기업에 의한 제품이나 생산공정의 이노베이션(innovation)을 통해서이다. 이노베이션 개념의 창시자인 슘페터는 이노베이션에 대해 '그 체계의 균형점을 이동시키는 것이며, 더구나 그 새로운 균형점은 그 이전의 균형점으로부터의 연속적인 걸음으로 도달할 수 없는 것' 으로 정의하였다. 즉, 시스템의 성질을 변화시켜야만 해결할 수 있는 불균형을 만들어내는 변화가 이노베이션이라는 것이다.

구체적인 예로 우편마차를 몇 대 연결해 보더라도 철도로 변하지 않는다는 것이며, 새로운 기술의 개발은 슘페터가 말하는 불균형을 만들어내고 있는 것이며, 이노베이션의 원천을 만들어 내고 있는 것이다.

또한 혁신에 대해 드러커는 경영자의 주요한 기능이라고 말하면서 기업의 유일한 목표는 고객창조라고 하였다. 그리고 현대의 전문경영자라면 경영활동 자체가 혁신적이어야 하며 혁신 없이는 경쟁력 있는 초일류 기업으로 성장 · 발전할 수 없다고 주장하였다. 현대의 기업은 생산활동을 위해서만 자원을 투입하는 것이 아니고 생존전략으로서 많은 양의 자원을 기술이노베이션에 사용하고 있다.

더욱이 자원투입의 원리는 생산 활동에의 자원투입의 원리와 중복되는 부분도 많지만 본질적으로 다른 점도 있다. 그것은 기술혁신 활동의 본질과 그것에 의해 생산되는 기술은 생산활동의 본질 또는 그것에 대해 생산되는 제화, 서비스의 본질과 다른 면이 있기 때문이라 하겠다. 따라서 기업의 기술혁신 활동의 분석은 생산활동 분석의 단순한 응용 또는 확장만으로 이해하기 어렵다.

기술혁신 활동에는 4단계가 필요하다.

① 모방(Immitation)

② 발명(Invention)

③ 기술개발(Development)

④ 사업화(Commercialization, innovation)

물론 이 4단계가 객관적으로 엄연히 구별되는 것이 아니고 한 기업이 이 단계를 전부 다 담당하는 것도 아니다. 그러나 기술혁신이라는 복잡한 활동을 이해하기 위해서는 이러한 단계가 필요하다고 하겠다. 일반적으로 기술혁신이라고 하면 발명이라든가 어느 정도 기술개발 활동을 포함해서 생각하지만 모방도 필요하다.

모방은 발명의 시초이고 모방을 통한 새로운 개량이야말로 발명이다(invention). 비슷한 발명을 타인이 했을 경우에는 기초연구의 모방이라 하겠다. 이러한 단계를 반복한 기술개발을 통하여 사업화의 성공, 즉 이노베이션을 이루기 때문이다.

물론, 상술한 바와 같이 어느 기술에서는 모방 없이 완전한 발명을 통한 기술개발, 그리고 이노베이션으로 이어지는 경우도 허다하다. 이노베이션의 스타일로 다음의 프로세스(Process) 혁신과 프로덕트(Product) 혁신으로 나누어진다.

〈그림 9-2〉 과정 혁신과 제품 혁신

프로세스 혁신 : ① 모방 → ② 발명 → ③ 기술개발 → ④ 사업화
프로덕트 혁신 : ① 발명 → ② 기술개발 → ③ 사업화

예를 들면 일본 같은 경우에는 프로세스 스타일의 이노베이션으로 처음에는 미국 등의 선진기술을 모방하여 그리고 기술개발하여 새로운 발명으로 새로운 혁신을 통한 예가 많다. 일본 자동차산업의 혼다(Honda)나 토요타(Toyota) 산업의 경우나 마쓰시타(Natsushita)나 후지스(Fujitsu)의 경우도 마찬가지이다. 그러나 미국의 경우에는 프로덕트 스타일의 이노베이션으로 에디슨의 전기처럼 지금까지 존재하지 않았던 완전한 발명에서 기술개발, 그리고 사업화로 이어지는 경우가 많다.

05

벤처기업 존재의 의미

글로벌화와 정보화의 움직임 속에 기업을 둘러싼 환경은 구조적으로 변화되어 종래의 경영으로는 기능하지 않는 것이 명백해졌다.

수많은 기존 기업이 이러한 환경의 구조적 변화에 대응할 수 있는 경영예측이 어려운 가운데 새로운 경영스타일을 가진 기업이 등장하기를 기대하고 있다. 여기에 벤처기업이 요구되고 있는 이유이고 존재의 이유이기도 하다.

1. 경제발전의 엔진

슘페터는 경제활동을 본질적으로 신 결합의 이노베이션이라고 정의하고, 신결합 수행자는 기업가로 보았다. 삭스니언은 미국의 실리콘밸리와 보스톤의 128번 도로의 비교 분석 결과 다음과 같은 데이터를 제시하고 있다.[9] 즉 실리콘밸리에는 65년 이후 설립된 미국 대기업 기술회사 100개 중 1/3이 모여있으며, 시장가치는 86~90년까지 260억 달러 증가한 것에 대해 128번 도로(루트 128)의 동종기업은 겨우 10억 달러 증가에 머물렀다.

또한 1980년대 이후의 2개의 지역경제에 나타난 커다란 격차는 주요 요인으로서 벤처기업의 성장을 들고 있다. 또한 일본의 중소기업백서(1999년)를 보면, 폐업률과 성장률이 밀접한 관계가 있음을 보여준다.

성장률이 130~150% 되는 제조업 분야에서는 폐업률이 5.5%~7.5%이고 성장률이 120% 미만에는 4.5~4.7%로 폐업률이 낮음을 알 수 있다. 고성장을 이루는 분야에서는 폐업률도 많지만 저성장의 분야는 폐업률도 낮음을 알 수 있다. 즉, 성장분야는 창업과 폐업이 활발하게 이루어

9) Saxenian A(1994) Regional Advantage : Culture and Competition in silicon Valley and Route 128, Harvard university press.

지고 있으며 고성장이 실현되고 있음을 알 수 있었다.

정체된 경제를 활성화시키고 경제발전을 가져다주는 원동력으로서의 벤처창조와 연쇄가치는 기업가활동에 커다란 기대가 있을 것이다.

2. 고용기회의 창조

벤처창조의 두 번째의 의의는 고용기회의 창출효과이며, 로스웰과 젝벨드(Rothwell & Zegveld)는 고용에 관한 다양한 연구자의 조사결과를 요약하여 소기업, 특히 새로운 소기업이 고용창출의 중요한 견인차가 되고 있다고 주장한다.[10)]

삭스니언은 실리콘밸리가 루트 128의 비교에서 벤처기업의 창조가 활발한 실리콘밸리에서는 75년부터 90년 사이에 약 15만 명의 고용창출이 있었다고 하며, 루트 128번에서는 5만 명에 그쳤다고 한다.

벤처기업의 창조가 고용의 창출에 중요한 영향을 주고 있음을 보여주는 예이다.

일본에서도 1997년의 중소기업 백서는 1991~1994년의 경우, 기존 기업이 고용을 삭감하고 있는 것에 비해 벤처기업은 커다란 고용을 창출하고 있어 벤처기업의 창업이야말로 고용창출의 공헌자라고 하겠다.

한국에서는 전국민의 관심을 끌었던 벤처기업이 줄이은 도산과 저업적으로 고용기회가 없어 안타깝다고 하겠다.

---

10) Rothwell, R&W. Zegveld, Innovation and Small and Medium Sized Firm, Frances Pinter, 1982.

3. 사회적 문제의 해결

다양한 사회적 문제를 사업창조의 기회로 인식하고 혁신에 의한 신산업의 창출에 의해 사회적 불만과 과제의 해결을 꾀하는 방법을 많은 벤처기업이 제시하고 있다. 사회의 여러 문제를 사업의 창조를 통해 해결하려고 '전략적 사회성' 을 갖고 새로운 사회가치를 창조, 실현해가는 벤처기업을 사회적 역동적 벤처(Venture Business)라고 한다.

06 한국에서 벤처창업의 중요성

일반적으로 벤처기업이란 독자적인 기반 위에서 새로운 기술이나 경영 노하우를 가지고 신규시장을 개척하는 기술집약적 기업이며, 높은 위험성에도 불구하고 사업의 성장가능성을 바탕으로 도전하는 기업가 정신을 갖춘 기업을 말하기도 한다. 그러나 본질적으로 새로운 기술의 위험부담이 항상 존재하며, 신규 또는 미성숙 시장에 대한 도전을 기본목표로 하고 있기 때문에 시장실패의 위험도 상존하고 있다.

또한 전문적인 경영기법보다는 기술 의존적인 창업이 일반적이기 때문에 기업을 운영하는데 실질적으로 필요한 자금, 경영 등과 관련된 각종 경영자원의 부족으로 인한 경영관리 실패의 위험이 높다고 할 수 있다.

비록 실패의 위험이 높기는 하지만 벤처기업의 창업은 우선 개인적인 관점에서 보면, 우리나라를 비롯하여 세계적으로 공업화과정에서 요구되는 셀러리맨의 경직화된 직장활동보다는 자기실현을 근본 목적으로 하여 자기 자신을 찾아가는 새로운 기회의 장이기도 하다.

다시 말하면 관료화된 조직에서의 활동을 벗어나 그 경직성을 스스로 탈피하여 새로운 기회에 대한 도전이라는 의미와 자기능력을 자기 스스로 인정받을 수 있다는 점에서 매력적이다.

다음으로 벤처기업이 우리나라 국가경제에 있어 중요하게 판단되는 사실은 근래 WTO의 출범과 OECD의 가입 등으로 개방속도가 가속화됨에 따라 산업의 국제경쟁력이 상대적으로 위축되고 국제수지도 점점 악화되고 있다. 또한 경기하강 국면을 맞이하여 과거의 성장패턴을 새로운 구조로 바꾸지 않으면 안 되는 전환기에 놓여있는 현실에서 나름대로 그 돌파구를 형성할 수 있는 길이 벤처기업의 창업일 수 있다.

우선 대기업들의 감량경영, 업종전환, 도산 등의 방법으로 정리되는 가운데 부가가치가 높은 새로운 기업들의 창업(사내벤처나 spin-off)을 통해 재구축(restructuring)을 차치하고 나면, 경제의 역동성에 기반을 형성하고 있는 자립적인 기술능력을 갖춘 기술집약적인 벤처기업의 증가는 산업 전체의 기술기반 강화, 고용증대, 원가절감을 통한 생산성 향상, 산업구조의 고도화, 중소기업 및 지방경제의 활성화에 기여 등 그 중요성이 존재한다. 더욱이 세계 산업의 조류가 정보통신, 생명공학, 복합소재 등 첨단산업 중심으로 재편되고 있어, 이러한 급격한 변화에 대응할 수 있는 다수 대기업의 시장진출과 더불어 무수한 벤처기업의 창업이 신기술 개발 및 시장화를 위해서 중요한 것이다.

그러나 IMF 이후 한동안 1,000에서 2,000여 개의 급격한 성장을 거듭하던 벤처기업 창업이 최근에 주춤하고 있어 창업과 벤처창업가들의 역할이 필요한 시기이다〈그림 9-3 참조〉.

〈그림 9-3〉 **벤처기업수의 연도별 현황**

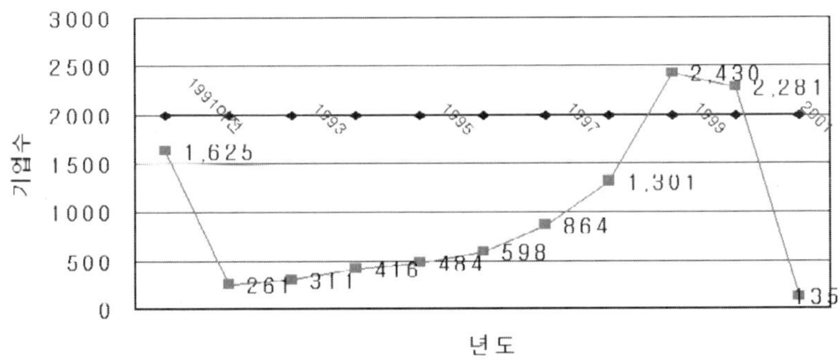

자료 : 중소기업청 벤처넷 http//venture.smba.go.kr

왜 그런 것일까? 과거보다는 벤처기술과 창업의 성공이 쉽지 않다는 점이다. 창업도 중요하지만 이를 성장시키는 것이 더욱 중요하기 때문이다. 그러나 요즈음 다시 벤처붐이 불고 있다는 점을 들 수 있다. 물론 환경 자체의 급격한 변화에도 기인하겠지만 벤처창업을 위한 국내의 제반 요건이 좋아지고 있는 점이라 하겠다. 최근에 갑작스럽게 많은 벤처기업들이 창업되고 있는 근본적인 이유는 벤처기업이 창업되는 장소의 다양성과 성공에 대한 기대감 때문이다.

우리나라는 80년대 초부터 시작해서 96년 코스닥이 생기기 전까지 대부분의 벤처기업은 대기업이나 중소기업에서 Spin-off되거나 대학에서 배출되었지만 그리 많지는 않았다. 이때 1세대 벤처기업이라 할 수 있는 큐닉스, 메디슨, 비트컴퓨터, 미래산업 등이 출현하였다. 그러나 벤처캐피탈, 투자조합, 장외시장은 있었지만 거래가 거의 활성화되지 않았다. 96년을 기점(기반구축기)으로 해서 제도적 기반이 활발하게 구축되기 시작했는데, 벤처가 배태되고 창업되는 축(Incubation & Creation), 벤처가 성장을 잘 하도록 자문하고 육성하는 축(Consulting & Nurturing), 벤처의 자금이 지원되고 또 그것들이 회수되는 축(Funding & Liquidation)으로 볼 수 있다.

이러한 세 개의 축이 형성되는 데 결정적인 역할을 한 것은 코스닥과 벤처기업육성을 위한 특별법의 제정이다. 정부는 주도적 역할을 하며 여러 가지 법적 제약을 해결해 나갔고, 창업보육센터, 컨설팅사, 법률 지원기관 그리고 특히 엔젤투자자들이 나타나서 일반투자자들이 벤처에 관심을 갖게 되었으며, 벤처캐피탈도 역량이 강화되면서 경영이 개선되었다. 대학에서도 대학에 있는 Business Incubator를 통해서 제도적으로 벤처기업을 양성하는 모습을 보이게 되었다.

벤처의 도약기는 99년부터 시작되었다고 할 수 있다. 이때는 대기업이나 중소기업에서 Spin-off된 벤처기업이 활성화되었을 뿐만 아니라 벤처기업이 벤처기업을 만드는 자기 증식화라는 모습을 보이고 있다. 대학에서는 Incubator 이외에도 실험실 벤처, Lab 벤처라는 것이 나타나기 시작했다.

〈표 9-10〉 한국 벤처의 발달 노트

구 분	특 징
태동기 (1998-1999.2)	• 벤처지원본격화 : 벤처기업육성 특별조치법 (97.8.28) • 중기청의 벤처확인제도 도입 (98.5) • 월평균 283개의 벤처기업이 등장 • 골드뱅크 등 성공모델의 등장 - 98년 4월 공모로 9억 9천만 원의 재원 마련 - 98년 10월에 8,000원에 코스닥 등록
성장기/버블발생 (1999.2-2000.4)	• 코스닥벤처기업 주가의 급등 • 벤처캐피탈, 엔젤의 급증으로 투자자금 확대 • 벤처기업의 국제화 추진 -1999년 11월 17일 두루넷, 미래 산업 나스닥 상장 • 99년 말부터 본격화된 닷컴회의론에도 불구, 큰 폭의 주가상승 -1월말 386.17에서 3월 9일 787.46으로 100% 상승 • 코스닥 주가가 평균 액면가의 5~10배 수준이나 벤처기업의 공모가는 평균 10 15배의 프리미엄 수반
조정/침체기 (2000.4-)	• 4월 17일 Black Monday (코스닥지수 56.0 포인트 하락) - 새롬기술의 주가는 2000년 2월 14일 254,000에서 4월 17일 45,000 이후 더욱 떨어짐 - 각종 벤처게이트가 벤처업계 전체의 신뢰를 상실

자료 : 배영일(2002), "벤처경영상의 재정립," 삼성경제연구소 Issue Paper.: 2.

그리고 코스닥을 비롯하여 M&A 시장이 서서히 형성되고, 해외 벤처캐피탈이나 벤처펀드가 들어오고 엔젤이 크게 활성화 되면서 투자조합이 많이 늘어났다. 특히 벤처 Funding과 Liquidation이 급속하게 성장하면서 생태계를 크게 도약시킨 시기라고 볼 수 있다〈표 9-10 참조〉.

전반적으로 벤처캐피탈이 양적으로 증가하였고 투자도 증대되었으며 특히 유능한 인재가 벤처로 대거 이동하였다. 벤처산업을 지원해온 정부는 도약기에 중요한 역할을 해왔다고 볼 수 있다.[11]

따라서 한국에서 벤처기업의 창업은 긍정적인 다양한 환경이 구성되어 있으며, 앞으로 벤처창업은 실패를 통한 새로운 발전이라는 사고 하에 개인적으로 부를 창출할 수 있을 뿐만 아니라 사회적인 지위도 형성할 수 있는 자기실현의 장이라는 점에서 그 중요성을 인식해야 할 것이다.

---

11) 한정화, “한국 벤처생태계의 진화과정과 미래전망”, 삼성경제연구소 [벤처심포지움], 2000. 3.

10

벤처성장과 성장전략

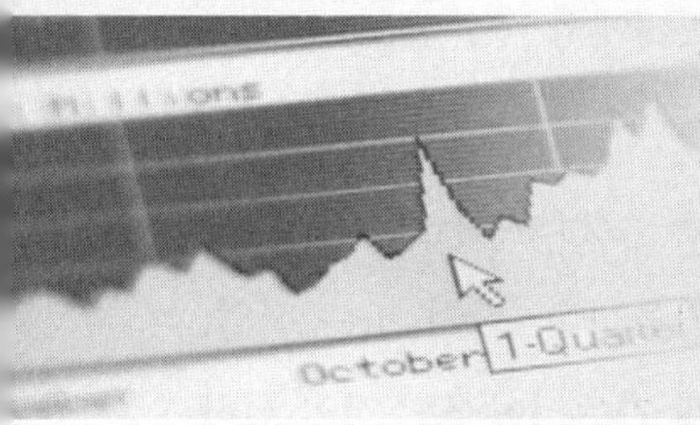

1_ 벤처 비즈니스의 성장과정과 조직관리
2_ 벤처 비즈니스 성장단계
3_ 벤처 비즈니스의 성장과 스톡옵션
4_ 벤처기업의 성공요인
5_ 한국 벤처 비즈니스의 전망

벤처 비즈니스의 성장과정은 하나의 창의성(아이디어)으로부터 시장가치를 창출(창조성)하는 것을 그 목적으로 한다. 주로 無에서 有를 창조하는 도전적 성향에 주목하기도 하지만, 절대적인 無가 존재하는 것은 사실상 어렵고 有에서 새로운 有를 창조하는 것 또한 그 방향이 될 수 있다. 일례로 시장과 기술의 관계에 초점을 두고 설명하면, 전자는 이전에 존재하지 않았던 시장가치의 창출이라는 혁신(innovation)의 관점에서 無에서 有를 창조한다는 의미이고 후자는 이전에 존재하더라도 시장가치를 형성할 수 있는 부분, 특히 틈새시장(niche market)에서 개선(improvement)의 효과를 기대할 수 있다는 의미이다.

다시 말하면, 전자는 혁신적인 첨단기술(high-tech)로 접근할 수 있는 반면, 후자는 하이터치(high-touch)로도 접근 가능하다. 국가 또는 산업, 기업마다 시장과 기술의 각기 다른 차원의 존재 가능성이 절충적인 성향을 지니게 한다.

그러나 시장과 기술의 결합이 쉬운 것은 아니다. 그리고 이들이 앞의 단계에서 성공적으로 이행할 수 있다면, 다음의 단계인 성장속도의 관리가 중요한 문제로 등장한다. 벤처 비즈니스의 특징 중 하나가 매우 빠른 성장과정을 지니고 있기 때문에 성장단계에서 많은 문제점들에 직면하게 된다.

01

벤처 비즈니스의 성장과정과 조직관리

일반적으로 초기의 창업자는 대부분 생산, 고용, 훈련, 판매, 장부정리 등의 업무를 직접 수행하여 고독한 원 맨 업무를 시작하여야 한다. 그러나 벤처 비즈니스가 차츰 성장하게 되면, 조직의 규모와 사업활동 범위가 넓어져 더 발전을 이루지만 성장단계마다 조직과 시장부분에서 문제가 발생하고 이것을 잘 조정하지 않으면 기업은 크나큰 위험에 직면한다.

우선 '초기 성장단계'에서 대체로 10명 안팎의 구성원들이 집합체가 되어 조그만 사무실에서 뚜렷한 목표 하에 초기 성장을 이루며, 각자 권한 위양과 업무 위양이 시작된다. 처음에는 초기부터 실패하는 경우도 많지만 일반적으로는 성장단계에 이르면서 새로운 종업원이 늘어난다. 가끔 창업자의 의지를 모르는 새로운 식구의 시도로 인하여 갈등이 발생한다. 더욱이 중간관리자 계층이 더욱 두터워지는 경향이 피치 못하게 발생하여 관리방식이 창업자의 직접 통제에서 중간관리자를 통한 통제 방식으로 바뀌어 창업자와의 업무괴리가 발생하기도 한다.

이러한 경향은 창업자가 운영이나 관리업무에서 벗어나 전략계획이나 외부활동에 전념할 수 있는 반면에 조직과 시장의 관리에서 점점 멀어지는 결과를 가져오기도 한다.

02

벤처 비즈니스 성장단계

1. 벤처기업의 성장단계

기술과 아이디어를 중심으로 한 벤처기업의 창업 및 성장과정은 학자에 따라 조금씩 다른 면을 보여주고 있다. 본 절에서는 이러한 학자들의 학설을 살펴보기로 한다. 전통적으로 많은 학자들은 조직의 성장패턴을 설명하는 데 있어서 조직을 몇몇 그룹으로 혹은 산업별로 묶어서 생명주기(life-cycle)라는 관점에서 설명하기도 하였다.[1]

요즈음에는 조직의 성장과정을 다단계(multi-stage) 모델로도 설명하고 있는데, 여기에는 조직의 성장단계를 창업단계-성장기-안정기 3단계로 설명하는 학자[2]들도 있고, 창업단계-초기성장기-고도성장기-안정기 등 4단계로 설명하는 학자[3]들이 있는가 하면, 5단계 혹은 그 이상의 단계로 구분해서 설명하는 학자[4]들도 있다.

---

1) Hannan, M. and J. Freeman(1984), "Structural Inertia and Organizational Change", American Sociological Review, 49, pp. 149~164.

2) Smith, K, G., T. R. Mitcheli, and C. E. Summer(1985), "Top-Level Management Priorities in Different Stages of the Organizational Life Cycle", Acadeny of Management Journal, 28, pp. 799~820.

3) Hosmer et al., 1977.

4) Miller and P. H. Friesen(1984), "A Longitudinal Study of the Corporate Life Cycle", Management Science, 30, pp. 1161~1183.

벤처기업의 성장에 대해 벤처캐즘이 나타나고 있어 이를 극복하여야 한다.

벤처캐즘(Venture Chasm)

벤처기업들이 성장주기상 초기 시장진입에는 성공적으로 안착했으나 더 이상 성장하지 못하고 깊은 수렁에 빠지는 현상을 말한다. 적당한 수입모델이 없이 급성장한 벤처기업들의 실패는 당연하지만 좋은 수익모델을 갖추고도 이 현상에 빠진 기업들은 이의 해결방안이 필요하다. 이러한 현상은 조직의 구성원이 증가하여 조직규모가 확대되고 기존의 단순 네트워크 조직 형태가 불합리한 점을 많이 노출하기 때문에 발생한다. 이를 극복하기 위해서는 벤처기업의 창의성을 유지하면서 구성원들에게 적정한 권한을 위임하여 자율성을 최대한 살리는 것이 중요하며, 이의 전환은 최고경영자의 마인드 전환에서 시작된다.[5)]

〈표 10-1〉 벤처기업의 성장단계별 경영과제와 성공요인을 보면 학자들의 연구는 관점이 재정, 창업가, 조직, 시장, 기술, 생산 등 다양하게 언급된다. 이것은 일반적으로 기업의 라이프 싸이클을 따라 형성되는 각 문제점들을 언급하고 있기에 연구개발단계, 창업단계, 성장단계, 확장단계, 성숙단계 등으로 구분되어질 수 있다. 공통적으로는 신제품이나 기업화에 대한 아이디어의 단계, 사업을 시작하는 단계, 시장진입단계, 이윤기반의 유지존속단계, 주식상장 등의 기업공개단계로 그 특징을 이룬

5) 현대경제연구소(2001), "벤처캐즘 극복할 수 있는가," PBR(2001-03).

다. 특히 Brush와 Van De Ven 등은 창업가의 역할을 벤처기업의 성공요인의 하나로 지목하고 있다. 이것은 기업의 초기단계에서의 리더십과도 관련이 있다고 하겠다.

그러나 무엇보다도 룬카(Runka)와 영(Young)의 단계가 일반적으로 벤처기업의 5단계(씨앗단계, 창업단계, 성장단계, 확장단계, 회수단계) 발전단계로 나누고있어 현실적이다. 연구결과 초기단계일수록 위험성이 높고 성장함에 따라 위험이 급격히 줄어들고 있음을 발견하였다. 보통 창업 후 5년 이내의 실패율이 가장 높다는 가정과 일치한다.

〈표 10-1〉 벤처기업의 성장 단계별 경영과제와 성공요인

<table>
<tr><th></th><th>창업단계</th><th>초기성장기</th><th>고도성장기</th><th>안정기</th></tr>
<tr><td rowspan="4">Kazanjian
(1988,1990)</td><td colspan="4">• 전략적 위치선정(제품/시장의 위치점유, 신제품/신기술 활용)
• 판매와 마케팅(매출목표달성, 수익과 점유율 목표달성, 새로운 지역시장침투, 제품 및 고객서비스)
• 인력관리(인재확보, 재능육성)</td></tr>
<tr><td>전략적 위치선정</td><td></td><td>판매와 마케팅</td><td>전략적 위치선정</td></tr>
<tr><td colspan="2">외부 네트워크
(재무자원, 외부조언자/이사회인력)</td><td colspan="2">조직시스템
(MIS, 원가관리, 조직의 역할/책임/정책결정, 재무시스템 및 통제)</td></tr>
<tr><td>집권화 : 고
비공식화 : 고
전문화 : 마케팅(저), 제조(저), 기술(저)</td><td>집권화 : 고
비공식화 : 중간
전문화 : 마케팅(고), 제조(고), 기술(고)</td><td>집권화 : 중간
비공식화 : 중간
전문화 : 마케팅(고), 제조(고), 기술(고)</td><td>집권화 : 저
비공식화 : 저
전문화 : 마케팅(고), 제조(고), 기술(고)</td></tr>
<tr><td>Brush
et al.
(1997)</td><td colspan="2">창업자 개인역할(교육수준, 전문지식과 경험)
종업원 개인역량과 고객과의 연계</td><td colspan="2">조직역량(비용구조, 운영효율성, 고객서비스 등)과 창업자의 근무연수</td></tr>
</table>

Scott & Bruce (1987)	현금확보, 창업자기술, 조직구조, 종업원확보	자금, 관리적 시스템, 관리, 재산, 공정장비	자금, 관리적시스템, 경험	리더십, 공장과장비, 개인적, 외부적 관계	시스템의 관리, 노동관리, 관리
Van DE Ven et al. (1984)	창업자적 요인	높은 교육수준, 명확한 제품집중			
	조직적 요인	고객참여, 전문가지원, 적극적인 추진, 문서화에 의해 경직되지 않는 사업계획			
	생태학적 요인	높은 노동 시간, 높은 외부업무 빈도, 회사내부/잠재고객/금융권인사 등과 높은 의사소통 빈도			

자료 : 이장우, 장수덕, "벤처기업의 성장단계별 성공요인에 관한 탐색적 연구," 인사 · 조직연구 9(2):59~92.

2. 벤처 비즈니스 성장과정에서 조직관리-창업인과 구성원

성장과정에서 조직관리는 무엇보다도 조직과 시장의 관계에 초점을 두는 것이 필요하다. 기업의 성장속도가 빨라진다는 것은 당해 기업의 시장 크기가 점점 변화한다는 의미도 같이 지니고 있다. 그렇기에 조직의 업무특성이 점차 확대 또는 특성화되어가기 시작한다. 관리의 관점은 다음과 같다. 우선 창업인을 중심으로 발생하는 문제를 보자.

첫째, 창업자는 기업이 성장함에 따라 Greiner(1972)[6]의 기업성장단계를 따라 발전하기 위해서 각 단계마다 나타나는 변화와 위기를 체계적으로 관리, 극복해 나가야 하므로 기술혁신, 경영혁신에 대한 체계적인 이

6) Greiner, L. E.(1972), "Evolution and Revolution as Organization Grow", Harvard Business Review, July-August.

해와 대응방안의 모색이 필요하다는 특징을 가지고 있다. 그러나 직접 담당해 오던 운영업무를 대신할 적격자를 찾지 못하거나 창업자의 경영관리 능력이 부족할 때 문제가 발생할 수 있다. 이는 회사의 일이 복잡해짐에 따라 전문인력에게 권한 위양이 필요하기 때문인데, 창업자의 의욕에 비해 구성원들의 자질이 이에 미치지 못할 경우에 발생하는 것이다. 이 경우 지나친 권한 위양은 오히려 역효과를 불러오기도 한다.

둘째, 규모가 확대됨에 따라 주주, 채권자, 공급업자, 종업원, 고객 등 이해관계자들이 다양화되고 내부의 전문기능 역시 다양화된다. 따라서 다양해진 내부 및 외부의 관계집단을 적절하게 관리하고 조정해 나갈 필요가 있다.

다음으로 종업원의 관리문제를 보면 다음과 같다. 무엇보다도 중요한 것은 동기부여의 문제이다. 대표적인 사례는 실리콘밸리식의 동기부여이다.

실리콘밸리의 벤처기업에 가면 젊은 기술자가 한밤중까지 일에 몰두하고 있는 모습을 볼 수 있다. 이곳의 기술자들은 '1주일에 90시간씩 일해도 좋다' 라는 글귀가 새겨진 티셔츠를 입고 일을 한다고 해서 전 세계에 화제가 되기도 했다. 신흥 벤처기업이 고액의 급료를 지불할 리가 없고 언제 해고될지도 모르는데 그들은 왜 몸을 혹사시켜가며 한밤중까지 일을 하는가? 그 비밀은 자사주를 살 권리, 즉 회사의 주식을 배당 받는데 있다.

즉, 성공하면은 자기도 성공하는 스톡옵션의 영향이라고 할 수 있다.

03

벤처 비즈니스의 성장과 스톡옵션

1. 스톡옵션의 이론적 배경

기업의 급격한 환경변화에 따라 새로운 경영패러다임으로 전환하려면 경영혁신을 통해서 경영전략과 목표를 새롭게 수립하고, 성과의 측정 및 보상체계를 새롭게 설계하는 등 경영의 신하부구조의 구축이 필요하다. 특히 임직원에 대한 실적평가와 실적평가에 따른 보상시스템, 즉 기업활동의 엔진과 같은 인센티브 시스템을 적합하게 설계하는 것이 중요하다. 여기서 최고 경영진에 대한 인센티브가 적절하게 설계되어야 종업원에 대한 적절한 인센티브제도가 도입될 수 있기 때문에 최고 경영진에 대한 새로운 인센티브제도가 우선적으로 설계되어야 한다.

이러한 새로운 인센티브제도의 하나로 과거에는 주로 영미의 기업들만이 최고 경영진에 대한 보상의 일환으로 시행하던 스톡옵션(Stock options) 제도를 일본과 유럽의 기업들도 도입하고 있는데, 스톡옵션제도가 가치기준경영의 수단이 되고 있다.

스톡옵션제도는 주식연계형 보상수단의 일종으로 이에 대한 이론적 근거는 대리인 이론인데다 이는 소유와 경영의 분리에 기인한다. 즉, 기업의 소유주가 아닌 경영자들은 그들의 전문지식과 기업의 자원을 이용하여 기업의 가치를 극대화시키기보다는 자신들의 위치를 이용하여 기업의 성과나 생산성과는 관계가 낮은 소비를 많이 하거나, 기업의 가치 극대화를 위한 적극적인 경영보다는 자리의 안정성을 더 추구하거나, 금전적 보상 외의 혜택, 권위, 기업의 통제권을 증가시키는 등으로 자신들의 효용을 증가시킴으로써 주주들과 이해가 상충될 가능성이 많다.[7]

현재 기업에서 채택하고 있는 보상체계도 불완전한 감시로부터의 결과라고 볼 수 있는데, 경영자의 보상체계를 기업의 성과와 연계시키면 대리인 문제가 상당부분 해결될 수 있다.[8] 또한 현금보다는 주식에 연계한 보상체계가 경영자들에게 기업의 가치를 증가시키도록 동기를 부여한다고 주장한다.

이 경우 경영자에 대한 위험부담을 줄여주면서 동기부여를 하는 방안으로 직접 주식을 주기보다는 스톡옵션을 주는 방안을 생각할 수 있다.[9] 또한, 기업의 성과가 임직원의 부와 직결되고 옵션을 행사하기 전 최소 고용연수 등의 제한을 두기 때문에 대리인 문제를 상당히 해결할 수 있고, 임직원들에게 주인의식을 고취하여 열심히 일할 동기를 제공한다.[10]

---

7) J. Michael, "Agency Costs of Free Cash Flow, Corporate Finance and Takeovers", American Economic Review, May 1986, pp. 323~329

8) Milton, Harris and Arthur Raviv, "Optimal Incentive Contracts with Imperfect Information", Journal of Economic Theory, 20, 1979, pp. 231~259.

9) 스톡옵션은 임원과 종업원들에게 자사주식을 일정기간 내에 일정 행사가격으로 살 수 있는 선택권을 줌으로써 임직원이 지는 과도한 위험부담을 경감시킬 수 있다.

10) Robert A Haugen and Lemma W. Senbet, "Resolving the Agency Problems of External Capital through Options", Journal of Finance, 36, 1981, pp. 629~647.

2. 스톡옵션(Stock options)제도

스톡옵션제도는 주식매입선택권이라고 하며, 이는 회사가 임직원에게 일정기간 내에 자기 회사의 주식을 사전에 약정된 가격으로 일정 수량만큼 매수할 수 있는 권리를 부여하는 제도이다. 이러한 제도의 목적은 단기적 경영성과와 중 · 장기적인 성장간의 균형을 도모하고, 경영자의 이해와 주주의 이해를 연계하여 기존의 종업원을 유지하고 격려하며, 능력 있는 종업원을 유인하기 위한 것이다.[11]

주식옵션제도는 경영자 보상제도의 한 방법으로 경영자 보상제도 설계의 핵심은 주식지분을 갖고 있지 않는 전문경영자가 '주인의식' 을 갖고 경영을 할 수 있도록 하는 것이라고 할 수 있다. 회사가 발전하면 할수록 당해 기업의 주가가 상대적으로 더 상승하게 되고 아울러 임직원들이 스톡옵션의 행사시 받게 되는 차익도 더욱 커지기 때문에 회사의 발전 여부가 개별 임직원들에게 돌아가는 보상과 직결된다.

스톡옵션제도는 기업이 자기 회사의 주식을 지급하는 것이 아니라 주식을 취득할 수 있는 권리를 제공하는 것이다. 이러한 의미에서 E.S.O.P(종업원지주제도)와는 다른 의미를 갖고 있다.

3. 스톡옵션제도의 종류

미국에서 스톡옵션제도가 최초로 도입되었을 당시 스톡옵션에 대한

11) 김석호, "주식매입선택권의 회계 및 세무", 세미나 자료, 1996. 12.

세제가 불분명한 상태였는데, 그 이유는 소득 중에서도 일반소득과 자본이득에 대한 세금부과는 처음이었기 때문이다. 모든 스톡옵션으로부터의 소득은 일종의 보수이기 때문에 일반소득과 같이 취급해야 한다고 결정했다.

따라서 옵션이 행사되었을 때 주식의 시장가격과 행사가격의 차이는 일반소득으로 간주되고, 기업은 그 차액만큼 세금공제를 받게 되었다. 이러한 세제는 제한옵션, 적격옵션, 동기부여옵션과 같은 법정옵션을 제외한 모든 경우의 비법옵션에 적용되었다. 법정옵션은 각자 세금처리를 위한 구체적인 법이 마련되어 있는 옵션들이다.[12]

(1) 제한옵션(restricted options)

1950년 당시 법정 최고 세율은 91%로, 중역들에 대한 봉급인상이 거의 무의미해짐에 따라 미국의 대기업들은 경영자들의 소유지분을 늘릴 필요성과 그에 따라 세제상의 혜택을 의회에 요청하게 되었다. 이에 따라 1950년의 세제개편에 의해 제한옵션이 생겨나게 되었는데, 이는 1960년대 초기까지 가장 많이 사용되는 봉급 이외의 보상방법이었다.

제한옵션으로 분류되기 위해서는 다음과 같은 세제상 최소한의 조건을 충족시켜야 하는데, 즉, 옵션의 행사가격이 발행 시 공정주가의 최소한 85% 이상일 것, 사망 시 피상속자에 대한 증여 이외에는 일체의 소유권 이전이 불가능할 것, 중역이 회사를 떠날 때는 3개월 이내에 행사할 것, 옵션의 행사로 기업 전체 주식의 10% 이상을 소유하는 것이 불가능

12) 김창수, "경영전략측면에서의 스톡옵션제", 세미나 자료, 1996. 12.

할 것, 옵션을 행사하기 전에 최소한 10개월 이상을 보유할 것 등이다.

이후 1954년에는 최고 10년 만기 조항이 삽입되었으며, 중역이 10% 이상의 주식을 보유하고 있을 경우, 행사가격이 공정시가의 110% 이상인 경우에만 제한 옵션발행을 허가하는 것으로 개정되었다.

(2) 동기부여 스톡옵션(ISO : Incentive Stock Options)

1980년에 도입된 제도로서, 동기부여 스톡옵션으로 분류되기 위해서는 다음의 모든 조건들을 만족시켜야 한다.

① 옵션프로그램의 채택 이전 또는 이후 12개월 안에 주주들의 승인이 있어야 한다. 옵션프로그램에 배당될 총주식수와 옵션을 받을 수 있는 종업원의 자격이 명시되어야 한다.

② 옵션프로그램을 채택한 시점 또는 프로그램에 대한 주주승인 시점 중 빠른 시점으로부터 10년 이내에 옵션이 제공되어야 한다.

③ 옵션의 최대 기간이 10년이다.

④ 옵션의 제공시 공정시장가격, 또는 믿을 만한 가치평가방법에 의한 가격으로 행사가격이 결정되어야 한다.

⑤ 수혜자 사망의 경우를 제외하고는 양도가 불가능하다.

⑥ 옵션제공시점을 기준으로 당해 기업에 대해 10% 이상의 투표권 소유자는 행사가격이 공정시장가격의 110% 이상이어야 하며, 동시에 옵션의 최대 기간은 5년으로 한정된다.

⑦ 이미 제공된 ISO가 행사되지 않고 남아 있을 경우, 새로운 옵션은 행사될 수 없다.

⑧ 옵션제공으로 인한 주식의 공정시장가격이 연간 $100,000+비사용

분 이월액보다 작아야 한다. 연속 3년 이월이 가능한 비사용분 이월액은 다음과 같이 정의된다.

주 : 1÷2×(100,000-1980년 이후 제공된 ISO로부터의 주식의 공정시장가격)

04

벤처기업의 성공요인

1. 벤처기업의 성과

벤처기업의 성공 요건을 파악하기 위해서 다방면의 학자들의 노력으로 여러 측면에서 이루어졌다. 그러나 벤처의 성공여부를 이해관계자 입장에서 파악하거나 종업원입장, 장기적인 관점, 단기적인 관점에서 각기 다를 수 있다.

〈표 10-2〉 벤처기업의 성과에 관한 기존연구 고찰

연구자	성과 영향요인	연구결과
Randolph et al(1994)	기술혁신 조직구조 기업발전 단계	- 기술혁신과 조직구조의 적합성은 성과와 양의 상관관계 - 기업발전 단계에 따른 적합성의 효과성은 차이 없음
Allan AFuah(2003)	환경 전략 지식경영	- 혁신을 통한 성공 - 각국 환경과 전략의 적합성 그리고 새로운 패러다임인 지식경영의 흡수

Cooper et al. (1994)	초기자원 - 창업인 배경 - 경영지식 - 산업지식	- 모험기업의 초기자원이 성과에 미치는 효과성 연구 - 성별, 파트너수, 산업영역만 성장에 차이를 보이고 대부분의 초기자원은 성장에 영향 못 미침
Chandler & Hanks (1997)	시장매력도 자원능력 전략 기회의 질 조직자원/창업인 능력	- 시장매력도와 성장과는 양의 상관관계 - 자원기반 품질/혁신전략은 성과와 양의 상관관계 - 비용우위 전략과 비용리더십 능력과는 무관 - 기회의 질과 창업인의 기업가적 능력의 상호작용은 기업의 성장에 유의 - 조직자원과 창업인의 경영능력의 상호작용은 기업의 규모에 유의
Hofer & Sandberg (1987)	창업인 특성 산업구조전략	- 창업경험을 제외한 창업인 특성은 성과와 무관 - 차별화 전략이 비차별화 전략보다 높은 성과 보임 - 산업의 진입장벽, 불균형, 진화단계 등이 성과 영향 (초기에는 비집중화 전략, 말기에는 집중화 전략)
Covin & Selvin (1989)	환경 전략 조직구조	- 적대적 환경에서는 장기적 자본투자, 장기 이익, 高가격정책, 산업예측이 성과에 영향 - 우호적 환경에서는 위험 감수적 재무관리, 단기수익성, 기존제품개선, 단일고객 집중도 최소화가 성과에 영향

자료 : 김홍범(1998), "한국 벤처기업의 성공전략과 성공요건에 관한 문헌연구," 벤처경영연구 1(2); 97~127. Allan AFuah, InnoVation management, OXFord university press. 2003.

〈표 10-2〉에는 벤처기업가의 성과분석을 통하여 벤처기업의 성공에 영향을 미치는 요인들을 제시한 기존의 연구결과들이 정리 · 요약되어 있다.[13] 벤처기업의 성공요인은 환경과 전략 중심으로 논하는 Covin

13) 김홍범, '한국벤처기업의 성공전략과 성공요건에 관한 연구', 1권 2호.

Selvin(1989) 등이고 창업인의 특성과 배경을 논한 Hofer & Sandberg(1987) Cooper(1990) 등이다. 기술과 성공과의 관계는 Randolph(1994) Roure & Keely(1990) 등이다. 그러나 좀더 넓게 이야기하면 기업 내의 운영에서의 환경과 기업 외부의 산업의 매크로적인 면까지도 고려한 경우로 나누어진다. 일반적으로 특정 산업의 태동단계에서 많은 새로운 기업들이 창업된 후 이 산업이 성숙되어가면서 대부분의 기업이 도태되는 경우에는 특정 산업 전체의 성장과 쇠퇴에 독특한 패턴이 나타난다. 이 시기에 창업팀, 창업가적 자세, 창업인 배경과 창업인 능력과 연관성을 연구한 것이 일반적이다.

미국의 전문잡지인 Venture가 1976년부터 1996년 사이에 창업자가 경영한 회사에 관한 보고서에 의하면 상위 100위까지의 기업 중 거의 절반을 컴퓨터 및 컴퓨터 관련회사가 차지하고 있고 건강관련 제품이나 서비스를 제공하는 회사들의 비율이 그 뒤를 따르고 있다. 특정 산업의 경쟁형태는 산업의 본질과 그 역사에 따라 다양하게 나타난다. 특정 산업의 특성을 정의하는데 사용되는 항목들은 대체로 다음과 같다.

1) 독점인가 경쟁이 존재하는가?
2) 성장단계인가, 성숙단계인가, 아니면 쇠퇴단계인가?
3) 진입장벽의 존재 여부
4) 업종이 세분되어 있는가 여부 등

이러한 점을 염두에 두고 벤처기업들이 채택하는 가격, 품질, 혁신, 그리고 차별화 전략을 분석해 본 결과 신규시장(new market)보다 좀더 성숙된 시장(matured market)에서 새로이 창업하는 회사들은 좁은 시장을 대상으로 하는 것이 보다 바람직한 것으로 나타났다.[14] 미국 벤처기업의 성공요인은 ① 사업아이템 ② 자금 ③ 스텝 ④ 성숙한 경영관리로 나타났다.

그러나 일반적으로는 벤처기업의 성공은 창업가의 특성이 중요시되는 만큼 이들의 연구가 중요하다고 하겠다. 벤처를 창업하려는 분야와 관련된 교육이나 과거의 경험은 일반적으로 벤처의 성공에 긍정적인 영향을 미치는 것으로 나타났다. 비록 연구의 시점이 오래되기는 하였으나 미국 Case Western Reserve University의 연구진이 미국 오하이오주에 있는 120개의 성공적인 금속 관련 회사들을 대상으로 실시한 연구결과에 의하면 과거의 경험에 의거한 운영능력이 특정분야에 성공적으로 진입하고 생존하는데 큰 영향을 미치는 것으로 나타났다.

대부분의 성공적인 창업자는 자신이 창업한 분야와 관련된 경험을 가지고 있고 특정분야의 전문가로 인정받고 있다. 그들은 또한 다양한 경영업무에 능력을 발휘하고 있으며 부족한 부분에 대해서는 도움을 적극적으로 구한다. 그리고 이들은 과거 자신의 업무에 대해서 성공적이었으나 남에게 고용되어 일하는 것에 대해서 만족하지 못하였다.

2. 벤처기업 경영성과에 미치는 영향요인

연구방향은 대체적으로 창업자 특성, 산업특성, 전략특성, 기업문화(조

14) 이상문, '벤처창업과 성장전략', 박일사, 2001, p. 86.

직특성)를 통해 이루어지고 있다.[15] 이는 NVP=f(E, IS, S, C, F)와의 함수관계이다. New Venture Performance이다. 여기에서 통제변수는 배태조직과 기술협력 네트워크이다.

(1) 창업자(entrepreneur) 특성

이 부분은 심리적 특성과 행위적 특성, 그리고 경력특성으로 구분하고 있다. 가장 오래된 견해로서 NPV=f(E)의 함수관계로 보는 것이다. 벤처캐피탈리스트들은 벤처기업에 투자할 때 이 기준을 많이 사용한다. 배경적으로 창업가 경험과 교육, 나이 등을 말한다. 〈표 10-3〉의 벤처기업 창업자의 6가지 특성을 정리한 것을 보면 Timmons(1994)가 주장한 바와 같이 몰입과 신념, 리더십, 기회추구, 위험과 불확실성에 대한 수용도, 창의력 그리고 최고가 되려는 의지 등을 들 수 있다.

---

15) 박영배, 윤창석(2001),"벤처기업 경영성과의 영향요인에 관한 탐색적 연구," 벤처경영연구 4(1): 3~34. ; 김훈(2000), "인터넷 벤처기업의 성공에 대한 탐색적 연구," 한국산업경제학회 13(5): 251~274. ; 이장우(1998), "성공 벤처기업의 특성: 사례연구," 벤처경영연구 창간호:101~128. ; 서정환, 신용백(2002), "성공/비성공 벤처기업 창업자 성공요인 추출과 비교에 관한 연구," 생산성논집 16(1): 57~72. ; 안정모, 김종일(1999), "한국 정보통신 벤처기업의 성공요인에 관한 연구," 벤처경영연구 2(1): 31~49.; 김완민, 신영경(1999), "기술집약형 창업중소기업의 성공요인 분석," 대한경영학회 20.: 103~127. ; 이정호, 류춘호(1998), "국내신생벤처기업의 창업유형, 사업전략, 제조전략 및 성과에 관한 연구," 한국생산관리학회지 9(1): 212~246. 이장우, 장수덕(2001), "벤처기업의 성공요인: 성공한 벤처기업가들의 관점," 중소기업연구 23(4): 23~49. ; 유세준, 양희순(2001), "한국 벤처기업의 성공요인에 관한 연구," 생산성논집 15(2): 1~32. 이외 다수의 논문.

〈표 10-3〉 벤처기업 창업자의 6가지 특성

특성	태도나 행위
몰입과 신념	단호함, 민첩성, 문제해결에 대한 집요함, 개인적 희생 감수의욕, 총체적 몰입, 극기
리더십	능동적 업무추진, 타인에 대한 조언과 격려, 구성원들과 공평한 분배, 신뢰감 주는 공평한 일처리
기회추구	시장중심적, 가치창조의 노력
위험과 불확실성에 대한 수용도	계산된 위험 추구자, 스트레스와 갈등 그리고 불확실성에 대한 적응
창의력과 적응력	비관습적, 개방적, 변화에 따른 빠른 적응력, 실패에 대한 두려움이 적은 창조적 문제해결
최고가 되려는 의지	목표와 결과 중심, 지위나 권력에 대한 무관심, 협조적인 대인관계, 사물에 대한 안목과 유머감각 겸비

자료 : Jaffery A. Timmons(1994), New Venture Creation, Irwin.

① 심리적 특성

성공적인 창업인들에게 뚜렷하게 나타나는 것은 성취동기가 강하다는 것이다. 무엇인가 새로운 것을 발견하고 성취해간다는 특성에 있어 매우 강하다. 이와 함께 심리적으로 성장을 지향하는 창업자일수록 위험 감수 성향이나 불확실성 즉, 모호성에 대한 인내성향이 강하다는 것이 지적되고 있다. 모호성에 대한 인내성향에서 위험이 높을수록 창업자는 도전의식을 지니며 위협이라기보다는 '흥미 있는 자극' 으로 받아들인다.

② 행위적 특성

창업자는 성취동기가 높은 만큼 기업의 비전, 경영목표, 그리고 자기 신뢰적인 행동을 한다. 이 부문에서 타인과 구별되는 차별성을 강조하는 경향이 크다. 또한 실패 가능성이나 위험에 대한 대처행동이 소극적이냐 적극적이냐 하는 행위의 특성이 영향을 미친다. 주로 위험을 흥미로운 자극으로 느끼고 있듯이 창업자는 위험에 대해 강한 대처를 위한 행동을 할 것이다. 더구나 창업자는 카리스마적인 변혁적 리더십을 보이며 조직 구성원들의 가치관, 신념 및 강력한 비전을 제시하며, 공동목표의 중요성을 강조한다.

③ 경력특성

이는 연령, 성, 학력, 창업이나 경영 또는 관련 산업에서의 경험 등으로 구분한다. 일반적으로 연령이 낮으면 남성인 경우가 위험감수성향이 높고, 여성은 기회추구형보다는 엔지니어형 창업자가 많다는 결과를 보여주고 있다. 학력은 대체적으로 교육수준을 반영하는 단위로 학력이 높게 나타나고 있다. 그러나 높은 교육수준은 기업전략에 우수한 능력을 보이나 위기대처 능력에 떨어지는 점이 지적되기도 한다. 창업경험이나 관련산업 종사경험은 기업 성과에 긍 · 부정적 영향을 동시에 지니고 있다고 보여주는데 그 영향력이 미미하거나 어떤 경우에는 부정적으로 나타나기도 한다. 그러나 경험을 이해하기 위해서는 창업자의 경험이 질적으로 어느 정도인가에 따라 그 성과가 달라질 것이다.

④ 창업가와 연령

벤처기업의 주요 특징 중의 하나가 벤처기업을 창업하고 경영하는 사람들의 나이가 매우 젊다는 사실이다. 미국의 대표적인 벤처기업인 빌 게이츠(Bill Gates)나 제리양(Jerry Yang), 레리 엘리슨(Larry Ellison) 등이 모두 젊은 나이에 창업했다는 것은 주지의 사실이며, 우리나라의 경우에도 이민화, 장흥순, 변대규, 김형준 씨 등 대표적 벤처기업인들이 학업을 끝내자마자 바로 창업에 뛰어든 경우이다. 물론 미래산업을 창업한 정문술 씨처럼 늦깎이 창업으로 크게 성공한 분들도 많다.

우리나라에서 창업에 관해 조사한 통계수치를 보면 창업 5년 후를 기준으로 했을 때 대대적인 성공자는 총 창업자의 1% 이하, 만족스런 성공자는 5% 전후, 일반적인 성공자는 10% 전후, 현상유지자는 25% 전후, 적자 혹은 망한 자는 60% 이상인 것으로 나타나고 있다. 한 마디로 성공이라고 말할 수 있는 비율은 15% 전후, 즉 10명 중에 1~2명밖에 되지 않는다는 것이다.

그러나 벤처기업의 특징이 그야말로 높은 실패의 위험을 감수해야 하고 또한 뛰어난 기술과 아이디어 경쟁에서 남들보다 한 걸음 앞서야 하기 때문에, 체력과 정신력이 왕성한 젊은 세대가 중 · 장년층보다 절대 유리할 것이다. 이것은 우리나라 벤처기업이 아직은 우량중소기업의 범주에 머물러 있기 때문에, 기업을 창업하여 어느 정도의 기간이 경과하여 기업의 안정과 성장이 확보된 기업들이 벤처기업의 주류를 형성한다.

왜냐하면 창업연령이 젊으면 젊을수록 대기업을 이룰 가능성은 높아지고 창업연령이 높으면 높을수록 대기업을 이룰 가능성은 낮아진다는 사실 또한 무시할 수 없기 때문이다. 그러므로 만일 창업을 언제쯤 하는 것이 좋을 지를 놓고 고민한다면 '세계적 기업을 원한다면 20대에 창업해야 하고 국가적 기업을 원한다면 30대에 창업해야 하며, 알찬 중소기업을 원한다면 40대에 창업하고, 먹고사는 데 만족한다면 50대에 창업해도 무방하다'는 창업의 일반적 원칙을 다시 한번 되새겨 보아야 할 것이다.

(2) 산업특성(industry structure)

산업은 각자 산업구조, 시장의 안정성 및 성장단계, 진입장벽 등이 다르다. 이 경우 제품의 이질성이 높을수록 성공적이고, 산업 성장률이 높을 때 성과가 높으며, 산업 내 불균형이 존재하고, 선발진입 효과가 있는 것으로 나타난다. NPV=f(IS) 즉, Industry Structure이다.

(3) 전략(strategy)특성

벤처기업의 전략유형을 차별화 전략, 무차별화 전략 및 집중화 전략으로 분류한 Sandberg와 Hofer(1987)[16]은 차별화 전략이 성과에 미치는 영향이 높은 것을 주장한다. Covim(1990) 등은 벤처기업의 전략유형을 진취적인 최적화 지향성, 고가위주의 공격형, 저자세의 보수형, 신중형 등으로 분류하기도 하였다.

Career(1994) 등은 최고 성취형, 가격 경쟁형, 수동형, 기술가치 추구형, 집중형, 품질주도형으로 나뉘기도 했다〈표 10-4 참조〉.

---

16) W. R. Sandberg and C. W. Hofer(1987), "Improving New Venture Performance: The Role of Strategy, Industry Structure and the Entrepreneur," Journal of Business Venturing, 2.: 5~28.

한편 적대성이 높은 산업환경 하에서는 경쟁기업에 대해 상대적으로 높은 가격과 서비스전략을 사용하는 기업이 더욱 큰 성과를 달성한다고 한다. 또한 전략범위가 넓거나 공격적 전략을 사용하는 기업의 경우 벤처기업이 성공적이거나 투자 호수율이 높아진다고 주장되고 있다. NPV=f(S)이다.

〈표 10-4〉 벤처기업의 전략유형

연구자	벤처기업전략유형	
Sandberg & Hofer (1987)	• 생산비절감 • 우수한 제품의 공급 • 마케팅 혁신	• 낮은 가격으로 구매 • 틈새(niche) 시장발견 • 모방적 진입
Covin et al. (1990)	• 진취적인 최적화지향형 • 저자세의 보수형	• 고가위주의 공격형 • 신중형
McDougall & Robinson (190)	• 소규모의 다수시장 겨냥 : 일용품 유형의 제품공급을 통한 공격적 성장 • 대규모 수요자시장 겨냥 : 가격경쟁력이 있는 제품공급을 통한 공격적성장 • 소수의 대규모 수요자 겨냥 : 가격경쟁력이 있는 집중/특화제품을 통한 공격적 진입 • 다수시장 겨냥 : 다양한 제품공급 및 후방통합을 통한 조절된 성장 • 수요자직판 겨냥 : 프리미엄 가격 제품을 통한 조절된 성장 • 우수제품, 고품위 서비스 제공 : 소수의 틈새시장에서 제한적인 성장 • 지속적인 브랜드/유통경로 개발 및 집중광고를 통한 평균적인 성장 • 다수의 시장에서 구매빈도가 낮은 제품판매 : 재한적인 성장	
Carter et al. (1994)	• 최고성취형(super achivers) • 수동형(equivocator) • 집중형(niche purveyors)	• 가격경쟁형(price competition) • 기술가치추구형(technology value) • 품질주도형(quality proponent)

자료 : 김홍범(1998), "한국 벤처기업의 성공전략과 성공요건에 관한 문헌연구," 벤처경영연구 1(2); 97~127.

(4) 기업문화의 조직특성(corporate culture or organization culture)

벤처기업의 창업자들은 자신의 진취성 성향에 기초하여 조직분위기를 탄력적이고 도전적으로 만들 수 있다. 벤처기업은 대부분 자원과 경험이 부족한 상태에서 구성원들 상호간의 신뢰와 애정, 그리고 일에 대한 열정으로 출발한 경우가 많기 때문에 특유의 가족적이고 공동체적인 조직분위기를 만들 수 있다. 수직적으로 구성원들이 느끼는 '지각된 조직배려'(Perceived Organizational Care)로 표현되고 수평적으로 '동료 간의 친밀감'으로 표현된다. 한편, 창의성과 자발성을 이끌어내는 자율적인 업무수행 분위기도 중요한 역할을 한다. NPV=f(C)이다.

(5) 경영관리능력(자금조달능력)

벤처기업에게 확인되는 가장 중요한 특성은 첨단기술을 개발하고 이를 상업화한다는 점에 있다. 첨단기술이란 그 자체가 희소성이 있으며, 모방하기 힘들다. 그러나 이의 단점으로 기술에 대한 평가기준이 미약하여 벤처기업은 항상 자금조달에 어려움을 겪는다. 그런데 자금조달능력은 벤처기업이 지니고 있는 기술과 제품의 특성과 상업화과정에서 그 규모가 달라진다. 이때 필요한 것은 시장을 확신시킬 수 있는 경영관리 능력으로 기술과 제품의 시장친화력을 높이고 자금조달을 원활하게 할 수 있는 경영관리능력이 매우 중요한 포인트가 된다. 따라서 궁극적으로는 자금조달능력 즉 finacing의 정도가 성과에 영향을 미친다. NPV=f(F)이다.

(6) 배태조직(incubator)

벤처기업분석에서 모기업이 지원하는 신생 벤처기업과 새로 시작하는 창업기업은 자원을 모으고 이용하는 능력에 있어서 체계적으로 상이하며 따라서 이들은 다른 전략을 선택하게 되고 이것이 기업성과의 차이를 가져온다. 배태조직은 자원원천의 차이를 가져오는 중요한 요인이다. 독립창업벤처가 기업벤처보다 기업성과가 더 좋다는 것을 나타내고 있다. 이와 반면 기업벤처가 더 나은 성과를 가져올 것이란 주장도 있다. 주로 모기업의 마케팅, 생산, 조직 능력에 대한 접근, 모기업의 명성, 기존제품, 그리고 생산시설 등에서 이점이 있다고 한다. 이병기(2002)[17]의 연구결과 기업성장은 독립창업벤처기업이 더 빠른 것으로 나타나고 있다.

(7) 기술협력 네트워크

벤처기업의 네트워크 수가 벤처기업의 발전에 중요한 영향을 미친다. 성장률이 높은 벤처기업의 조직적 네트워크는 성장률이 낮은 벤처기업의 네트워크보다 그 범위가 크다. 네트워크가 유무형의 자원희소성을 보상한다고 할 때 벤처기업의 네트워크는 기업의 나이가 젊을 때, 즉 자원제약을 받고 있는 경우 중요성이 클 것이다. 이병기(2002)의 연구결과 산업 성장률이 높은(정보통신 등) 산업에서 벤처기업의 성장률이 빨랐다.

3. 미국과 한국의 성공 요인 차이

〈표 10-5〉는 성공요소별 미국과 한국의 차이를 나타낸 것이다. 미국

17) 이병기(2002), "벤처기업 성장요인의 실증분석," 벤처경영연구 5(2): 93~97.

은 폭발적 아이디어와 기술과 사업성의 연계가 중앙인데 한국은 응용기술위주와 기술위주이기 때문에 상업성이 문제이다.

〈표 10-5〉 성공요소별 미국과 한국의 차이

연구자	미국의 성공벤처	한국의 일반벤처
아이템	• 폭발적 아이디어 • 기술과 사업성이 연계	• 응용기술 위주 • 기술위주
Funding	• 비즈니스 플랜을 작성 • 경험 많은 벤처캐피탈의 전방위 적 지원	• 기술플랜을 작성 • 벤처캐피탈의 경험부족 • 자금사용에 비즈니스 마인드 부족
Staffing	• 외부 전문경영인 영입 • 높은 인력수준 • 노동시장 활성화	• 창업자가 CEO 겸임 • 벤처붐 소멸 이후 인재확보 어려움 • 인력이동의 경직성
숙성	• 지분유지보다 기업가치향상을 추구 • 글로벌 지향 • 성장단계별로 경영시스템 변신 • 선택과 집중	• 창업자 지분에 집착 • 국내시장 지향 • 초기 경영시스템 집착 • 다각화 지향(일부)
Exit	• 나스닥 퇴출기준이 엄격하여 신규등록이 용이 • M&A를 Exit의 한 수단으로 간주	• 코스닥 퇴출기업이 거의 없어 신규 등록 어려움 • M&A는 최후의 선택
생태계	• 벤처를 둘러싼 굳건한 네트워크 • 시장원리 적용	• 벤처붐 이후 벤처네트워크 약화 • 정부의 과도한 지원으로 '무늬만 벤처'에 대한 구조조정 지연

자료 : 배영일(2002), "벤처경영상의 재정립," 삼성경제연구소 Issue Paper:12.

자금(Funding)에서도 한국은 미국과 달리 벤처캐피탈이 부족하고 미국은 외부전문경영인을 영입하나 한국은 창업자가 CEO를 경임하여 성공에 제한을 받기도 한다.

미국은 비분유지보다는 기업을 향상시키는데 역점을 두고 있으나 한국은 창업자지분에 집착하고 국내 시장에 만족하는 경향이 있다. 특히 미국은 나스닥 퇴출기준이 엄격한데 한국은 코스닥 퇴출기업이 거의 없어 신규 등록이 어렵다.

05 한국 벤처 비즈니스의 전망

본 장에서 벤처의 성공요인에 관한 탐색을 정리하면 벤처기업의 성공 즉, NPV=f(E, IS, S, C, F)와의 함수관계라고 말하였다. 그러나 실질적으로 벤처기업이 성공하는 장소는 대부분 집적화된 공간에서 그 확률이 높다. 이외 성공에 영향을 주는 요인을 언급하자면, 대학/연구소 및 중앙정부/중앙정부의 역할이 기대된다. 요인을 첨가시키자면 대학/연구소를 I(institutions)로, 정부의 역할 G(government)로 첨가하면 보다 나은 성과를 가져올 수 있을 것이다.

현실적으로 한국의 벤처기업은 지금 조정기를 거쳐 도약기를 지나고 있다. 기업가 정신의 활력 정도를 가늠해 보기 위해서 총 사업체수에 대한 부도 및 도산업체수의 비율을 보면 미국이 0.33%(94년), 일본이 0.23%(95년)인데 반해 한국은 0.57%(95년)로 추정되어 높은 수치를 기록하고 있다. 또 창업기업의 5년간 생존율은 미국이 약 20%인데 반해 한국은 이 이하인 것으로 추정된다.

다시 말하면 미국이 다산소사형(多産少死型)인데 반해 한국은 기업수에 비해 부도업체수가 너무 많으며 특히 창업업체수가 부도기업수에 대해 그리 높지 않은 소산다사형(少産多死型)이라 할 수 있는 것이다.[18] 창업기업이 그리 높지 않다는 것은 경제의 역동성이 떨어진다는 의미와 같다.

여기서 한 가지 지적하자면 선진국의 경우 특히 미국은 벤처캐피탈이 자생적으로 발전하여 벤처기업의 경영성과에 고위험-고수익을 기본으로 하고 있어 시장에서 그 면모를 발휘한 것과는 달리 한국은 벤처캐피탈의 미약한 성장으로 인해 성공에 접근하는 기업에게 가장 큰 부담으로 작용할 것으로 판단된다.

▶참고【Pecking Order】

약한 닭이 먹이를 먹으려 할 때 힘센 닭이 약한 닭의 머리를 쪼아 먼저 먹지 못하게 하는 현상에서 비롯된 용어이다. 창투자금이 고위험 · 고수익의 자산에 투자한다는 취지를 가지고 설립되었더라도, 저위험 · 고수익의 자산이 있다면 이곳에 우선 자금이 몰리고 남은 자금만이 고위험 · 고수익의 자산에 유입되기 때문에 창투사에게도 초기벤처는 후순위 투자처가 되어버린다.[19]

---

18) 김범식 외 2명, "21세기 국가전략과 개혁과제[3권(3부)]", 삼성경제연구소 연구보고서, 1998. 01.

19) 이웅희(2001), "벤처침체와 새활로," 삼성경제연구소 CEO Information 282호: 9.

11

벤처캐피탈

1_ 벤처캐피탈(Venture Capital)의 필요성
2_ 벤처캐피탈의 개념
3_ 벤처캐피탈의 특징
4_ 엔젤 투자자의 벤처자본
5_ 벤처캐피탈의 국제비교
6_ 한국의 벤처캐피탈
7_ 벤처캐피탈과 인적 자원

한국의 산업구조가 노후화되면서 신산업 창출에 대한 희망이 강해지고 있다. 그 대안으로 벤처기업 활성화와 함께 벤처산업의 구조화를 기대한다. 벤처산업이란 크게 투자자, 벤처캐피탈회사, 그리고 벤처기업으로 구성된다. 비록 정부의 벤처기업 육성정책으로 수많은 벤처기업이 생성되었으나 시장에서 투자자 및 벤처캐피탈의 활성화가 이어지지 않아 성장의 궤도에 올라선 기업을 발견하기가 쉽지 않다. 물론 지금도 본격적인 성장을 기대하며 많은 기업이 생성되고 있으나 생태환경의 조성이 미약한 것이 작금의 현실이다.

01

벤처캐피탈(Venture Capital)의 필요성

벤처기업은 기본적으로 경영성과 또는 재무성과보다는 지식 또는 기술축적을 중심으로 평가되기 때문에 본질적으로 시장 신뢰성이 제한(credit constraints)되어 있다. 그 이유는 벤처기업은 대부분 신 시장에 진출하고자 하기 때문에 벤처기업에 대한 자본투자는 불확실성과 정보획득비용에서 자유롭지 않기 때문이다.

더구나 벤처기업의 입장에서도 자금조달뿐만 아니라 신시장을 확보 프로세서에 지식 갭(knowledge gap)을 지니고 있다. 만약 새로운 벤처기업이 시장신용에 접근하지 못할 경우 새로운 제품과 혁신의 소개는 당연히 늦어지게 된다.

이러한 문제점을 보완하는 시장의 제도가 바로 벤처캐피탈(Venture Capital : VC)이다. 벤처캐피탈은 투자계획에 대해 질적이고 전문화된 평가를 준비할 수 있는 정보 생산자이며, 수익창출이 가능한 벤처기업을 선별계약, 그리고 감시와 통제를 통하여 투자자와 벤처기업 간의 비대칭 정보[1]를 보완하는 지식개발자(the development of knowledge)이다.

그러나 이러한 영역(신산업)의 벤처기업은 그 성공을 확인하는 데 있어 불확실성과 정보비용이 크기 때문에 부채와 자산을 대비하는 전통적인 자본시장에서의 자본조달은 어려움을 겪는다. 그 어려움은,

첫째, 기술기반의 벤처기업은 첨단지식으로부터 파생되는 성장잠재력이 주요기준이기 때문에 이에 대한 평가 어려움이 존재한다.

둘째, 창업 초기에 담보로 내놓을 수 있는 유형자산은 미약하다.

셋째, 그들의 신제품은 시장에서 검증된 바가 없으며, 제품수명주기가 급격하여 쇠퇴에 접하는 비율이 크다는 것이다.

이러한 요인들은 기존의 중소기업보다 기술기반 소기업이 위험특성과 채무불이행 가능성이 훨씬 크기 때문에 전통적인 금융시장에서의 조달이 용이하지 않다.

따라서 문제점을 해결하기 위해서 정부와 시장의 역할 즉, 과거 정부

---

1) 투자자는 벤처기업에 투자할 경우 수익창출이 가능한 벤처기업을 판단하기에 부족한 정보가 발생하며, 벤처기업가 입장에서도 초기창업부터 성장단계, 즉 IPO, M&A 등이 성립되기까지 지속적인 경영관리를 보완해주는 대리인이 필요하게 된다. 이 과정에 발생하는 정보문제를 정보비대칭이라고 이해할 수 있다. 이 갭을 보완해주는 시장위계조직이 바로 VC가 된다.

의 역할은 국내 자체기술개발을 위해 R&D를 위한 자금조달, 새로운 기술기반기업과 신경제의 창출을 위한 자금조달을 사용하여 왔던 반면, 최근에 와서는 정부의 역할과 함께 시장에서 벤처캐피탈의 혁신적 역할을 촉진하는 VC 같은 금융제도의 성립에 기대를 하고 있다.

그 이유는 벤처캐피탈 기관의 증가는 금융장벽을 해결할 수 있다. 벤처캐피탈은 부채금융에 비해 긍정적인 형태를 많이 지닌다.

〈표 11-1〉 벤처캐피탈과 부채금융의 비교를 보면 자금지원 측면에서 벤처캐피탈은 일반금융기관과 유사한 성격을 지니고 있으나, 일반적인 금융기관은 충분한 담보를 확보한 후 융자의 형태로 자금지원을 해주고 일정금리를 취하고 있다.

벤처캐피탈은 기술력은 있으나 담보력이 취약한 벤처기업에 무담보 주식투자의 형태로 자금을 지원한 후 투자기업이 성장발전하면 보유주식을 매각하여 투자금을 회수하는 것이다.[2)]

그리고 벤처 부채금융의 가장 큰 구별은 포트폴리오 기업에 대한 벤처캐피탈리스트의 부가가치 서비스(경영지원)이라고 말할 수 있다.

〈표 11-1〉 벤처캐피탈과 부채금융의 비교

업무분야	벤처캐피탈(VC)	부채금융(Debt Financing)
목표	최대한 수익	이자 지급
소유기간	2-5년	단기/장기
방법	보통주, 전환채권, 옵션, 보증(위임)	채권, 팩토링, 리스

2) 정우성(2001), "엔젤캐피탈과 과세제도," 외대논총 제23집:283~303.

보상	주가수익률(price-earning ratio)	이자 차액
담보	No	Yes
소유권	Yes	No
통제	소액주주	계약조항
계정(회계)에의 영향	레버리지 감소	레버리지 증가
회수 메카니즘	IPO, 제3자 매각, 기업가에게 판매	채권보상
부가가치 서비스	Yes (1) 금융과 전략적 계획 (2) 핵심인물 채용 (3) 거래은행 확보와 부채금융조달 (4) 국제적 시장과 기술에 접근 (5) 지역의 전략적 파트너와 인수 목표 소개 (6) 제조와 마케팅 활동의 지역적 확장 (7) M&A 협상과 실행 (8) IPO 지원	없음

자료 : Asian Venture Capital Journal, AVCJ(2000), The 2001 Guide To Venture Capital in Asia, Hong Kong: Asian Venture Capital Journal.

02

벤처캐피탈의 개념

벤처기업의 성장과 생성이 국가와 시대에 따라 다르듯이 벤처캐피탈의 개념도 이와 같다. 일반적으로 벤처캐피탈은 기업의 초기 성장단계에서 자금을 제공하고 기업공개 후 투자자본을 회수한다. 따라서 벤처캐피탈들은 그들이 투자하는 벤처기업에 대한 전문적 투자가로 표현하며, 투자중심의 자본으로 인식한다. 기업과 장기적인 관계를 유지하고 기업가치를 증대시키는 적극적인 투자자의 역할을 함은 물론, 전문적인 경영기술도 제공한다.[3)]

또한 정보가 부족하고 규모가 작은 벤처기업의 입장으로는 벤처캐피탈을 통하여 기업가치를 세상에 알릴 수 있고 적은 비용으로 일반투자자에게 기업내용을 알릴 수 있는 장점도 있다.[4)]

이러한 정의들은 기술개발과 창업지원에 대한 문화적 배경이 호의적이며 실패에 대해 관대한 풍토 하에서 자생적으로 나타난 미국의 상황에 기반을 둔 것으로 우리가 이해하기 어려운 부분도 많다고 하겠다. 벤처

---

3) Admati, A. R and Pfleiderer P. Robust, Financial Contracting and the Role of Venture Capitalist, Journal of Finance No. 49, 1994, pp. 371~402.

4) Megginson William and kathleen Weiss, Venture capitalist Certification in Initial Public Offering, Journal of Finance, No. 46, 1991, pp. 879~904.

캐피탈의 개념의 개념을 요약하면 〈표 11-2〉와 같다.

자금 및 자본 중심의 정의는 쿠퍼(Cooper) 바이브레이브(Bygrave)와 티몬즈(Timmons)가 대표적인데, 새로운 지식에 투자하는 용감한 자금으로 인식했고 가나이(金井一賴)는 벤처기업에 대한 전문적 투자가로 표현하며, 투자중심의 자본으로 인식한다. OECD는 미상장된 일천한 기업에 투자하는 특수형태의 자금으로 인식하였다.

경영지원 및 컨설팅을 포함한 개념의 정의는 워너(Warner)와 홍순영, 강순영 등이 포함되고, 메리슨(Marrison)과 메이슨(Mason) 등은 자금을 공급하여 성장을 지원하는 촉매기관으로 표현한 것을 보면 좀더 포괄적이다. 상술한 개념을 정리해보면 개인을 포함한 전문적 투자가로서의 자금과 자금을 공급하여 성장하는 기관으로 보는 것이 다르다고 하겠다.

필자는 상술한 정의를 포함하여 벤처캐피탈의 개념을 '벤처기업을 발굴하고 개발하는 자본' 으로 정의한다. 기관으로 표현하지 않은 것은 개인의 자본이나 투자가 벤처캐피탈을 움직이기 때문이다.

〈표 11-2〉 **벤처캐피탈의 개념**

성격	학자	정의
투자및 자본	Bygrave와 Timmons(1992)	새롭고 성장하는 기업을 찾아 그 기업에 장기간 투자하는 인내롭고 용감한 자금(patient and brave capital)
	OECD(1996)	벤처캐피탈을 주식시장에 미등록된 설립이 일천한 기업에 투자하는 특수한 형태의 자금
	Jeng & Wells(2000)	공적기관과 사적인 소유기업 둘 다 포함하는 기관 또는 부유한 개인(engel capital)에 의한 투자

투자및 자본	한국벤처캐피탈 협회(2002)	고도의 기술력과 장래성은 있으나, 자본과 경영능력이 취약한 기업에 기업 설립 초기단계부터 자본과 경영관리, 기술지도 등 종합적인 지원을 제공함으로써 투자기업을 육성한 후 투자금을 회수하는 금융방식
	金井一賴(2002)	벤처기업에 대한 전문적 투자가
기관 및 회사	Warner(1988)	자본과 컨설팅의 결합으로 위험성이 높은 투자 안에 투자함과 동시에 투자한 기업들의 포트폴리오를 감시하고 때로는 경영자적인 역할을 수행하여 투자기업에 동기부여를 하는 관계를 지닌 투자기업
	Marrison& Mason (1996)	성장지향의 신규 창업을 발견하고 자금을 공급하여 성장을 지원하는 촉매기관
	홍순영(1997)	벤처기업에 자본수익을 목적으로 투자되는 자본으로 벤처금융회사는 벤처기업에 자금과 경영지원을 통해 자본이득을 얻는 금융기관
	강성준(2000)	설립 초기의 경영기반이 취약한 벤처기업에 대하여 투자, 융자 등 각종 금융지원과 경영 및 기술지원을 통하여 투자기업을 성장시켜 투자수익을 취하는 자본이나 영업형태 혹은 이러한 활동을 수행하는 투자가나 투자회사

주 : 문헌[5)]

그러나 〈표 11-2〉를 보면 자금+사적기관+공적기관+투자의 성격이 모두 포함되고 있으며, 특히 '투자'의 성격이기 때문에 자본의 위험뿐만 아니라 경영지원, 그리고 LBO(leveraged buyouts)[6)]를 함으로써 적극적인 수익을 확보하는 데 그 목적이 있음을 알 수 있다.

이러한 정의는 미래가치가 있는 창업기업에 투자와 경영지도를 통해 성장시켜 투자수익을 회수하는 성격을 지니고 있기 때문이다. 일반적으로 벤처캐피탈은 기업의 초기 성장단계에서 자금을 제공하고 기업공개 후 투자자본을 회수한다.

투자에 수반되는 위험이 큼에도 불구하고 벤처캐피탈 회사의 투자가 매력을 갖게 되는 이유는 위험에 상응하여 기대되는 수익도 크기 때문이다(투자원금의 수십 배 회수 가능하기 때문에 경제성 유지). 그러므로 벤처캐피탈 회사의 성패는 전적으로 위험에 대한 효과적인 대응능력의 보유 여부에 의해 좌우된다. 따라서 벤처캐피탈 회사는 투자대상의 선별능력과 투자대상 기업의 수익-위험 특성을 개선시킬 수 있는 차별적 지원능력을 갖추어야 한다.

---

5) Warner, K. F.(1988), Essays On The Venture Capital Market, Yale University. ; Bygrave, W. D. and J. A. Timmons(1992), Venture Capital at the Crossroad, Harvard Business School Press. ; OECD(1996), Venture Capital and Innovation, OECD working paper, No.8:12. ; Jeng, Leslie A and Philippe C. Wells(2000) The determinants of venture capital funding: evidence across countries, Journal of Corporate Finance, Vol.6.:241~289. ; 강문수(1987), 벤처캐피탈의 역할과 과제, 한국개발연구원. ; 고성수(1996), 우리나라 벤처캐피탈 시장의 활성화 방안, 한국금융연구원. ; 홍순영(1997), 우리나라 벤처금융의 활성화 방안, 중소기업 연구원. ; 한국중소기업회지 제20권 제2호:321-350.; 허남수(1999) "우리나라 나라 벤처캐피탈의 변동추이와 발전방향," 한국중소기업회지 제20권 제2호:321~350.; 강성준(2000), "우리나라 벤처캐피탈의 활성화 방안에 관한 이론적 고찰," 한국산업경제학회 산업경제연구 제13권 제3호:205~222. ; http://www.kvca.or.kr/

6) LBO는 leveraged buy out의 약어이며, 기업매수자금의 대부분을 매수대상기업의 자산을 담보로 한 차입금으로 충당하여 매수하는 것을 말한다. 다른 사람의 돈을 빌려 기업을 매수하는 수단으로 적은 자본으로도 기업매수가 가능하지만 거액의 차입을 수반하기 때문에 기업매수 후에는 자기자본비율이 크게 저하되어 신용위험이 높아진다.

03

벤처캐피탈의 특징

벤처캐피탈의 기원에 대해서는 17세기, 19세기 등 학자에 따라 다르나 일반적으로는 크리스토퍼 컬럼버스라는 한 젊은 기업인에게 극동의 항해도를 개척하겠다는 혁신성과 미래성을 보고 항해자금을 투자한 것을 그 효시로 보고 있다. 그러나 현대적 의미의 벤처캐피탈은 제2차 세계대전 이후 자생적으로 나타났다고 보고 있다.

벤처캐피탈은 벤처기업에 지원(벤처기업 육성)을 통해 기술개발을 촉진시키고 고용을 증대시키는 역할의 본질적 성격 외에 전반적으로 벤처캐피탈은 자금중개자로서의 역할을 담당한다. 벤처캐피탈이 자금중개자로서 긍정적인 역할을 하는지에 관하여는 이론적 논쟁의 여지가 있지만 기본적으로 벤처기업과 투자자 사이에 '정보의 비대칭성' 이 존재하는 경우 벤처캐피탈은 여러 가지 방법을 통하여 레몬문제(lemon problem)를 해결하는 역할을 할 수 있다.

즉, 벤처캐피탈을 통하여 벤처기업에 투자하는 경우 벤처캐피탈은 투자자보다 많은 정보를 가지고 있기 때문에 정보의 비대칭성 때문에 불량한 기업에만 투자하게 된다는 역선택(adverse selection) 문제를 해결할 수 있다는 것이다.

최초의 벤처캐피탈은 1946년 하버드대학의 George F Doriot 박사에 의해 설립된 ARDC(American Research and Development Corporation)로 인식되고 있다. 특히 ARDC는 1957년 7만 달러를 Digital Epuipment에 투자하여 1971년에는 회사의 순자산이 5억 7천만 달러로 평가되기도 하였다.

벤처캐피탈의 특징은 소득, 매각, 양도 등 다방면으로 논의될 수 있으나 일반적으로 다음과 같은 특징을 갖는다.[7)]

첫째, 창업 초기 소요자금의 지원(early-stage financing) 뿐만 아니라 기업이 성장함에 따라 필요한 추가적인 운전자금, 시설확장 자금 등과 같은 기업성장자금(expansion financing) 그리고 기존기업을 매수하거나 인수하여 사업을 활성화하는데 필요한 자금인 기업인수자금(Acquisition and MLB financing) 등 성장단계에 따른 후속적인 자금지원을 통해 벤처기업의 성장을 도우며 주식시장에 상장하기까지 동반자적 입장에서 함께 노력한다. 즉, 벤처캐피탈은 동반자의 특성을 가진다.

둘째, 자본과 경영능력이 취약한 창업단계의 벤처기업은 담보능력이나 거래실적이 부족하여 일반 금융기관으로부터 대출을 받기 힘들다. 벤처캐피탈은 이러한 벤처기업에 대해 주로 지분참여의 방법으로 무담보 장기자금을 지원하는 특성을 가진다. 즉, 벤처캐피탈은 장기투자의 특성을 가진다.

셋째, 주식인수, 전환사채인수, 신주인수권부 사채인수, 약정투자, 융자, 리스, 팩토링 등의 금융지원 이외에 투자기업의 성장지원을 위한 경영관리, 기술지원 등의 부가가치를 제공함으로써 기업성장의 길을 열어

7) 이상문 외, 벤처 창업과 성장전략, 박영사, 2001, p. 275.

준다. 즉, 벤처캐피탈은 기업의 가치창조의 특성을 갖는다.

이와 같은 벤처캐피탈은 다음과 같이 두 종류로 구분된다.

① 클래식 벤처캐피탈 :

임원파견 등을 통해 깊게 관여하면서 주식공개 또는 M&A에 의한 기업매각 또는 벤처기업을 육성하는 벤처캐피탈

② 머천드 벤처캐피탈 :

기관투자가의 자금에 의존하여 성장단계 후기 및 LBO(leveraged buyout)에 주로 투자하는 벤처캐피탈로 나뉜다. 요즈음 선진국에서 발달하는 벤처캐피탈이다.

또한 기회의 창을 고려할 때, 열리게 되는 창의시간 폭은 중요하다. 그것은 신규 벤처가 성공 또는 실패할 것인지를 결정하기 위한 시간 폭을 고려해야 한다는 의미이다. 그리고 성공이 예상될 수 있다면, 성공의 혜택은 수확되어야 한다.

〈그림 11-1〉은 벤처캐피탈의 후원을 받은 기업 중 실패하는 기업(이를 lemon이라 함)은 약 2년 반만에 곪아터지는 반면, 성공적인 기업(이를 pearl이라고 함)은 7년 또는 8년 정도 걸린다는 것을 보여준다. 비유하자면, 레몬 같은 기업은 쉽게 익고 사라지지만, 진주 같은 기업은 서서히 빛을 발하며, 그 가치가 증명된다는 것이다. 이러한 진주에 대한 장기간의 투자와 수확의 극단적인 예는 1966년 새로운 기업에 투자하여 1984년 초에 투자이익을 실현하였던 실리콘밸리 벤처캐피탈 회사의 경험이다.

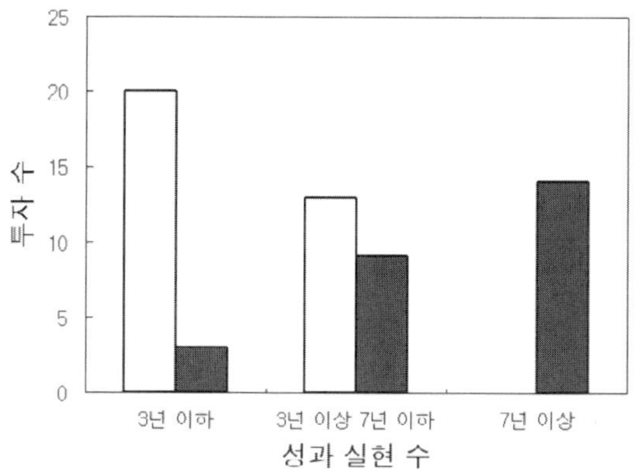

〈그림 11-1〉 레몬과 진주

자료 : Bygrave. William, The Portabe MBA in Entreprership, L.A DoveAudio 1999

동시에 기회를 창출하고 응시하는 과정을 생각하는 또 다른 방법은 개방된 창, 즉 기회의 창을 통하여 움직이는 켄베이어 벨트에서 목표(기회)를 선택하는 과정으로서 생각되어질 수 있다. 컨베이어 벨트의 속도는 변화하고, 그것의 움직임을 통하여 창은 끊임없이 열리거나 닫힌다. 지속적으로 열리거나 닫히는 창과 끊임없는 변화하는 컨베이어 벨트의 속도는 시장의 변동적 속성과 타이밍의 중요성을 말한다. 창출 및 응시되는 기회에 대하여, 창이 닫히기 전에 컨베이어 벨트에서 선택되어야 한다.

04

엔젤 투자자의 벤처자본

엔젤이란 벤처기업의 창업 또는 성장 초기단계에서 천사처럼 나타나 자금지원이나 경영지도를 해주는 투자자를 말하며, 이러한 자금을 엔젤 캐피탈이라 한다.

미국의 비공식적 벤처자본시장은 창업기업에 대한 자금원으로서 가시적이지 않은 특징을 지닌다. 이 시장은 고위험/고수익성(high risk-high return)을 지닌 창업기업에 재산을 투자하는 개인 재력가, 즉 엔젤 투자자(Business angel)들로 구성되어 있다. 엔젤 투자자들은 보통 상당한 사업 경험과 재력(거주용 주택을 제외한 100만 달러 이상의 자산)을 지니고 있고, 높은 교육수준(학사 이상의 취득자)을 가진 중년층(48세의 중년남성)의 개인들이다.[8] 그러한 엔젤 투자자들은 벤처자본에 비해 창업 초기단계의 벤처에 대한 투자를 선호하고 자신의 집과 근접해 있는 벤처에 투자를 선호하는 것으로 나타났다.

미국의 경우 1996년에 25만 명 정도의 엔젤 투자자가 200억 달러 이상의 투자를 한 것으로 추정된다. 이들은 주로 자수성가한 창업기업가들로서 40~50대의 나이에 대부분이 대학 졸업자이고, 반 정도는 주로 이

8) Richard Marrison & Colin Mason, Informal Venture capital, Voood heall Faulkner, 1996.

공계나 상경계 대학원 졸업자이다. 엔젤은 주로 5만$~50만$ 정도의 자본투자를 원하는 벤처로서 향후 5~10년 기간 동안 매출액이 200만$~2000만$ 정도로 성장할 수 있는 잠재력을 지닌 기업에 단독, 또는 조합으로 투자한다. 이들은 연평균 매출액 성장률이 10~20% 정도로 전문 벤처자본에게는 별 매력이 없는 벤처에 주로 투자하나, 특별한 경우 시제품을 아직 개발 못한 첨단 기술업체의 창업 초기투자에 손을 대기도 한다.

좀더 정확한 자료를 보면 〈표 11-3〉 구미의 비즈니스 엔젤의 특징을 보면 연령적으로는 미국과 캐나다가 47세인데 영국과 스웨덴은 53세, 54세로 북미(미국, 캐나다)가 좀더 젊다는 편이다. 그리고 스웨덴의 자료는 확실치 않으나 95% 이상이 남성인 것을 알 수 있다. 평균 년 수입은 미국이 9만 달러, 캐나다가 17만 달러이고 창업경험은 스웨덴과 미국이 높고 영국은 57%로 낮은 편이다.

〈표 11-3〉 구미의 비즈니스 엔젤의 특징

	영국	스웨덴	미국	캐나다
연령	53세	54세	47세	47세
성별	99% 남성	–	95% 남성	98% 남성
평균년수입	4만 6천 파운드	50만 크로에	9만 달러	17만 캐나다달러
총자산액	31만 천 파운드	500만 크로에	75만 달러	136만 캐나다달러
창업경험유무	57%	96%	83%	75%

자료 : Richard Marrison & Colin Mason, Informal Venture capital, Voood heall Faulkner,1996.

우리나라의 경우 엔젤 투자가 활성화되어 있지 못하므로 공공 벤처자본을 형성하여 엔젤의 역할을 하도록 꾀하고 있다.[9)]

자금조달의 원천으로서 벤처자본가와 개인 투자가(엔젤)의 역할이 크다고 하겠다. 개인 투자가는 투자 규모가 작거나 초기단계에 필요하며 벤처자본은 투자규모가 크고 후기 성장단계에 필요하게 된다. 고전적 유형의 엔젤은 후원자 겸 구세주로 비춰져왔다. 엔젤은 조직에 속해 있지 않은 개인벤처투자가(private venture capitalist)들이다. 그들은 기술과 아이디어가 있지만 자본, 경영수완이 부족한 창업 전 또는 창업 초기의 기업가(entrepreneur)에 지분투자(equity investment)를 단행하고 경영관리지식을 나누어 준다.

벤처기업의 창업자는 설립 초기에 자신의 자본을 중심으로 사업을 경영하게 되고 이에 부족한 자금은 친구, 친척, 동업자들의 투자를 통해 조달하게 되는데, 이러한 자금을 Angel capital이라고 하며 또는 Love money라고도 부른다.

① Love money : 자신과 밀접한 관계가 있는 친구나 친척 등의 벤처 비즈니스에 투자하는 자본.
② Angel capital : 자신의 자금을 자신과 특별한 관계가 없는 다른 사람의 사업에 투자하는 자본을 지칭한다.

이는 공식적인 Venture Capital인 벤처캐피탈 회사나 은행, 연금과

9) 정승화, 벤처창업론, p. 307.

기금, 생명보험회사, 대기업과 같은 기관투자가들과는 구별된다.

엔젤의 투자 동기는 경제적인 동기가 우선적이지만 창업 및 경영 그 자체에 관심을 두는 경우가 많다. 따라서 엔젤은 벤처캐피탈을 비교하면 다음 〈표 11-4〉 엔젤과 벤처캐피탈의 비교와 같다.

〈표 11-4〉 엔젤과 벤처캐피탈의 비교

	엔젤캐피탈	벤처캐피탈
투자단계	사업구상에서 발아 또는 성장초기 단계(seed or early stage) 선호	창업 후 주식공개까지 후기 성장 단계(later stage) 선호
투자동기	고수익성, 친분, 인연 중시	고수익성
지원내용	자금지원 및 다양한 전문 노하우 제공	자금지원중심(경영 및 기업공개 지원)
투자재원	개인자산	투자가를 모집하여 펀드 조성
자격요건	자격요건 없음	일정한 법적 자격요건 존재
위험 허용도	상대적으로 큼	상대적으로 작음
투자수익성	상대적으로 큼	상대적으로 작음
피투자가의 위치	근거리 선호	거리제한 없음
신분노출여부	익명을 선호	공개적
투자가와 피투자가의 만남	우연성이 큼	사전적으로 공지

자료 : 정우성(2001), "엔젤캐피탈과 과세제도," 외대논총 제23집:283~303.

또한 엔젤은 벤처캐피탈에 비해 다음과 같은 특징이 있다.

첫째, 벤처캐피탈의 대부분은 제품출하가 확실한 단계에 투자하지만 엔젤은 초기에 투자하기 때문에 벤처캐피탈보다 고수익, 고위험 지향의 투자자금이다.

둘째, 벤처캐피탈은 자본이득에 목적을 두지만 엔젤은 자본이득과 경영참여를 통한 기업성장에 더 많은 관심을 둔다.

셋째, 엔젤은 기업에 자금만을 지원하는 것이 아니고 경영자에게 다양한 전문 노하우를 제공하는 등 경영참여 비중이 벤처캐피탈보다 크다. 따라서 투자주식의 보유기간도 벤처캐피탈에 비해 장기적으로 소유할 가능성이 훨씬 높다.

넷째, 엔젤은 투자기업의 신속한 동태파악을 중요시하기 때문에 일반적으로 근거리에 소재하는 기업을 선호하는 경향이 크다. 이외 엔젤캐피탈은 벤처캐피탈과 같은 중개자 입장보다는 더욱 직접적인 기업경영에 관심이 크다. 벤처기업을 성공으로 이끌고 가고자 하는 강한 열망이 벤처캐피탈보다 훨씬 크다.

05 벤처캐피탈의 국제비교

1946년 처음 미국에서 벤처캐피탈 회사가 설립 · 운영된 이래 일본은 1963년, 한국은 실질적으로 1981년에 벤처캐피탈의 활동이 시작되어 세

나라 간의 제도적인 벤처캐피탈의 투자는 약 20년 전후의 차이가 있다.

미국의 경우 기업화 대상의 적정기술이 많고 벤처기업을 희망하는 인적 자원이 풍부하며 벤처기업의 수요가 큰 것에 기인하여 자생적으로 발생하였다. 따라서 민간에 의한 주도가 특징이며 정부의 정책적 지원은 사후적이고 유인적인 성격을 갖고 있다.

미국 벤처캐피탈의 규모는 최근 15년간 지속적으로 증가했는데 NVCA(National Venture Capital Association)에 따르면 1980년 45억 달러에서 1996년 440억 달러, 2000년에는 1,000억 달러를 상회할 것으로 보고 있다.

반면에 한국과 일본은 정부의 주도 하에 계획적으로 정책적으로 필요 요구에 타의적으로 만들어졌다는 점이다. 한 · 일 양국이 이러한 점에서는 같은 유교문화권으로서 비슷한 양상을 보이나 벤처기업의 발전면에서는 한국이 좀더 미국과 비슷한 점을 보이고 있다고 하겠다. 밴처캐피탈면에서나 엔젤의 면에서도 한국이 좀더 우세한 점을 보이고 있다고 한다. 〈표 11-5〉는 미국, 일본, 한국의 벤처캐피탈의 발전형태와 법적 근거를 비교한 것이다. 말할 필요도 없이 사회문화적 환경, 기술적 환경 등의 차이로 인해 규모, 생성 기반이 다르다고 하겠다.

미국 벤처캐피탈은 기술환경과 창업문화의 선호도로 발전하였으나 일본의 벤처캐피탈의 경우에는 금융환경을 바탕으로 발전하였다고 하겠다. 미국의 경우에는 창업기의 투자를 선호하고 일본은 주식공개 전단계의 투자가 많다. 또한 벤처캐피탈의 투자경향을 살펴보면 〈표 11-6〉과 같다.

미국은 개인 기업과 자생적 기업으로 발달하였으나 일본과 한국은 정책적으로 발달하였고 미국은 신기업에 투자하나 한국은 연구소 등이 주를 이룬다.

〈표 11-5〉 국가별 벤처캐피탈 비교

구분	미국	일본	한국
최초의 벤처캐피탈회사	1946년 J. H. Whitney Co. (ARDC)	1963년 중소기업투자 유성회사(정부)	1974년 한국기술진흥(주) (정부출연기관)
발전형태	개인기업 자생적인 기업	정부, 금융기관 정책적 육성	연구소, 금융기관, 대기업 정책적 육성
지원대상	중소기업 신기업에 투융자	신기업지원 신용보증	연구소, 금융기관, 대기업 정책적 육성
법적근거	중소기업투자법 중소기업투자촉진법 경제재건촉진법	연구개발형기업 투자촉진법	한국종합기술금융법 중소기업창업지원법 신기술사업금융지원법

자료 : 홍성도, 벤처비지니스의 이해, 학문사, 1999, p. 316 참조.

〈표 11-6〉 벤처캐피탈 투자 경향 (단위 : US $ millions)

업무분야	1980	1981	1983	1984	1986	1987	1988	1990	1991	1993	1994	1995	1997	1998	2000
new 자본유입	2,073	1,133	4,120	3,048	3,613	4,023	3,491	2,550	1,488	4,115	7,339	8,426	15,175	25,292	93,436
전체지출	703.3	1,559	3,651	5,293	4,686	4,888	5,603	3,869	2,875	5,236	5,188	5,946	13,558	16,778	90,551
전체벤처 자본	4,071	5,685	12,201	15,759	23,371	26,998	29,539	34,000	31,587	31,894	34,841	38,465	59,614	84,180	233,66

자료 : Science Board(2002), National Science Board(2000), Science and Engineering Indicators: 2002, NSB 02-1, Arlington, VA; NSF.

미국에서 벤처캐피탈은 National Science Board(2000)에 의하면 다섯 가지의 흥미로운 형태를 지니고 있다.[10)]

① 1990년대 중반부터 발생하는 새로운 자본들 사이에 성장 gap이 존재하기 시작하였다. 실제적으로 새롭고 확장된 기업투자에 대해 이용 가능한 과잉기금을 수반하는 벤처기업에 의해 지출되었다.

② 1990년부터 컴퓨터 소프트웨어 또는 컴퓨터 관련 서비스를 생산하는 기업은 일반적으로 큰 규모의 새로운 투자를 받았다.

③ 최종단계의 조달(확장, 인수) 또는 경영관리 그리고 LBO는 전체 투자의 3/4을 설명한다. 이 단계에서 기업확장을 위한 자본은 전체 지출의 1/2을 설명한다.

④ 한 지역에 위치한 미국의 클러스터(cluster) 내 벤처캐피탈 기업은 캘리포니아, 뉴욕, 메사추세스와 같은 기술활동의 온실에 투자하였다.

⑤ 대중적인 인상에 반해, 비교적 작은 양의 벤처캐피탈은 발명가 또는 기업가에게 투자하였다.

그런 씨앗 자금은 1994~2000년 동안 전체 벤처캐피탈에서 5%보다 적은 양을 설명하고 있다. 컴퓨터 소프트웨어, 텔레커뮤니케이션, 의학과 건강관련 기업은 벤처캐피탈 투자의 3/4을 설명한다.

---

10) Mani, sumi and Anthony Bartzokas(2002), Insttutional Support for Investment in New Techologies: The Role of Venture Capital Institutions in Developing Countries, The UNI/INTECH discussion paper #2002-4.

06

한국의 벤처캐피탈

우리나라 최초의 미국식 벤처캐피탈은 1974년 한국과학기술원(KAIST)의 연구결과를 사업화하기 위한 전담기구로 설립된 한국기술진흥주식회사(KTAC)이다.

KTAC는 한국과학기술원의 연구결과를 중심으로 기업화하는 것이 목적이었으므로 그다지 활발치 못하였다. 그 후 1981년 기술개발의 필요성을 인식한 정부와 산업계가 기술개발자금을 지원하기 위해 특별법을 통해 한국기술개발주식회사(KTDC)를 설립하였다.

그리고 금융기관들이 중심이 되어 한국개발투자주식회사(KDIC)와 한국기술금융주식회사(KTFC)를 설립하였다. 이들 신기술사업 금융회사는 연구개발형 신기술기업에 전환사채로 투자하는 등 벤처캐피탈 업무를 부분적으로 수행하기 시작하였다. 우리나라 벤처캐피탈 시장의 성장은 주목할 만하다. 특히, 외환위기에 따른 경기침체와 구조조정 과정에서 보여준 벤처부문의 성장은 괄목할 만하다. 가장 두드러진 변화는 벤처캐피탈 공급기반의 확대를 꼽을 수 있다. 우리나라 창업 투자회사 수는 1995년에는 46개였다.

정부가 벤처기업 육성정책을 펴기 시작한 1997년에는 5개가 신규로 진입하였다. IMF 구조조정기인 1998년에는 12개가 신규 진입하였다.

1998년 -6.7%의 경기침체, 극심한 구조조정, 150만 이상의 실업자라는 경제환경을 감안하면 벤처부문으로의 자원이동은 눈여겨 볼만하다. 이러한 벤처부문으로의 자본유입은 코스닥시장의 급성장과 인터넷 부문의 폭발적 성장, 그리고 정부의 지속적인 정책적 배려에 힘입어 지속적으로 증가하여 1999년에는 26개사의 벤처캐피탈 회사가 설립되었다.

최근의 벤처부문으로의 자본유입은 다양한 자본원천을 갖고 있다. 특히 전통적인 산업 및 금융자본을 대표하는 대기업과 보수적인 금융기관들이 창업투자회사를 설립하는 것은 물론 내부적으로 벤처펀드를 조성하여 벤처기업 투자에 적극적으로 나서고 있다. 또한 코스닥 시장에서 IPO와 증자를 통해 대규모 자본을 조달한 선발 벤처기업들도 창업투자회사를 설립하여 벤처기업 투자에 열을 올리고 있다. 또한 자금여유가 있는 일반인들이 벤처투자펀드를 조성하여 벤처기업에 직접 투자하는 것도 증가하고 있으며, 외국인들의 벤처부문 투자도 증가하고 있다. 이상의 내용을 정리하면 다음과 같다〈표 11-7 참조〉.

〈표 11-7〉 한국의 벤처캐피탈 약사

구분	시기	주제	정부역할	이슈
태동기	1995년 이전	사막에 나무심기	탐색자	• 1세대 벤처기업의 출현 • 창업지원법(86)에 의한 민간 창투사 설립 • 회수시장부재/벤처자금시장 취약 • 벤처창업에 대한 낮은 사회적 인식
기반 구축기	1996-1999년	벤처열풍 한반도 강타	주도자	• 회수시장(KOSDAQ)의 형성 • 벤처육성을 위한 제도적 환경 구축 • IMF 경제위기 이후 새로운 성장엔진 • 벤처스타 등장/급속한 사회적 자원의 벤처이동

조정기	2000- 2002년	벤처 비리와 옥석 구분	촉진자	• 정부지원의 역기능에 대한 비판 • 반 벤처 정서 형성 • 거품 이후의 침체기(post-bubble Effect) • 사이비 벤처제재/벤처문제의 정치 이슈화
성숙기	2003년-	-	후원자	• 벤처업계에 대한 사회적 신뢰회복 • 벤처의 글로벌 경쟁력 강화 • 시장인프라성숙/투명성, 신뢰의 경제질서구축 • VC의 선순환 사이클 형성

출처 : 고정석(2002), "벤처캐피탈의 취약성": 2 in 삼성경제연구소, 심포지움: 벤처의 위기와 새싹.

자료 : 벤처기업협회, 한국벤처연구소, 벤처육성정책의 실효성 평가와 개선방향, ICC Study.

한국에서 본격적인 벤처캐피탈의 활동은 1986년에 중소기업의 창업과 기술개발 촉진을 위하여 '중소기업창업지원법' 에 의거하여 설비된 창업투자회사들이 영업을 개시한 이후라고 할 수 있다. 그리고 1996년 장외증권시장인 코스닥시장(KOSDAQ)이 개설되었고 1997년에는 '벤처기업육성을 위한 특별조치법' 이 제정되면서 우리나라 벤처캐피탈이 도약기를 맞이하게 되었다.

한국의 벤처캐피탈은 〈표 11-8〉에서 보듯이 2원화, 엄밀히는 KTB Network(예전의 한국종합기술금융주식회사)라는 특수법인을 포함하여 3원화되어 있다.

신기술사업 금융회사들은 주로 기업의 기술개발과 개발된 기술의 기업화 등을 지원하는 투자와 융자업무를 취급하는데, 1980년대 초반까지 설립되어 있던 4개의 회사가 1986년 12월에 제정된 「신기술사업금융지원법」에 의거, 재정립된 것이다. 1986년 12월에 제정된 기술사업 금융회사들은 정부의 지원과 1986~1988년 기간의 거시경제 호황에 힘입어 본격적인 투자활동을 전개하기 시작하였다. 이후 1998년 제정된 「여신전문금융업법」이 「신기술사업금융지원법」을 보완하여 적용되었다.

신기술사업 금융회사는 벤처투자(주식, 전환사채 또는 신주인수권부사채 인수) 및 일반융자, 팩토링, 리스 등을 업무영역으로 하고 있다. 창업투자회사와 달리 투자대상기업의 영역에 제한이 없으며, 기술을 개발하거나 이를 응용하여 사업화하는 중소기업으로 아래의 사업을 영위하는 경우에 지원대상이 될 수 있다.

① 제품개발 및 공정개발을 위한 연구사업
② 연구개발의 성과를 기업화 · 제품화하는 사업
③ 기술도입 및 도입기술의 소화 · 개량사업
④ 기타 생산성 향상, 품질 향상, 제조원가 절감, 에너지 절약 등 현저한 경제적 성과를 올릴 수 있는 기술을 개발 또는 응용하여 기업화 · 제품화하는 사업

중소기업 창업투자회사는 창업을 준비 중이거나 기술력은 뛰어나지만 자본력이 미약한 기업에 대해 납입자본금의 50% 범위 내에서 직접 투자할 수 있다. 창업투자회사로부터 투자를 유치하기 위해서는 창업법인의 경우 법인설립 등기일로부터 14년 이내의 기업이어야 하며, 벤처기업의 경우에는 업력 제한이 없다.[11)]

11) 성소미, 한국의 벤처-평가와 전망, 1999, pp. 103~105.

국내 벤처캐피탈업계의 2007년도 투자규모가 2001년 이후의 최고치를 기록하고 있다. 한국벤처캐피탈협회의 2008년 1월 20일 발표한 2007년 벤처캐피탈 동향에 의하면 신규투자실적은 9,917억원으로 2004년 6,044억원에 비해 64% 늘었고, 투자 잔액도 2조 4,781억원으로 전년도에 비해 17% 증가했다. 업종별로는 정보통신분야가 34.16%를 차지하고 있다.(매일경제, 2008년 1월 21일)

〈표 11-8〉 벤처캐피탈 근거법 및 관할기관

연도	근거법률 및 제도변화	관할기관	지원대상	지원방식
KTB Network (1개사)	• 1981년 한국기술개발주식회사 법에 의해 설립 • 1992년 한국종합기술금융주식회사(KTB)법 제정에 따라 KTB로 개편 • 1999년 상기법의 폐지와 함께 민영화		국내외 벤처기업	투자, 융자 및 벤처기업에 대한 무료법률, 세제, 회계상담 등
신기술 사업금융 회사 (3개사)	• 1971년 특별법을 통해 한국기술진흥주식회사(KTAC)설립 이후 1982년 한국개발투자주식회사(KDIC), 1984년 한국기술금융주식회사(KTFC) 설립 • 1986년, 신기술금융지원에 관한 법률에 의거하여 신기술사업금융회사로 전환 • 1998년, 여신전문금융업법이 제정되어 상기법을 보완하여 적용됨	제 정 경제부	신기술 사업자	투자, 융자, 리스, 팩토링
중소기업 창업투자 회사 (147개사)	• 1986년에 제정된 중소기업창업지원법에 의거하여 설립	중 소 기업청	창업자 및 벤처기업 육성에 관한 특별조치법 상의 벤처기업 등	투자중심

07

벤처캐피탈과 인적 자원

기관투자가나 일반투자가로부터 자금을 조달하지만 벤처캐피탈은 투자자로부터 자금을 수탁하여 유망한 투자처를 발굴함으로써 자본이익을 증대시키는 기능을 수행하게 된다. 따라서 앞으로도 유망한 벤처기업도 중요하지만 오히려 벤처캐피탈의 발굴과 장려가 벤처기업을 발전시키는 데 지대한 역할을 한다는 것을 잊어서는 안 된다.

벤처캐피탈에서 인적자원은 매우 중요하다. 전통적인 금융기구인 상업은행과 개발은행에 비해 벤처펀드(venture fund)는 새로운 아이디어를 만들 수 있는 능력 있는 경영자를 필요로 한다. 벤처캐피탈투자과정에서 각 단계마다 정보를 손쉽게 가져와야 하기 때문이다. 그 이유는 다음과 같다.

① **초기평가와 협상단계** : 의뢰된 비즈니스 플랜에 대해 벤처캐피탈리스트는 많은 사전결정기준을 사용하여 프로포잘을 평가해야 한다.

② **근면성 단계** : 이것은 비즈니스 프로포잘의 달성가능성을 확인하는 비즈니스 조사과정이다.

③ **마지막 협상과 완성** : 부단한 통찰과 데이터를 사용하여 벤처캐피탈리스트는 평가회사의 가치를 수행할 수 있다.

④ **모니터링** : 대부분 벤처캐피탈은 투자기업의 이사회에 들어가며, 유

리한 위치에서 기업의 비즈니스에 주요한 사건을 모니터할 것이다.

⑤ **회수** : 벤처캐피탈은 최대의 수익을 가져올 수 있는 투자회수를 결정해야 한다.

이러한 맥락에서 한국을 비롯한 아시아 지역에서는 벤처캐피탈산업이 초기단계이기 때문에 능숙한 전문가를 배출하는 것이 벤처캐피탈산업 성공의 핵심이라 할 수 있다. 비록 한국의 경우 전체 노동인구에 비해 그 밀도가 높긴 하지만 여전히 준비해야 할 공간이다.

1999년 전체 노동력에 대한 벤처캐피탈전문가의 밀도는 일본이 0.252, 싱가포르는 밀도 2.331, 호주는 밀도 0.436인 반면, 한국은 밀도 0.183으로 다른 아시아 국가(평균 0.1을 넘지 못함)보다 높지만, 선진체계는 아니다.[12] 이 공간에서 정부의 선택적 개입 정당성이 요구된다. 좀더 전문적인 능력을 지닌 벤처캐피탈리스를 교육시키는 정부 개입이 필요하다.

이상을 통해 말할 수 있는 것은 벤처기업은 기관투자가나 일반투자가로부터 자금을 조달하지만 벤처캐피탈은 투자자로부터 자금을 수탁하여 유망한 투자처를 발굴함으로써 자본이익을 증대시키는 기능을 수행하게 된다.

따라서 앞으로도 유망한 벤처기업도 중요하지만 오히려 벤처캐피탈의 발굴과 장려가 벤처기업을 발전시키는데 지대한 역할을 한다는 것을 잊어서는 안 된다.

---

12) AVCJ(2000) ; World Bank(2001), World Development Indicators 2001, Washington, D.C.: World Bank.

12

클러스터 형성과 문화 클러스터

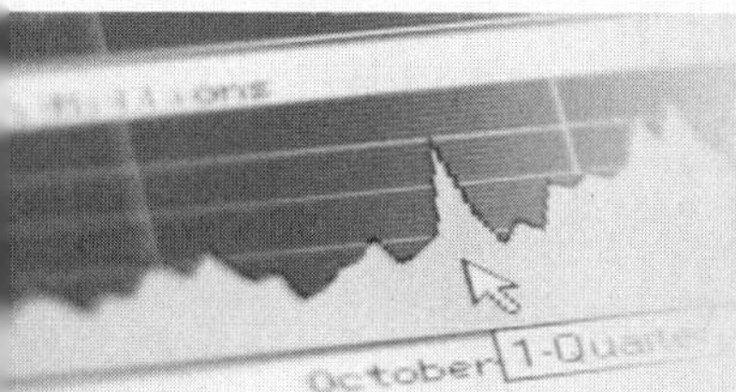

1_ 클러스터의 개념 및 진화론

2_ 클러스터 유형론

3_ 클러스터의 진화와 발전

4_ 지역 문화산업 클러스터의 혁신

클러스터는 경쟁적 혁신아이디어와 비즈니스를 연결시키는 집중구조이다. 그것은 동종 및 이종 산업구조로 진화하면서, 글로벌비즈니스를 추구하는 특징이 있다. 필자가 화교를 연구하면서 느낀 점은 차이나타운은 세계 어느 나라에도 있는데, 그곳이 주목받고 있는 것은 중국음식과 문화를 한눈에 볼 수 있도록 집합되어 있다는 점이라는 것을 느꼈다. 재래시장이 요즈음 활기를 잃고 있는 것도 소비자들이 대형 할인점의 소비집합체로 인한 원스톱 마케팅이 가능하기 때문이라는 점도 이를 뒷받침한다.

클러스터를 논할 경우 연구개발과 같은 첨단산업과의 접목이 기대되는 클러스터는 R&D 활동(아이디어)의 기반인 암묵적 지식의 확산(tacit knowledge) 및 제품/서비스를 글로벌시장에 공급하기 때문에 기업가에게는 매력적인 공간이다. 최근의 클러스터는 신산업창출공간으로서 기업간의 관계집중 이상으로 기업, 대학, 연구소 등 다양한 네트워크를 통해 경쟁과 협력을 동시에 추구하는 수평적 네트워크 관계를 유지한다. 때문에 지역개발전략으로서 혁신클러스터의 창출은 지역의 혁신적 환경을 진화시킬 뿐만 아니라, 글로벌 파이프라인을 자연스럽게 유지할 수 있도록 해준다.

01

클러스터의 개념 및 진화론

1. 클러스터의 개념

클러스터란 지리적으로 인접하고 있는 연계 기업, 특정 영역의 연관기관 등이 유사성, 보완성 등으로 연결된 집단을 지칭한다. 클러스터의 지리적 영역은 한낱 시나 주정부에서 국가, 또는 이웃 국가들의 네트워크에 이르기까지 광범위하다.[1]

한편, 최근의 경우는 혁신적 요인이 새로워짐으로 인해, 「글로벌 비즈니스를 창출하기 위해서 지역의 기업, 벤처캐피탈, 대학, 연구소, 정부 등 다양한 혁신기관들의 집합」으로 인식되는 것이 일반적이다. 그런데 이 개념은 클러스터에 대한 이해를 제한시키는 문제점이 없지 않다. 무엇보다도 클러스터의 형성원리 및 성장원리가 포함되어 있지 않기 때문이다.[2]

클러스터는 분명히 응집과 집합을 의미하는 것이다. 하지만 그 집합이 어떻게 형성되고 또한 성장하는지에 대한 이해에는 기존의 개념은 제한적이다. 클러스터를 이해하기 위해서는 기존에 설명되어 왔던 하드적인

---

1) Porter, M.E. 김경묵. 김연성 공역(2001), 경쟁론, 세종연구원.

2) 이 장의 내용은 이덕훈, 박재수(2003), "클러스터 진화와 지식기반 모델", 한남대 경제 및 국제지역연구 13: 322~357. 참조.

요소뿐만 아니라, 소프트적인 요소를 포함시켜야만 그 개념이 충분해진다.

그러면 소프트적인 요소는 무엇인가? 그것은 클러스터를 움직이고자 하는 의도를 지닌 혁신기관들이 '공통적인 목적에 부합하는 의사결정 및 행동의 집합'으로서 존재하고 있는가 하는 점이다.

때문에 클러스터는 혁신기관의 의사결정자들이 지니고 있는 의도(intention)에 의존하는 점이 없지 않으며 한편으로는 '전략적 의사결정 집단들의 집합'으로도 정의할 수 있다. 따라서 클러스터는 하드와 소프트적인 양 측면을 모두 이해하는 집합들이 구성될 때 클러스터의 형성 및 성장이 가능하다고 하겠다.

한편, 흥미로운 점은 전략적 의사결정의 집합을 의미하는 소프트한 조건 때문에 클러스터는 물리적 경계에 제한받지 않는 상황이 발생하기 시작하였다. 전국적이든 글로벌적이든 간에 공통의 목적에 부합할 수 있고 특정 클러스터의 집단적 의사결정 구조 속에 포함되어가는 혁신주체라면, 클러스터의 구성원으로서 인정된다는 점이다.

환언하면 사회경제적 거래의 상호작용이 가능하고 상호간의 발전적 의도가 명백하다면 물리적 경계를 충분히 뛰어넘을 수 있으며, 그 잠재성이 클러스터의 확장 또는 발전가능성을 예측할 수 있는 것이다.

따라서 최근의 혁신클러스터는 지식확산을 위한 집단적 학습과정(collective learning)의 조성에 주목하고 있으며 집단적인 신뢰와 명성을 확보하기 위해서 학습네트워크 역할을 중요하게 판단한다. 특히, 첨단산업 영역에서는 지리적 경계를 확장하면서 부가가치를 창출해가는 R&D 활동(특허, 지식전파)을 기축으로 기업 및 사회기관들의 상호간 접촉을 강하게 요구하며, 혁신클러스터는 지리적 경계에서 해석하지는 않는다.

2. 클러스터 형성과 응집경제

클러스터의 원형은 알프레드 마셜(Alfred Marshall)의 저서인 경제학원론에 수록되어 있었던 내용 즉, 영국 셰필드(Sheffield) 지역의 철물제조업을 산업구역(industrial districts)으로 묘사한 것이 그것이다. 한편으로는 응집경제(agglomeration economics)로도 불린다.

그러나 이 개념이 제대로 평가된 것은 약 100년을 지나서 Krugman (1991)[3]의 지역클러스터(regional clustering)라는 개념으로 등장하면서부터이다. 그는 클러스터의 진화에 필요한 요소로서 신생기업의 진입을 우선적으로 지적하였던 바, 신생기업이 클러스터로 진입하는 이유에 대해서 ① 특화된 노동자 확보, ② 특화된 중간재, 그리고 ③ 지식확산(knowledge spillover)에서 그 가능성을 찾았다. 이에 대한 설명은 다음과 같다.

첫째, 기업의 진입은 고도로 숙련된 노동자들을 포함하고 있는 노동시장의 성격에 의해 이루어진다고 한다. 지역의 노동자들은 전문적인 기술적 숙련과 그 지역의 사람들과의 원활한 활동이 가능하기 때문이다.

둘째, 기업은 전문화된 중간재의 풀(pool), 즉 당해지역에 구조화되어 있는 지원산업의 존재로 인해서 장비, 도구, 기술과 서비스 등의 제반적인 입지혜택에 대한 매력을 느끼기 때문에 진입하게 된다

3) Krugman, P.(1991/1995), Development, Geography and Economic Theory, MIT Press, Cambridge, MA.

는 것이다.

셋째, 기업은 지역클러스터에서 확산되어가는 지식을 흡수할 수 있는 장점이 존재하기 때문에 진입한다고 하였다.

따라서 크루크만의 견해는 동일한 입지에서의 정보교환에 대한 현실성이 높고, 특화된 자원이나 노동과 지식의 전파가 유리하기 때문에 기업이 진입한다고 할 수 있는 것이다. 무엇보다도 기업 간의 관계가 심화되어 간다는 점에서 클러스터의 진화에 대한 기본적인 원칙을 파악할 수 있다.

따라서 지역클러스터는 당해 지역에 위치하고 있는 관련 기업들의 강한 집중[4] 또는 지역적 생산시스템 및 사회시스템을 의미하는 독립적 기업 간의 지리적 공간에서의 결합과 집중[5]은 클러스터를 좀더 혁신적으로 진화시키는 것은 틀림없다.

3. 지역클러스터 성장론

기존의 연구들은 지역클러스터를 경제지리적 측면에서 편협하게 해석하는 경우가 많다. 그것은 Lorenzen(1999)[6]의 설명에 의하면, 클러스터

4) Beaudry, Catherine and Stefano Breschl (2000), Does 'Clustering' Really Help Firms' Innovation Activities?, CESPRI WP No.111.

5) Isaksen, Arne(1998), Regionalisation and Regional Clusters as Development Strategies in a Global Economy, STET report R-01.

6) Lorenzen, M.(1999), Regional Competitiveness, Localised Learning, and Policy, Copenhagen Business School Dept. of Industrial Economics and Strategy WP No. 99-13.

에 대한 원리를 이해하고자 도입하였던 거래비용(transaction cost)의 개념에 대한 해석 때문이 아닌가 주장하고 있다. 이러한 설명을 뒷받침하듯이 경제학적인 거래비용의 개념은 클러스터의 구성 원리에서 일부분을 차지하는 것이지, 그것이 클러스터의 진화에 대한 전체적인 원리를 설명하는 것은 아닌 것 같다.

차라리 경제학적으로 접근하더라도 지식의 이전과 창출을 연구하는 신제도주의적 시각에서 클러스터의 진화를 파악하고 있는 것이 보다 보편적이다. 그리고 경제학적 접근 이상으로 사회학적인 네트워크의 진화, 클러스터 액션플랜을 효과적으로 추진시키고자 하는 경영학적인 전략적 프로세스의 개념을 적용하는 것이 지역클러스터의 성장 이유를 말해줄 것으로 사료된다.

다시 말하면, 최근 시장 및 첨단산업의 글로벌화가 급속해지면서 지역클러스터는 유비 쿼터스적(언제, 어디에서라도)인 현상이 보이기 시작하였다. 일명 혁신클러스터는 하나의 지역적 영역에 집적되어 제약받기보다는 물리적 경계가 무색할 정도로 자유로운 질서를 유지하며, 지역 외부로의 지속적인 확장이 이루어졌다. 무엇보다도 외부로의 확장은 지식의 혁신가치를 높인다는 특징이 발견되었다[7].

(1) 지역클러스트의 공간적 특성

이러한 맥락에서 최근의 혁신클러스터는 지리적인 개념에서 논하기보

7) Lambooy, J.G.(1997), "Knowledge Production, Organisation and Agglomeration Economies," GeoJournal 41(4), pp. 293-300. ; Hauknes, Johan(1998), Norwegian Input-Output Clusters and Innovation Patterns, STET report R-15.

다는 '혁신자의 네트워크'가 공간적인 특성을 지닌다는 주장은 설득력이 있다.[8] 더구나 Markusen(1996)[9]은 클러스터를 물리적인 경계로 생각하는 것은 지역클러스터를 이해하지 못하는 것이라고 주장하였다. 공간적인 특성을 지니고 있는 것이 최근의 혁신클러스터라고 하겠다.

부언하자면, 지역의 혁신클러스터가 지역과 글로벌 둘 다의 영향을 받기 쉽고 혁신의 각 단계마다 그 영향력은 다양하게 형성되는 것이 일반적이며, 미국의 실리콘밸리, 이스라엘의 실리콘와디(Silicon Wadi)는 대만의 신주과학공업원구(Hsinchu Science- based Industrial Park) 등과의 관계에서 그 특성을 볼 수 있다.

그것은 실리콘밸리에서 창의적 아이디어를 생산하면, 실리콘와디와 신주과학공업원구가 응용개발에 집중하게 되고, 그 성과에 대해서는 상호간의 피드백을 유지하고 있는 현상이 이를 말한다.[10]

클러스터에 대해서 네트워크의 개념으로서 접근한다고 하더라도 글로벌 네트워크는 신제품의 컨셉 및 상업화와 관련이 있을 것이고, 한편으로 지역네트워크는 신제품 개발작업에 본질적인 지식의 근원으로서 작

---

8) Echeverri-Carroll, E.L. and Brennan, W. (1999), Are Innovation Networks Bounded by Proximity? in Fischer, M., Suares-Villa, L., Steiner, M.(eds.), Innovation, Networks and Localities, pp. 28~49.

9) Markusen, A.(1996), "Big Firm, Long Arms, Wide Shoulders: The Hub-and-Spoke industrial District in the Seattle Region," Regional Studies(30/7), pp. 651~666.

10) Saxenian, A.(2000), Taiwan's Hsinchu Region: Imitator and Partner for Silicon Valley, SIEPR Discussion Paper 00~44. ; Fontenay, C. and E. Carmel(2002), Israle's Silicon Wadi: The Forces Behind Cluster Formation, By Bresnahan, T., A. Gambardella, and A. Sexenian(eds.), Silicon Valley and its Imitator. Preliminary.

용할 것이기 때문이다.

또한 지역클러스터의 공간적 특성은 Tappi(2002)[11]와 Giuliani(2003)[12]의 클러스터에 대한 연구에서 개념화하였던 「집단적 학습(collective learning)」의 특성에서도 나타난다. 학습은 근접성이라는 눈에 보이는 개념보다는 보이지 않는 속성인 만큼 관련주체들의 전략적 의도에 의존하는 점이 없지 않다는 측면이다.

4. 클러스터 공진화론(기업진입론)

과거의 경제지리적 입지선택 모델은 클러스터 현상을 만족하게 설명하지 못한다. 기업을 전체적인 로지스틱 비용(logistic cost)을 최소화하는 합리적 의사결정자로 묘사하기 때문이다. 입지의 모든 장소(spatial) 차이는 이 입지와 관련된 비용에서 인상적이지만, 다른 비용구조를 지닌 기업이 동일한 지역에 입지한다면 로지스틱 모델은 실패한다.

한편 양적인 개념을 지닌 로지스틱 모델에 비하여, 클러스터 모델에서 입지선택과 관련한 장소개념은 질적인 요인-새로운 기업의 진입여부-내에서 전략적 의사결정을 따른다. 클러스터를 형성하는 모델은 로지스

---

11) Tappi, D.(2002), Changing Structure-Keeping Location: Global Change and Local Stickiness in Local Industrial Cluster, DRUID Summer Conference on "Industrial Dynamics of the New and Old Economy-Who is Embracing Whom?," Copenhagen/Elsinore 6~8 June 2002.

12) Giuliani, E.(2003), Knowledge in the Air and its Uneven Distribution: A Story of a Chilean Wine Cluster, Paper presented at the DRUID Winter Conference 2003, Aalborg, 16~18 January 2003.

틱 모델에 비해 다양하게 전개될 수 있다.

일례로 한 지역 안에 특화된 지식(specialized knowledge)의 집중은 정보교환이 비공식적으로 이루어지고 있기 때문에 상호간의 교류와 학습이 활발하여 더욱 전문화된 인적자본을 유도하게 된다. 이로 인해 R&D 활동의 스필오버(spillover)가 형성되어 기업의 혁신성(innovation performance), 생산성과 비용구조를 향상시킨다. 더욱이 집중의 효과를 누리기 위해 새로운 진입자(new entrants)가 발생함으로써 혁신과 생산성 향상의 징후는 더욱 높아진다.[13]

이러한 다양성에서 기업-입지선택이라는 관점에서 왜, 그리고 어디에 클러스터 하는가의 물음에 연구자들은 다음과 같이 답하고 있다. 거시적으로 기업의 특정영역과 기능적 환경의 특성에 기반하는 경제지리적 컨셉(economic geography concept : 클러스터 생성의 역사적 경로분석과 내생적 성장, 규모의 경제효과)을 연구한 학자는 '크루그먼(Krugman)과 라우치(Rauch)' 이다.

미시적으로 각 기업의 내부 및 기능적 환경에 의해 결정되는 행위를 고려하는 조직적 컨셉(organizational concept : 클러스터 생성은 외부거래의 네트워크적인 시장특성에 비해 내부화된 기업거래 때문에 발생하는 수직적 분열의 결과, 범위의 경제효과)을 적용하는 학자는 'Scott과 Harrison' 이다.

이들은 기업의 전략적 의사결정을 중요하게 판단하며 보다 예측성에 무게를 두며, 기업이 어디에 위치해야 되고, 어떤 요인이 입지선택에 고

13) R. Baptista and Swann GMP(1999) "A comparison of clustering dynamics in the US and UK computer industries," Journal of Evolutionary Economics 9:374~375.

려되어야 하는지를 설명하는 전략적 컨셉(strategic concept : 혁신에 기반한 경쟁우위, 연결의 경제효과)에서 출발하는 학자는 'Porter와 Storper'로 구분할 수 있다.

〈표 12-1〉 클러스터 이유와 입지

관점	연구자	이 유	입 지
Economic geography concept	Krugman (1991)	• 클러스터는 우발적 또는 스스로 발생한다. • 클러스터는 증가하는 수익률, 수송비용과 수요의 상호작용에 의해 성장한다.	• 기본적으로 어디에서나 발생할 수 있다. • 현존하는 클러스터는 성장 · 지속할 수 있다.
	Rauch (1993)	• 클러스터는 우발적으로 발생하며 산업을 개발하는 주체는 비효율성을 수정한다. • 기업의 재배치는 투자비용과 높은 생산비용 사이의 균형에 의존한다.	• 기본적으로 어디에서나 발생할 수 있다. • 어떤 기업은 전통적 클러스터에 머물러 있고 다른 기업은 클러스터가 형성되는 새로운 지역에 입지한다.
Organiza-tional concept	Scott (1986)	• 클러스터화는 수직적 분열을 고무한다. 수직적 분열은 클러스터화를 고무한다.	• 현재 클러스터는 소규모적이고 전문화된 기업의 방향으로 클러스터가 성장할 것이다.
	Harrison (1992)	• 소기업 클러스터는 계약을 손쉽게 하고 '신뢰'를 최대화한다.	• 현재 사회적으로 수평적인 클러스터는 소규모적이고 전문화된 기업의 방향으로 클러스터가 성장할 것이다.
Strategic concept	Porter (1990)	• 기업의 경쟁이 격심한 클러스터 내에서 혁신이 자극된다. 혁신만이 지속적인 경쟁우위를 창출한다.	• 경쟁이 높은 클러스터는 지속할 것이고 새로운 경쟁자의 진입에 기인하여 성장할 것이다.

Strategic concept	Storper (1992)	• 클러스터화는 고정, 기술적 유연성 그리고 비용최소화 사이의 효과적인 경영균형을 이끈다.	• 클러스터화는 고도의 혁신지역에서 발생하여야 한다. 이러한 클러스터 내에 있는 기업은 소규모적이고, 전문화되고 유연해야 한다.

출처 : Meijboom, Bert R. and Joost M. J. Rongen(1995), Clustering, Logistics, and Spatial Economics, Tilburg University Center for Economic Research Discussion Papers nr 118. :13.

〈표 12-1〉은 클러스터 분석에 있어 지리적 개념과 조직적 개념, 그리고 전략적 개념은 클러스터 형성 모형의 기본적 가능성을 제시하고 있다. 논자들의 주장은 클러스터의 발생원인을 우발적인 경향에서 수직적 분열이 발생하는 진화과정을 설명한다.

클러스터 내에서는 신뢰에 기반을 둔 계약관계 속에서 혁신을 창출하고 기술 및 비용에 효율적인 관리를 가능하게 한다. 입지의 관점은 어디에서나 발생가능하며, 현재 형성되어 있는 클러스터는 그 위치에서 발전을 필요로 하고, 보다 새로운 첨단산업형의 혁신적인 클러스터는 새로운 지역에 발생하는 것을 말한다.

이 경우 새로운 진입기업이란 소규모의 강력한 경쟁력을 지닌 첨단기업(venture)을 주로 강조한다. 종합해 보면, 클러스터는 현재 조직화된 클러스터 또는 새로운 클러스터의 미래는 혁신적이고 역동적인 소규모 기업의 성장 및 발전에 관심이 있다.

02

클러스터 유형론

1. 자생적 의미에서의 지역, 산업, 비즈니스 클러스터

클러스터를 확인할 수 있는 실제적 방법은 없고[14], 클러스터의 정의에 대해 동일한 견해는 없지만, 다음의 접근에서 구분되고 있다.

첫째, '지역클러스터' 라는 의미로서 Marshall(1920)[15]의 산업단지, Krugman(1991)[16]의 경제지리, Porter(1990)[17]의 특정지역의 산업에 강한 성과를 지닌 기업의 지리적 집중, Arthur(1989)[18]의 기업의 지리적 집중을 이끄는 복합된 외부성(agglomeration externalities)의 영향 – 즉, ① 클러스터 내 기업의 활동에 지속적인 경쟁우위를 가능하게 하는 추진요인,

---

14) Johan Hauknes(1998), Norwegian Input-Output Clusters and Innovation Patterns, STET (Studies in technology, innovation and economic policy) report R-15: 4. [Norway]

15) Johan Hauknes(1998), Norwegian Input-Output Clusters and Innovation Patterns, STET (Studies in technology, innovation and economic policy) report R-15: 4. [Norway] A. Marshall(1920), op.cit.

16) P. Krugman(1991), op.cit.: 142.

17) M. Porter(1990), The Competitive advantage Nations, MacMillan Press: London.:855.

18) W. Arthur(1989), "Competing technologies, increasing returns, and lock-in by historical events," Economic Journal 99: 116~131.

② 생산 네트워크와 시장의 지리적 규모의 차이 - 으로서 접근하고 있다. 둘째, '산업클러스터' 라는 측면에서 '기업 간에 존재하는 수직적 관계'를 Porter(1985)[19]의 가치시스템의 개념으로 접근하고 또 하나는 몇 개의 영역이 다른 일부영역의 확고한 역량을 점하면서 범위의 경제로 도약할 방법 하에서 클러스터 또는 측면관계로서 기업간 수평적 연결에 집중할 수 있다. Porter(1990)[20] 또한 '한 경제 안에서 연결된 영역의 집합(aggregations of connected sectors)' 에 초점을 두어 최종-사용자(end-user) 관점에서 클러스터를 발견하는 표준화된 방법을 개발하였다. 그는 16개의 가능한 클러스터를 식별하고 각 클러스터 내에서 4가지 수준을 구별하였다.

즉 초기제품(primary product), 생산기계(machinery for production), 특화된 투입물과 연합된 서비스이다. 이 접근으로 그는 전통적인 부문이 산업영역 및 관련 서비스가 교차하는 것을 확인하였고, 산업과 서비스 영역에서 전문성이 상호적으로 보완되어 강화함으로써 경쟁우위를 획득하는 것을 관찰하였다.

셋째, Ramirez(1999)[21]는 비즈니스 클러스터(business cluster)의 접근을 하면서 가치체인(value chain)과 가치시스템(value system)은 유행이 지나간 개념으로 논한다. 다양하게 얽혀진 비즈니스 관계 속에서 가치창출시스템(value-creating system)의 사고는 글로벌 경쟁, 시장변화, 그리고

---

19) M. Porter(1985), The competitive advantage: Creating and sustaining superior performance, Free Press: New York.: 557.

20) Porter(1990), op.cit.

21) R. Ramirez(1999), "Value co-production: Intellectual orgins and implications for practice and research," Strategic Management Journal 20:49~65.

신기술(혁신)이 가치를 창출하는 새로운 방법으로 판단하였다.

이 관점은 전략적 분석 초점이 기업이나 산업이 아니라 공급자, 비즈니스 파트너, 제휴고객 등의 다른 경제영역에서 공동생산 가치를 공유하고 있는 가치창출시스템이다. 이것은 가치를 창출하는 무리(constellation) 속에서 역할과 관계를 재형성하는 것이다. 결과적으로 제품 또는 서비스는 가치창출시스템 안에서 행위자의 관계와 행동의 얽혀진 결과이다.

이것은 대기업보다는 소규모기업인 기업들 간에 형성되는 관계에서 나타난다. 이 관계는 클러스터에 구체화되어 있는 경제와 사회문화적(economic and socio- culture) 환경을 변화시키면서 지역 중소규모기업(SMEs)에게 영향을 주게 된다.[22] 즉 지역적 클러스터에서 지역경제와 사회환경이 클러스터를 전문화시키고 발전시키는 중요한 요인으로 간주될 수 있다.

더구나 혁신활동에서 풍부한 자원을 바탕으로 한 대기업보다는 지역적 클러스터에는 소규모 기업이 적합하다는 의미[23]는 창조적인 활동을 이끌어내는 클러스터의 불확실한 환경으로 인해 질서정연한(관료주의적) 대기업 또는 대기업연구소가 지금 현재 규모경제 효과를 창출하지 못하는 시장과 기술에 투자하여 비용 상승을 초래하는 혁신과정에 호의적일 수 없다는 것이다.

---

22) Benji Oyeyinka(2001), Networks and Linkages in African Manufacturing Cluster: A Nigerian Case Study, INTECH(institute for New Technologies) Discussion Paper Series #2001-5. [Netherlands]

23) D. B. Audretsch(1998), "Agglomeration and the Location of Innovative Activity," Oxford Review of Economic Policy 14(2):18~30.

규모시장에 접근하기 힘든 것은 사실이지만 소규모 기업일수록 규모경제가 생성되지 않은 시장에 빠르게 접근하여 혁신을 창출해간다. 이와 같이 클러스터는 지역에서의 사회적 활동에서 자유로울 수 없는 지리학적 강조, 경제의 질과 양, 산업의 집중, 그리고 기술과 혁신을 강조한다.[24)]

2. 정책적 의미에서의 클러스터 : 한국의 사례

(1) 정책클러스터 유형론

클러스터는 기업과 다른 관계자들의 자발적 집적으로 형성된 유형에 비해 정책적으로 형성되어 온 과학단지(technopoles), 산업단지(industrial parks), 인큐베이터(incubator), 수출자유지역(EPZs : Export Processing Zones) 등 계획클러스터도 존재한다.[25)]

한편, 우리나라는 1970년대 정부의 의도적인 클러스터 정책을 급속하게 추진하였지만, 그래도 1980년대와 1990년대를 거치면서 클러스터는 국가발전에 큰 역할을 하여온 것으로 평가된다. 일례로 산업단지는 2003년 말 우리나라 총수출의 72%, 제조업 고용의 38%를 차지하고 있는 것이 이를 증명한다(한국경제신문, 2003/06/03). 우리나라의 클러스터는 콤비나트, 기업도시, 산업단지, 수출자유지역, 그리고 과학연구단지가

---

24) R. Baptista and Swann GMP(1999), op.cit.: 374~375.

25) Lynn Mytelka and Fulvia Farinelli (2000), Local Clusters, Innovation Systems and Sustained Competitiveness, INTECH(institute for New Technologies) Discussion Paper Series #2000-5. : 11. [Netherlands]

대표적이다.

① 콤비나트(Kombinat)

콤비나트는 1930년대 구소련에서 등장하였으며 '결합기업' 또는 '다각적 결합공장'으로 지칭되어 왔다. 발전단계는 ① 원재료의 가공단계 ② 폐기물, 부산물의 처리 이용단계, 그리고 ③ 원재료와 반제품에 이르기까지 종합적 이용단계로 분류된다. 이 구조의 대표적인 산업은 석유화학산업이며, 우리나라의 경우, 울산과 여천의 석유화학공업단지가 그 예이다. 이것은 공업화 과정에서 부족한 자본과 기술, 경영능력 등을 돌파하기 위해서 인위적인 결합을 시도한 것으로 사료된다.

② 기업도시(company city)

기업도시는 대기업을 중심으로 여타 관련기업들이 도시의 사회경제적 기능을 담당하는 형태를 말한다. 우리나라는 기업도시의 발전과정이 독특하다고 할 수 있다. 그것은 일본의 도요타시티처럼 시장에서 자생적으로 발생하였다기보다는 대체적으로 기간산업의 조성 및 지역경제발전을 위한 정부의 의지가 반영되면서 형성된 점이 없지 않기 때문이다. 한편 이러한 유형을 1, 2세대 기업도시로 나누어서 그 특성을 구분해 보고자 한다.

첫째, 1세대 기업도시는 정부주도적인 포항제철의 등장으로 형성되었다. 흥미롭게도 포항제철은 국가의 기간산업의 조성이라는 측면에서 출발하였으나, 이후 포항제철 주위로 관련 산업이 확장되면서 포항시는 포항제철로 동일시될 정도로의 사회경제적인 위치를 지니게 되었다. 따라서 1세대 기업도시는 「정부주도의 성공 → 관련 산업의 확장 → 하나의 거대도시의 형성 및 자족적 도시형성」의 과정을 밟아왔던 것으로 사료된다.

둘째, 2세대 기업도시는 1.5세대와 2세대로 또한 구분된다. 1세대와 구분되는 점이라면 기간산업의 차원을 넘어서 시장에 필요한 확실한 제품을 생산하는 사회경제적 기능을 완벽하게 지니면서 기업도시가 형성되어 왔다는 점이다. 대표적으로는 거제도의 조선산업을 거론할 수 있다. 산업건설 초기에는 정부가 주도하였지만, (주)대우가 조선산업에 뛰어들면서 거제도의 조선산업이 정상화되기에 이르렀다. 그 결과, 현재는 (주)삼성중공업 및 (주)대우조선해양에 의해서 도시기능이 형성되었다. 따라서 이 유형은 「정부주도의 실패 → 시장의 참여 → 자족적 도시기능 형성」이 이루어진 것으로 이를 1.5세대 기업도시로 칭하고 싶다.

한편, 울산시의 경우는 도시기능이 정부의 역할보다는 시장의 역할에 의해서 자생적으로 이루어진 사례로 판단할 수 있어서 이를 2세대 기업도시로 지칭하고자 한다. 자동차산업의 메카 울산은 1962년도 울산공업단지가 지정되면서 공히 출발하였지만, 1980년대 자동차산업의 세계화가 급진전되면서 정부정책의 연관성보다는 독립적인 시장주도형 산업으로 자리잡게 되었다. 현재의 울산은 (주)현대자동차에 의해 도시기능 및 지역경제가 형성되어 있다. 1.5세대와 다른 점은 정부의 역할이 투입되기는 하였으나, 시장주도적 성격이 더욱 강한 것이 그 특징이며, 「정부주도적 성격 미약 → 시장의 적극적 주도 → 자족적 도시기능 형성 및 주변 지역경제로의 폭넓은 확산」이 이루어졌다는 것이다.

③ 산업단지(industrial complex)

산업단지는 기업이 지리적으로 한 곳에 집중되어 있으며, 관련시설들이 구조화되어 있는 형태를 지칭하는 것이다. 농공단지(agro-industrial complex)도 유사한 성격을 지니고 있는 것으로 사료된다. 이러한 산업단지는 우리나라의 공업화 과정에서의 정부정책, 즉 지역경제의 활성화 및 수출주도형 국가로의 전환에 의해 각 지역에 조성된 것으로 볼 수 있다. 조성 이유는 주로 지역에서의 생산 및 물류비용의 절감, 그리고 시장접근성을 높이기 위한 것이었다.

그러나 산업단지는 자생적으로 발생한 것은 아니었으며, 주요시설을 정책적 계획에 의해서 위치시켰던 바, 세계적인 산업특성 또는 기술특성, 생산, 물류, 시장과 관련된 제반특성에 대한 전략적 유연성이 떨어지면서 자발적 대응에는 한계를 보여주었다. 이것은 우리나라의 공업화과정에서 요구되었던 성공적인 산업을 중심으로 형성되어 있었을 뿐, 글로벌 경제구조 속으로 뛰어들 수 있을 정도의 산업특성으로 변화하지 못하였기 때문이라고 판단된다. 구로공단, 안산공단 등의 많은 산업단지가 지역별로 존재하고 있다.

④ 수출자유지역(free export zone)

수출자유지역은 수출가공지역(export processing zone) 또는 선진국에 조성되어 있는 자유무역지대(free trade zone)와 유사한 개념으로 판단된다. 우리나라에서 수출자유지역은 정부주도형 경제조직으로서 국제시장에서의 무역거래 활성화를 목적으로 설치된 것에 그 의의가 있다. 자유수출지역은 주로 세관의 수속 없이 상품을 특정지역 내에 반입하고, 그 지역 내에서 상품의 가공처리 및 제조를 가능하게 하여서 수출시장접근을 용이하게 만든 국제시장 조직이라는 정의를 지닌다. 다만 자유수출지역이 선진국의 자유무역지대와 상이한 점은 수입물품의 국내반입과 지역외 반출을 제한하는 특징이 있다. 말하자면 중계무역을 취급하지 않고, 수출가공단지로서 그 역할을 한다는 점에서 차이가 있다. 우리나라에서는 마산과 익산(이리)지역이 이에 해당된다.

한편, 최근에 와서는 수출자유지역의 확장된 형태가 경제특구(special economy)라는 주장도 있다. 그러나 현재의 경제특구라는 개념은 지리적인 경계로 볼 때, 하나의 거대도시의 조성을 의미하고 있기 때문에 자유수출지역과는 근본적인 특성이 다르다. 경제특구는 자유수출지역의 개념적 확장이 아니라 국가경제의 혁신적인 구조로서 접근되는 것이 필요할 것으로 사료된다.

⑤ 과학연구단지(Science Complex)

과학연구단지는 상술한 클러스터와는 성격이 다르다. 제반 클러스터들이 산업집적을 통해 우리나라가 뒤늦었던 산업혁명을 단시간에 이룩하고자 조성되었던 반면, 과학연구단지는 국가의 구조적 혁신과 관련이 있다. 이는 국가의 경제구조에서 어떤 산업 및 시장의 위치를 명백히 하고자 하는 것이 아니라, 좀더 높은 가치를 창출할 수 있는 잠재성을 높이고자 시도된 것이다. 그 결과가 바로 대덕연구단지이다. 이것은 미래지향적인 국가건설을 위해서 자립적인 창의성과 창조력으로 세계와 충분히 어깨를 맞대고 걸을 수 있는 것은 경제적으로 독립하는 것일 뿐만 아니라, 국가의 과학기술기반구조로의 진화를 의미하는 것이다. 따라서 과학기술에 대한 투자는 세계의 선진제국들로부터의 주체적인 독립을 의미하는 것이기도 하다.

03 클러스터의 진화와 발전

클러스터는 오래된 역사를 지닌 유형으로서 기대된 효과와 기대하지 않았던 효과를 동시에 보여주고 있다. 클러스터의 중요 특징을 정리하자면 다음과 같다.

첫째, 소규모(벤처기업) 기업은 산업조직에 중요한 형태이다. 둘째, 클러스터는 가치창출활동의 중심에서 기업간 연결(inter-firm linkages)의 다양한 형태를 촉진한다. 셋째, 과거의 경쟁에 대한 관념과는 달리 개인적인 친분관계, 그리고 경쟁에서 신뢰와 상호성으로 연결되는 사회적 네트워크의 다양한 형태가 가능하다. 넷째, 클러스터가 계획되지 않았지만 자생적으로 진화하거나 정부의 촉진적 역할도 기대된다. 다섯째, 클러스터의 발전과정은 너무 다양하고 내부적인 형성형태가 국가마다 동일하지 않다. 그 점에서 클러스터를 발전시키고자 할 때, 각 클러스터의 유형 및 프로세스를 구분하여 국가 혁신구조에 적합한 맞춤형 클러스터를 발전시키는 전략이 필요할 것으로 보인다.

한편, 클러스터는 구조적 혁신을 이루지 못하면 쇠퇴한다.[26] 쇠퇴의 원인은 기존의 시스템을 벗어나지 못하는 과도한 착근성(over-embeddedness) 때문이다. 일례로 과도한 착근성은 어떤 지역에 특징적인 산업이 형성되어 있다고 할 때에 가치창출 과정이 시대에 맞지 않다거나, 생산되는 지식, 기술 및 제품의 경쟁범위가 지역을 초월하고 있음에도 불구하고, 과거의 방식을 그대로 지속하고자 하는 관성에서 벗어나지 못하였기 때문에 발생하는 것이다.

그것은 또한 새로운 가치가 발생되는 근원을 추구하거나 발견하려고 하는 기업가 정신의 부족에서도 비롯된다. 때문에 최근의 지역클러스터가 혁신적으로 변모하기 위해서는 새로운 지식의 분배를 촉진하는 연결(linkages facilitating distribution of knowledge)이 요구된다.

이러한 맥락에서 지역클러스터는 전통적인 입지요소로서 경쟁력을 파악하기보다는 지역의 혁신기관들 간에 형성될 수 있는 부가가치의 연쇄 및 가치창출을 위한 외부성이 중요하다.

진화적인 지역클러스터는 국내외적인 가치창출 근원에의 네트워크를 강화하는 특성을 보이고 있다. 따라서 글로벌 클러스터 또는 지역클러스터의 진화와 발전에 있어서는 새로운 가치창출에 필요한 외부적 조건을 얼마나 활용할 수 있는가에 달려있는 것이다.

26) Padmore, T. and Gibson H.(1997), "Modeling Systems of Innovation: A Framework for Industrial Cluster Analysis in Region," Research Policy 26, pp. 625~641.

04

지역 문화산업 클러스터의 혁신

1. 문화산업 클러스터의 개념과 유형

지역 문화를 개발하기 위한 대안적 모델은 작은 소읍도시에서부터 국가차원까지 다양하게 전개되고 있다. 이러한 연구에서는 주로 두 가지의 공통적 특징이 나타난다. 하나는 사회경제 정책으로서 문화적 활동과 어메니티(amenity)를 연결하여 특정 장소 기반의 문화개발 전략이 부상하였고, 또 하나는 다른 배경과 개발경로를 지닌 문화조직적 형태로 문화 클러스터가 형성된 것이다. 하지만 최근에는 전자보다는 후자 즉, 문화 클러스터로 개발전략을 통합하고 있는 상황이며, 여기에는 4개의 형태를 말할 수 있다.[27)]

첫째, 수평적 문화클러스터에 관한 것으로 다수의 클러스터 간의 연합이나 통합을 시도하고 있다. 설명하자면, 소규모의 문화 클러스터로서 각자는 레저와 소비(쇼핑, 엔터테인먼트, 소매, 술집과 식당 등)를 포함하고 있지만, 기본적 레저의 형태와 핵심 문화가 다르며, 또한 개발 프로그램이 동일하지 않다는 점에서 출발한다. 그 이유는 모든 클러스터의 기본적인 레저 형태가 경제사회 및 문화형성이 동일하기보다는 각각의 클러스터

27) Mommaas, H.(2004), "Cultural Clusters and the Post-industrial City: Towards the Remapping of Urban Cultural Policy, Urban Studies 41(3): 507~532.

는 특징적인 예술 또는 대중문화에 집중되어 있기 때문이다.[28] 따라서 문화의 혼합성과 크로스오버(crossovers)를 통해 발전시키고자 한다.

둘째, 수직적 문화클러스터를 말할 수 있다. 소규모적인 각각의 클러스터를 통합하기 위하여 문화의 설계, 생산, 변환과 소비 활동 등의 기능을 연결하는 것이다. 이것은 가치체인의 포괄적인 혼합성에 기반된 다기능적인 클러스터를 개발하고자 할 때 발생하는 것으로서 소비 및 전시 기능이 느슨할 경우, 통합하면서 클러스터 간 통합하게 된다. 따라서 최종적인 소비분야에 집중한 큰 클러스터가 작은 클러스터를 연계해 가는 형태가 되며, 각각의 클러스터는 공동시장을 형성하는 특징을 보인다. 더구나 문화마케팅 커뮤니케이션은 무엇보다 중요하다고 할 수 있다.

셋째, 특정 장소의 관리를 위한 다양한 참가자의 관여를 통해 클러스터를 조직하는 형태가 존재한다. 주로 지방정부가 정책적으로 클러스터를 연계시키는 것으로 정책선도 문화클러스터로 보면 되겠다.

일례로, 도시에 관리형태가 다른 두 개의 박물관이 존재한다면 지방정부는 경영팀을 신설하여 집중적인 정비와 촉진활동을 실시하며, 다양한 조직을 연계시킨다. 이를 통해 도시 전체의 창조적인 환경/이미지를 창출하는 등 클러스터의 주요 조정자는 바로 지방정부의 프로젝트 팀이 된다.[29]

따라서 이러한 문화적 자산에 대한 정책개발은 도시의 기본적인 레저/

---

28) Richard, G.(2001), The Experience Industry and the Creation of Attractions, in: G. Richard(ed.) Cultural Attractions and European Tourism, London: CAB International: 55~69.

29) Landry, C.(2000), The Creative City, London. Comedia.

문화 시장에 대한 공간적 집중을 만들어, 한계적인 문화관련 기업이나 단체를 클러스터로 흡수한다.

넷째, 제 3섹터 방식의 문화클러스터 개발형태가 존재한다. 클러스터는 공공-사영 간의 혼합형인 문화자산에 대하여 재정적 여력으로 인해 개발진행이 달라지는 경우이다. 대부분의 클러스터 개발이 정책 선도형이기는 하지만, 기업이나 투자자가 연합하여 공동으로 개발하고, 도시문화를 창조해가게 된다.

이는 지방재정이 빈약할 경우, 자원과 경영(공공 펀딩, 진입비용, 임차 비용, 스폰서, 재단 펀드 등)의 혼합적 기반에서 혼합형 公私모형이 창출되는 것이다. 따라서 이러한 개발은 문화적 기능이 집중적으로 개발되며, 전략적인 생산내부화, 가치체인, 그리고 전문가와 비즈니스를 내부화하여 문화경제적인 소규모 클러스터를 만들게 된다. 다만 실질적인 집적효과를 기대하기보다는 문화적 환경개선의 입장에서 취해지는 것으로 볼 수 있다.

이와 같은 유형에 따라 문화 클러스터는 공간적으로 집적하여 지속적인 정보의 전파와 학습, 기타 상호 협력을 수행하는 학습 및 생산을 하게 된다.

2. 문화산업의 혁신: 제품 및 공정혁신

새로운 것을 만드는 것이라는 혁신은 일반적으로 제품혁신과 공정혁신으로 구분해 볼 때, 문화산업의 혁신은 다음과 같이 정의된다. 첫째, 제품혁신은 새로운 작품을 기획, 개발하여 제작하거나 기존의 제품을 수정, 각색하여 새로운 작품을 만드는 것이다.

둘째, 공정혁신은 작품을 만드는 절차나 과정을 개선하고 효율화함으로서 작품의 완성도를 높이고 제작비용을 절감하는 것이다.

그 맥락에서 혁신의 범위를 기술혁신을 넘어 조직혁신과 마케팅혁신까지 포함한다면 문화산업의 혁신사례는 더욱 확장될 수 있다.[30] 일례로, 영화산업에서 작품단위로 제작 인력들의 이합집산이 반복되는 것은 유연조직, 혹은 네트워크 조직의 전형적 사례로 타 업종의 조직혁신을 선도하는 모범사례이며, 여러 스크린을 동시에 보유하고 음식, 쇼핑 등의 여가 공간도 함께 갖춘 멀티플렉스의 도입은 영화시장의 급속한 팽창을 가져온 마케팅혁신으로 판단된다.

따라서 혁신이 중요한 것은 그것이 기업의 경쟁력을 강화하는 핵심적 수단이 되기 때문이며[31], 이는 문화산업에서도 동일하게 적용된다. 즉 뛰어난 창작 인력 및 기획개발 시스템을 도입하여 고객의 수요에 맞는 새로운 작품을 만드는 능력과 새로운 기술이나 조직구조를 도입하여 제작 및 생산 과정을 효율화하는 능력은 문화산업 기업들의 경쟁력을 제고하는 가장 중요한 요소이다.

3. 문화산업 클러스터링의 공간적 혁신

문화클러스터에 연계된 가장 공통적인 추론영역은 창조성과 혁신의

---

30) Molotch, H.(1996), LA as Design Product: How Art Work in a Regional Economy. in Scott, A., Aoja, E.(eds.), The City: Los Angeles and Urban Theory at the End of the 20th Century, University of Great Britain.

31) Lefevre, M. and C. Chapain(2005), Culture Cluster, Communaute Metropolitaine de Montreal.

모티브보다는 장소 포지셔닝 전략과 도시 공간의 재생에 관한 것이다. 그리고 다음으로 생각해 보아야 할 것은 물리적, 정신적, 그리고 사회적으로 문화 소비자/여행자를 위한 장소와 시설 간의 지속적 진화이다[32].

수송과 통신의 기술적 발전과 사회경제적인 이동성의 대중화, 소비제품과 레저활동의 증가로 인하여 문화와 공간은 더욱 대중화된 규모를 지니게 되었다. 더구나 문화소비와 생산의 혼합인 하이브리드(hybrid) 문화공간의 움직임은 교육수준이 높은 소비자들의 기호에 더욱 접근하는 것으로 가정된다. 이것은 문화관광보다는 창조적 관광(creative tourism)을 기대하는 여행자들을 끌어들이는 초점이기도 하다.[33]

또한 사람들은 그들이 생활하는 장소와 직장이 동일하지 않기 때문에 직장과 가정 간의 공간적 연계는 유연성을 지니고 있다. 그러면서도 역설적으로 장소로서 거주지의 차별적 특성은 거주자를 유인하는데 중요한 기준이 되기도 한다. 그 연유로 지역 문화인프라는 활동에 중요한 역할을 하며, 이질적이거나 동일하지 않은 기호를 지니고 있으며, 지적인 부분과 대중적인 부분이 혼재된 중산층의 경우에는 민감하게 생각하고

---

32) Russo, A.P.(2000), The Sustainable Cultural Cluster: Notes on Agglomeration, Tourism Policy and Information Technologies in Tourist Cities, Prepared for the 40th Congress of the European Regional Science Association, Barcelona, 19/8–1/9 2000.

33) Russo, A.P.(2000), The Sustainable Cultural Cluster: Notes on Agglomeration, Tourism Policy and Information Technologies in Tourist Cities, Prepared for the 40th Congress of the European Regional Science Association, Barcelona, 19/8–1/9 2000.
Richard, G.(2001), The Experience Industry and the Creation of Attractions, in: G. Richards(ed) Cultural Attractions and European Tourism, London: CAB International.

있다.

공급측면에서 보면 다양한 장소 간의 시장지향적 경쟁은 비교적 경제 공간의 자유화, 서비스 산업의 이동성, 생산의 공간적 최적화를 탐색, 그리고 지역 간의 지속적 경쟁을 불러온다. 이것이 산업과 기업의 소프트한 입지선택의 집적 요인에 중요한 역할을 증가시켜왔다[34].

한편, 원재료나 값싼 장소의 이용가능성과 같은 하드적 집적요인은 그 중요성이 줄어들고 있으며, 장소의 주변환경이나 질과 상징적 가치와 같은 소프트한 집적 요인에 기반한 토지에 의해 대체되는 경제적 활동이 나타나고 있다.

일례로 대안적 이미지나 브랜딩 전략 등이 중요해지고 있으며, 잠재적 경로와 입지의 분권화 영역이 확산되고 있는 것이다. 따라서 문화, 레저와 여행(박물관, 극장, 문화적 활동 공간, 카페, 레스토랑, 흥미로운 구조물, 여행관련 인프라, 소매) 간의 시너지의 창조가 중요하며, 공통적인 물리적 커뮤니케이션 인프라의 활용을 기대하는 것 또한 필요하다[35]. 여기서 문화클러스터링 전략은 기능보다는 데코레이션 활동을 함으로써 도시의 매력에 대한 규모적 배경 하에서 도시환경의 '구경거리' 또는 '발판'을 지속시키는 것이 중요하다고 하겠다[36].

---

34) Amin, A. and Graham, S.(1997), "The Ordinary City", Transactions of the Institute of British Geographers, 22(4): 411~429.

35) Russo, A.P.(2000), The Sustainable Cultural Cluster: Notes on Agglomeration, Tourism Policy and Information Technologies in Tourist Cities, Prepared for the 40th Congress of the European Regional Science Association, Barcelona, 19/8-1/9 2000.

36) Willey, D.(1998), Two Tales of One City: Alternative Accounts for Leisure and Tourism Urban Renewal in Plymouth, England, UK-a Practical Example, World Leisure & Recreation, 40(2): 1~22.

문화클러스터의 사례[37]

A. 영국의 셰필드시

문화콘텐츠산업 클러스터 발전에 있어 참조할 만한 국외 사례로는 영국의 셰필드시를 들 수 있다. 셰필드는 원래 전통적인 제조업으로 발전하던 도시인데 주산업의 쇠퇴로 도시 자체가 쇠락해가는 긴박한 상황에서 문화콘텐츠 클러스터로 변신하게 된 경우이다.

셰필드시는 산업혁명 이후 철장산업으로 번성하였던 전형적인 공업도시였다. 그러나 2차대전 이후 전통적인 철강 및 금속산업의 쇠퇴에 따라서 도시경제의 쇠락을 면하지 못하게 되었다. 특히 철강 및 금속산업의 사양화가 심화되던 1970년대 후반, 영국 경제가 경기 침체에 빠져듦으로써 지역경제의 고통은 더욱 가중되었다. 셰필드시에서 문화산업(Creative-led production) 개발의 효시는, 1986년 시정부에서 운영하는 레드테이프스튜디오(Red Tape Studio)의 개국이었다. 당시 레드테이프스튜디오는 영국에서 시정부가 운영하는 유일한 리허설, 레코딩, 사운드트레이닝의 복합시설이었다.

1988년에 셰필드 시정부는 황폐한 산업지역에 새로운 활기를 불어넣기 위한 '문화 및 미디어, 첨단산업' 을 기반으로 하는 신경제전략을 수립하고, 구공업지역을 문화산업지구(CIQ: Cultural Industries Quarter)로 지정하였다. CIQ 개발은 셰필드시의 구공업지역을 재개발하여 문화산업을

37) 이덕훈, 장혜영 "지역혁신을 위한 문화클러스터의 발전 전략에 관한 연구. 경영연구 28집. 한남대학교 경영연구소. 2007. 12

유치하는 전략으로서 시정부는 구공업지역의 일정 구역을 설정하고 그곳의 비어있는 빌딩등을 개량하여 문화기업들에 제공하였다.

시정부는 자신의 자산과 토지주식과 계획집행 권한을 활용하여, 버스와 전철역이 가까우면서 도심의 외곽에 위치한 CIQ 지구 내에 문화산업 및 미디어산업이 집적하도록 지원하였다. 이때 CIQ 내 레드테이프스튜디오 인근에 시청각 기업센터(AVEC: Audio Visual Enterprise Center)가 설립되었다. 또 금속가공공장으로 이용되면 건물이 첨단기업들에게 업무공간과 네트워크를 공급하는 셰필그사이언스파크로 전용되었다.

1990년대에 CIQ의 성장은 보다 가속화되었다. 1995년에 셰필드시 문화산업 분야의 사업체수는 약 150개였고 일자리 수는 1,300~1,400여개에 이르렀다. 당시 문화산업은 셰필드 전체 고용 인력 중 6.8%를 점유하였다. 이중에서 가장 많은 고용인력을 보유한 분야는 영화 및 비디오였다.

기업 규모로 보면 대부분이 소기업들이고 총매출액은 약 2,500만 파운드 정도로 추정되었다. 이들 업체들은 대부분 국내시장에 매우 의존하고 있으며 전체 매출의 3%만이 수출에 기여하는 것으로 나타났다. 그리고 CIQ 내 사업체들은 절반 이상이 1992~1995년의 4년 동안 새로 입주한 것으로 밝혀졌다.

지난 5년여 동안에도 많은 문화산업 관련 기업들이 CIQ에 유입하여서 2000년 현재 문화산업 관련 고용은 2,000명을 넘어섰다. 이 기업들은 문화산업네트워크(Cultural Business Network)와 최근 인트라넷으로 사업체들을 다양하게 연계하는 와이어드워크플레이스사(Wired Workplace

Company)에 의해 공식적 비공식적으로 연결되었다.

그리고 생산형 기업들이 CIQ 내에 설립되면서 소비형 기업을 육성하기 위한 프로젝트에 관심이 돌려졌다. 나이트클럽들과 세 개의 플래그십 프로젝트(즉, 쇼우룸시네마, 사이트갤러리 그리고 국립대중음악센터)가 몇 년간의 계획과 개발과정을 거쳐, CIQ의 핵심 구역에 자리를 잡았다.

이 플래그십 프로젝트들은 아트로터리, ERDF 그리고 시의회로부터 자금지원을 받았다. 네 개의 영화관과 음식점, 카페, 바 그리고 회의장을 갖춘 쇼우룸시네마는 런던 이외 지역에서 가장 큰 영상복합빌딩이다. 국립대중음악센터는 세계 최초이며, 상호작용적 전시시설과 교육프로젝트와 라이브뮤지컬 공연장과 카페를 제공한다. 최근에 유럽공동체는 CIQ를 최고의 산업개발 모델 중의 하나로 꼽았고 영국 정부도 도심 경제의 세대교체 모델로 인정하였다.

B. 스페인의 빌바오시

스페인의 북부도시 빌바오(Bilbao)는 스페인에서 가장 큰 항구이자 네 번째로 큰 대도시다. 1300년 형성된 빌바오는 산업혁명기에 번영의 절정기를 맞이하였고, 1970년대까지 철강과 조선의 중심지 역할을 해왔다. 그러나 불황을 겪은 후인 1979년부터 1985년까지 빌바오의 산업고용은 25%나 감소했고 경제부문도 침체되었다.

대부분의 서구 국가들이 경제 위기를 예측하여 대응 수단을 마련한 것과는 달리 스페인 정부의 적절치 못한 정책은 스페인 경제의 위기를 가져 왔고, 바스크주에 있어서는 피해가 더 심각했다. 그 결과 실업률은 상승하고 생활수준은 낮아졌으며 경제적 상황에 따라 사회적, 정치적 문제 또한 악화되는 등 전반적인 도시경제 정책에 대한 재검토가 요구되는 시점이었다.

1975년 철강 등의 빌바오 산업분야가 쇠퇴함에 따라 실업과 환경파괴가 심각해졌다. 도시전경과 경제적 지위가 손상되고 바스크 행정 수도로 비토리아가 선정됨에 따라 빌바오의 입지가 더욱 불리해졌다.

빌바오시는 문화와 관광산업이 구(舊) 산업의 쇠퇴로 몰락하는 도시경제를 재건할 중요한 수단이라 판단하여 문화를 통한 도시마케팅 전략을 구사하였고, 탈산업화 과정을 겪으며 도시재생운동에 나서기 시작했다.

빌바오는 또한 도시 재건을 위한 지역 비즈니스 공동체의 전폭적이고 활발한 지원을 받았으며 '빌바오 메트로폴리 30(Bilbao Metropoli 30)'과 '빌바오 리아 2000(Bilbao Ria 2000)'과 같은 민관 협력체가 구성되었다.

메트로폴리탄 빌바오의 재활성연합인 'BM30'은 1991년 말 구성되었다. 이 연합의 목표는 도시 재활성화 과정에 공공 및 민간의 활동을 참가시키는 것으로서, 전략 계획 개발을 유도하는 로비 기관으로 간주될 수도 있다. 1994년에 'BM30'은 100명 이상의 회원을 가지게 되며 여기엔 지방기관, 지역기관, 상업회의, 대학, 대기업, 민간조직 등이 포함되어 있다.

토니 이니셔티브의 분야에서 1992년 12월 중앙정부와 바스크 행정부는 영국 도시개발회사의 바스크판인 '빌바오 리아 2000'을 만드는 데 동의한다. 이 기관은 민간회사지만 공공자원을 사용하며, 목적은 빌바오 메트로폴리탄 지역 내의 도시재개발 사업을 실행하는 것이다.

'빌바오 리아 2000'은 정치적으로 개입을 받지 않는 운영의 독립성을 보장받고, 경제성에 기초한 사업의 계획을 추진하기 위해 설립되었다.

이러한 계획 하에 구 산업 지역의 재생, 역사적 중심지의 재건, 메트로시스템, 박물관, 오페라하우스, 켄벤션센터, 새 공항, 빌바오 항구의 확장 등은 광범위한 지역적, 국가적, 세계적 평판을 불러 일으켰다.

바스크정부는 몰락하는 도시의 회생을 위해 바스크주의 통합적이고 문화적인 도시마케팅을 위한 장기적인 목표를 다음과 같이 수립하였다.

첫째, 바스크주의 세 개의 대도시(Bilbao는 경제, Donostia-SanSebastian은 문화와 행정, Vitoria-Gasteiz는 정치)에 대한 문화정체성 확립과 상호보완적인 관계를 정립한다.

둘째, 15개의 중소도시들의 역할을 정립한다(지역적 균형, 사회적 균형, 주거지, 일하는 곳, 휴양지와의 균형을 고려).

셋째, 바스크주에 위치한 160개 시골마을의 문화적인 특성을 살린다.

넷째, 도시나 마을의 무분별한 확장을 막고 자연을 보호를 통해 자연의 자산 가치를 높이고 도시의 개발과 밀접히 조화시킨다.

다섯째, 다른 인접 도시들과 도로, 항만, 공항 등의 기반시설을 구축한다.

위와 같은 바스크정부의 지역계획 아래 빌바오가 추구한 궁극적인 목표는 문화와 예술을 통한 경제의 활성화에 있다. 멋진 경관의 창출과 도시마케팅 전략은 국제 금융자본을 끌어들이고 서비스 부문 경제를 활성화시키는 데 도움이 되었고, 문화와 예술은 경쟁력 있는 자본을 유인하는 매력적인 수단으로 활용되어 시너지 효과를 창출하였다. 도시의 개선된 이미지는 도시의 경제적 기반을 바꾸고 구 지역의 자산을 개선시키는 주요한 요인이 되었다.

사례분석

분석 \ 도시(예)	영국 셰필드	스페인 빌바오
유형	기존산업구조 변형형	기존산업 융합형
기존산업	철강, 금속, 제조산업	철강, 조선
문화클러스터 추진배경	기존산업 몰락	기존산업의 위기 및 쇠퇴

문화클러스터 추진방향	• 전통 제조업 포기 • 기존 공장 부지를 문화 산업 부지로 변형 • 대학, 정부, 시민 공동 참여 • 문화산업기반 및 공간 설립	• 인접도시와 연계, 도로항만 건설 및 문화기반 시설 공동 참여 • 기존산업(철강)과 연계된 문화산업 창출 • 기존 도시문화 특성강화 및 경쟁력 확보(휴항지, 전통문화축제) • 세계적 박물관(구겐하임)유치를 통한 마케팅 및 국제 연계
주요 문화산업	• 소프트 웨어, 디자인산업 • 미디어산업 • 공예산업	• 박물관 • 미술관 • 오페라하우스

위의 사례비교분석을 검토한 결과 첫째, 영국의 셰필드시는 기존산업(철강, 금속, 기타 제조업)이 몰락하여, 기존산업 구조변형 형태로써, 기존 금속, 철강 전통제조업을 포기하고, 과감히 기존 공장 부지를 문화산업으로 대체하는 구조변형 클러스터를 탄생시켰다. 또한 대학, 정부, 시민이 공동으로 참여하여 새로운 지역 경제기반을 소프트웨어, 디자인, 미디어, 공예 등의 문화 클러스터로 새롭게 탄생하였다.

둘째, 스페인의 빌바오시는 기존 산업(철강, 조선)에 위기를 느껴, 기존의 산업과 문화산업을 연계 발전시킨 형태로써, 인접된 도시와의 연계를 통한 문화 기반시설확충과 기존 산업의 특성을 살리고 전통 문화를 융합한 새로운 기존 산업 융합형 클러스터를 탄생시켰다. 또한 세계적인 박물관을 유치하여 기존의 공업도시에서 문화도시로의 이미지 변화와 관광객 유치를 위한 마케팅에 성공하였다.

13

창업보육센터와 대학 발 벤처

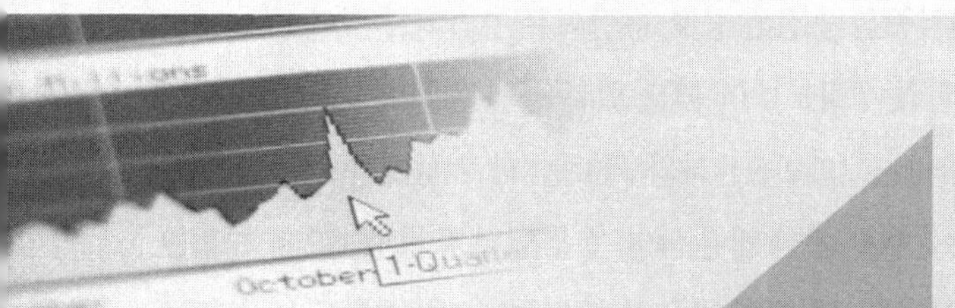

창업보육센터란 새로이 창업하여 자생력이 미약한 중소기업을 입주시켜 창업 초기의 어려움을 극복하고 지속적으로 생존, 성장, 발전하도록 도와주는 곳을 의미한다. 반드시 벤처기업의 창업만을 지원하는 것은 아니지만 우리나라뿐만 아니라 전 세계적으로도 주로 기술집약적인 중소기업의 창업지원이 가장 큰 비중을 차지한다.

창업보육센터는 기술혁신 결과의 기업화촉진 및 신사업창출, 고용창출 등을 통한 세수 증대 등 국가 및 지방경제 활성화에 기여하며, 지방자치 체제 하에서 지역중심 발전의 중요 수단으로 부각되고 있다.

전 세계 첨단산업의 성장모델이 되고 있는 실리콘밸리의 경우 지역 전체가 하나의 효율적인 창업보육센터의 역할을 하고 있지만 이러한 산업 및 경제적 기반을 갖추지 못한 많은 국가에 있어서는 정책적으로 창업보육센터를 운영함으로써 벤처기업의 육성을 촉진하고 있다.[1)]

우리나라는 1992년 4월 중소기업진흥공단의 안산 창업보육센터를 시초로 1993년 중부 창업보육센터 등이 설립되었다.[2)] 민간차원에서는 (주)중부산업컨설팅의 영동창업보육센터가 우리나라에서 처음인 동시에 최초의 민간창업보육센터를 운영하였다.

---

1) 박상문, 이재희, 이달환, 배종태(2000), "국내 창업보육센터의 운영시스템 현황 및 발전방안에 관한 연구," 벤처경영연구 3(1): 39~71.

2) 신창호(1999), "창업보육센터의 효과적 운영방안," 벤처경영연구 2(1): 103~133.

01

창업보육센터의 개념

인큐베이션(incubation)이란 원래 새의 알을 부화시키는 의미이다. 이것을 비즈니스로 말을 바꾸면 비즈니스 인큐베이션이 되면서 사업의 알을 부화, 즉 사업화시키는 것을 의미한다.

이와 비슷하게 인큐베이터(incubator)는 알을 부화하기 위해 필요한 온도나 습도 등의 조건을 정비하여 부화에 도움을 주는 장치이면서 인간 등의 미숙아가 일반환경에 살아갈 때까지 보호육성하는 보육기의 의미를 갖고 있다. 즉, 비즈니스 인큐베이터는 사업의 아이디어를 사업화시켜 시장이라는 기업환경에 자력으로 생존할 때까지 보호하는 기관이라 할 수 있다.

좀더 경영학적으로 표현하면 새로 창업하여 자생력이 미약한 중소기업을 입주시켜서 창업기업이 창업 초기의 어려움을 극복하고 지속적으로 생존 · 성장 발전할 수 있도록 도와주는 것을 말한다.

우리말로는 창업보육센터, 창업보육사업으로 표현할 수 있는데, 창업보육사업은 "대학, 공공기관, 지방정부, 민간기관 등이 신생중소기업의 창업을 촉진하고 육성하기 위해 설립한 것을 말한다.

따라서 창업자들을 입주시켜서 제반 혜택 및 서비스를 제공함으로써 신생 중소기업의 생존율을 제고하고, 기술혁신 결과의 실용화를 촉진,

신사업창출, 고용창출, 지방경제 활성화, 기술인력 양성, 대학 연구소 연구기능의 활성화 등 공공과 민간의 개발목표를 동시에 만족시킬 수 있는 매우 효과적인 정책지원사업"을 의미하며, 이를 전담하는 기관을 일반적으로 '창업보육센터' 라고 부르고 있다.[3)]

이와 유사하게 기술창업보육센터(Technology Business Incubator : TBI), 기술혁신센터(Technology Innovation Center : TIC)의 용어들이 사용되고 있는데, 기술혁신센터는 대학캠퍼스 또는 연구기관 내에 기업 또는 공공기관의 지원으로 자원을 공동투입하여 기업화를 목표로 산업계가 필요로 하는 연구개발 및 기술혁신활동을 하는 곳을 의미하며, 기술단지(technology park)와 유사한 개념이다.

기술창업보육센터란 대학, 공공연구기관, 지방정부, 민간기관 등이 기술집약적 또는 기술수준이 높은 창업자를 위한 것이라는 점에서 일반적인 창업보육센터와는 구분되나, 우리나라의 경우 대다수의 창업보육센터가 기술집약적 중소기업을 입주대상으로 하는 경우가 많아서 실제적으로 창업보육센터와 기술창업보육센터의 용어는 혼용되고 있다.[4)]

이러한 창업보육센터의 기능은 다양한 자원을 제공하여 기업의 성장을 돕는 한편, 교육, 네트워크 형성의 지원 등을 통해 보육센터 졸업 후 기업들이 스스로 경영할 수 있는 능력을 배양하는 것이다. 일반적으로

---

3) 송광선(2000), "창업보육센터 입주기업의 특성에 관한 연구," 벤처경영연구 3(1): 73~103. [배종태(1998), "우리나라 창업보육센터의 활성화 방안," '21세기를 향한 과학산업단지와 벤처기업의 성공전략 국제 워크숍 자료. 한국과학기술원 (1998.8.10)의 인용문 옮겨 놓은 것]

4) 송광선(2000), "창업보육센터 입주기업의 특성에 관한 연구," 벤처경영연구 3(1): 73~103.

창업보육센터는 물적지원으로 연구시설 및 설비의 제공, 시험기자재 제공, 사무 · 행정지원, 그리고 인적 풀을 이용하여 일반경영 · 마케팅 · 회계 · 재무[5] · 법률 등 각종 경영자원, 그리고 다양한 기술자원의 제공을 통하여 창업자로 하여금 그들의 에너지를 조직의 경영이나 자금조달보다는 제품 및 서비스의 개발에 더욱 쏟을 수 있도록 지원하고 있다. 아울러 졸업 후에도 관련 서비스를 원활히 조달할 수 있도록 자체 네트워크 형성을 지원해 준다.[6]

대체적으로 이들은 연구기반의 스핀오프(research-based spin-off)를 염두에 둔 기업으로 대부분 벤처기업의 속성을 강하게 띄고 있다. 주로 연구소, 대학 및 창업보육센터 등 공공 연구부문으로부터 스핀오프 되기 때문에 이들 기업을 공공 스핀오프 기업(public spin-off)이라고도 한다.[7] 미국의 Standard대학과 MIT의 스핀오프가 실리콘밸리와 루트 128과 같은 지역의 경제 및 기술발전에 기여하였던 점에서 이 방법이 높은 평가를 받고 있다.

---

5) 재무적 자원은 기술개발자금, 운영자금, 투자자금 등에 대한 조달기능을 하며, 정책자금 제공자, 금융기관, 벤처캐피탈, 엔젤 등과 긴밀한 연계를 활성화시킨다.

6) 양현봉, 송하율, 김홍석(2002), "우리나라 창업보육센터 평가에 관한 연구," 중소기업학회 24(1): 25~52.

7) 윤문섭(2001), "대학 스핀오프 기업의 창업 실태 및 촉진방안," STEPI 연구노트, 과학기술정책 NOV.DEC.:112~122.

02

창업보육센터의 기능

창업보육센터의 기능에 대해 학자에 따라 달라 거시적 요인과 미시적 요인으로 구분되나 일반적으로는 다음의 기능으로 공통요인을 찾을 수 있다. 특히 창업시 상담컨설팅 기능 등 창업하기 전과 창업장소, 자금공급 등 창업시의 필요정보이기 때문이다.

1. 창업 시 상담컨설팅 기능

창업의 목적이나 목표에 의해 창업의 곤란도나 준비의 방법도 다르다. 창업자 편에서 보면 자기의 아이디어가 사업화 가능한지를 평가받고 싶다던지, 동업종의 경험자의 창업의 경험담을 듣고 싶다는 욕구가 있다. 따라서 창업의 상담은 전문적으로 도와주는 창구나 창업자의 창업의사를 재확인시키려는 카운셀링의 기능이 필요하다. 미국에서는 퇴직경영자 서비스협회(Service Council of Retired Entrepreneurs : SCORE)처럼 자원단체에 의해 창업자에 의해 동업종의 경험을 살려서 카운셀링을 해주고 있다.[8)]

8) 金井一頼/角田隆太郎, ベンチャ一企業經營論有斐閣, 2002, p226

2. 창업에 필요한 기초지식의 습득기능

사업의 개시에 관한 여러 수속, 세무, 노무에 관한 지식 등 창업에 관한 실무적 지식에서 경영전략, 마케팅, 부기, 회계, 사업계획서 작성 등 기업경영에 관한 지식까지 창업에 필요한 기초지식을 습득할 수 있는 기회를 설치할 필요가 있다.

3. 기술의 제공

첨단적인 산업 집적에 대해 연구에 역점을 두고 있는 대학이 집적의 핵이 되는 경우가 많다. 또한 대학이나 연구소 등의 연구기관은 기술을 갖고 있는 자의 스핀 아웃요소와 기술의 창출원으로 기능한다.

4. 창업의 장소 · 설비의 기능제공

신용력이 없는 창업기업의 경우 사무실의 확보는 곤란하다. 보증금이나 임대료의 지불능력도 부족하기 때문에 사업의 성장에 맞추어 사무실도 점점 넓은 장소로 옮겨야 한다. 따라서 대학이나 지방자치단체에서 창업자용의 싼 사무실과 사무기기, 설비 등을 제공하여 창업을 지원하기도 한다.

5. 자금공급기능

위험률이 높은 창업에의 자금공급은 엔젤 투자자나 벤처캐피탈이 주를 이루지만 초기에는 이것도 쉽지 않다. 따라서 대학 등의 창업보육센터에서는 창업회사의 기술에 투자하기도 한다.

03 창업보육센터의 기대효과

창업보육센터의 가장 기본적인 목적은 창업 촉진에 있다. 그러므로 창업보육센터는 유형의 차이와 무관하게 창업자에게 다양한 지원을 하여 그들의 기업가적 재능을 보완하고 그 잠재력을 발휘시킬 수 있도록 함으로써 공동체 내의 창업 잠재력을 극대화하는 것을 목적으로 하고 있다. 따라서 창업보육센터의 기본역할은 창업의 활성화를 통해 경제발전에 기여하는 것이라고 할 수 있다.

창업보육센터의 기대효과는 다양하게 제시될 수 있으나 이를 개념적으로 크게 두 가지로 구분하면 일반적인 경제적 효과와 벤처기업 활성화 효과로 나눌 수 있다.

1. 창업보육센터의 경제적 효과

창업보육센터는 창업 활성화를 통해 지역경제 발전에 기여하는 역할을 할 수 있다. 기업가 정신의 고취를 통해 창업을 촉진하고 창업기업을 보육하여 이들의 생존율을 높임으로써 실질적인 고용창출에의 기여도를 높이는 등 지역경제 성장의 견인차 역할을 할 수 있는 것이다.

당초 창업보육센터가 지역경제 활성화를 위한 유력한 방안의 하나로 구상되어 시작된 것도 이러한 경제적 효과를 기대하였기 때문이다. 낙후된 지역경제를 발전시키거나 기존산업의 쇠퇴에 대응하여 새로운 산업을 육성함으로써 산업을 다변화하는데 창업보육센터가 중심적 역할을 할 수 있기를 기대한 것이다.

또한 창업보육센터는 입주기업을 둘러싼 여타 산업 및 서비스에 대한 연관효과를 창출하여 지역경제의 발전을 촉진시킨다. 특히 보육센터는 지역경제의 저변을 확충하고 전략산업을 육성하는 한편 이를 통해 실업의 구제, 지방자치단체의 세수 확대 등을 도모할 수 있다.

이와 같은 창업보육센터의 경제적 효과는 국내외에서 아직까지 보육센터 운영결과에 대한 충분한 분석이 이루어지지 않아 현재로서는 다분히 개념적인 수준에 그치는 기대효과 측면에서만 살펴볼 수밖에 없다.

2. 창업보육센터의 벤처기업 활성화 효과

창업보육센터는 벤처기업 육성에 중심적인 역할을 할 수 있다. 벤처기업의 본질은 개인성, 모험성, 혁신성을 기반으로 한 기업가 정신에 바탕을 두고 있는데, 창업보육센터는 이러한 특성을 함양하는데 기여를 할 수 있는 것으로 기대되고 있다. 즉, 창업의 위험을 줄임으로써 창업정신을 고취하는 한편 기술이전을 촉진하여 보육기업의 혁신성을 강화할 수 있는 것이다.

외국의 경우 많은 창업보육센터들이 신기술 기업의 창업보육을 목표로 설립되었던 것에 비해, 우리나라의 경우는 벤처기업 활성화를 목표로 혁신성 측면에서 대학에 창업보육센터를 설립하고 있다.

창업보육센터의 벤처기업 활성화 측면의 기대효과를 보면 첫째, 시장실패의 보전, 둘째, 기업가 정신 함양을 통한 창업 촉진, 셋째, 지식기반기업의 창업촉진으로 지식기반경제의 활성화 및 이를 통한 혁신의 확산, 넷째, 벤처산업 활성화를 위한 인프라 기능 등을 들 수 있다.

마지막으로 창업보육센터는 벤처산업 활성화를 위해 중요하게 작용할 수 있다. 벤처기업 활성화의 가장 중요한 필요조건은 벤처캐피탈, 엔젤 등의 투자가 활발히 이루어져야 하는 것이다. 창업보육센터는 투자대상 기업을 양성하여 투자대상을 넓히는 인프라 역할을 수행하는 한편 기업과 투자가를 연결시키면서 탐색비용을 줄이는 기능을 담당함으로써 벤처산업 발전에 기여할 수 있을 것이다.

04

창업보육센터의 운영현황

1. 우리나라 창업보육사업

우리나라 창업보육사업은 1990년 12월 제10회 창업지원심의회에서 창업기업보육센터 설립·운영지원 계획이 의결되고, 1991년 11월 창업기업보육센터의 설립 및 업무운용준칙의 고시로 보육사업 추진의 법적 근거가 마련되었다. 1992년 4월에 공공부문에서 중소기업진흥공단이, 동년 11월에는 민간부문에서 ㈜중부산업컨설팅이 각각 정부로부터 사업자로 지정, 창업보육센터를 설립·운영하기 시작하였다. 1994년 6월에 대학부문으로 볼 수 있는 한국과학기술원이 신기술창업보육센터(TBI)를 설립하고, 1995년 9월에 지방자치단체인 서울시가 창업보육센터를 건립하였다.

1999년에는 창업보육센터가 142개였고, 2003년도에는 292개로 증가했고, 2006년도에는 309개에 달했으나 부실창업보육센터를 구조조정을 하여 2007년 현재 269개가 운영중인 것으로 알려지고 있다.[9]

이와 같이 국내 창업보육센터는 1993년 시작되었지만 상당수가 정부

9) LG 생산기술원(2000) 창업보육센터의 효율적인 운영을 위한 한국형 BI 모델과 운영메뉴얼, 중소기업청, 전국창업보육센터 현황(2003), 디지털타임즈, 벤처의 요람, 창업보육센터(2007. 9)

의 창업보육센터 지원이 본격적으로 시작된 97년 이후에 설립되어 신생기업을 입주시킨 것으로 조사되어 국내 창업보육 관련 프로그램들이 시작단계에 있으며, 벤처기업의 졸업 및 효과 등이 구체적으로 나타나는 안정적, 성숙단계에 이르지 못한 것으로 보인다. 국내 창업보육센터의 규모는 평균적으로 1442㎡(약 430평)의 전체 면적 중에서 약 67%에 해당되는 972㎡(약 290평)가 사용 가능한 면적으로 나타난다.[10)]

2. 주요 선진국의 창업보육기관

미국의 창업보육기관들은 시장기능에 의해 설립되고, 운영되는 특징을 지니고 있고, 이를 반영하여 대학과 기업이 연계된 창업보육기관은 물론 민간 창업보육회사가 성장업종을 중심으로 성업 중에 있다. 일본의 창업보육기관은 주로 지방자치단체 중심의 제 3섹터 형식의 설립, 운영되고 있으며 재단법인 형태를 취하고 있다.[11)]

(1) 미국의 창업보육

미국의 창업보육 기능은 여타 국가에 비해 자연발생적이라는 특징을 가지며, 이러한 시장기능 중심적 현상은 창업보육에 대한 대학의 참여가 두드러지는 이상적인 형태의 산학협동 형태로 나타난다.

전미창업보육협회(NBIA)의 자료에 의하면, 현재 미국에는 전국에 걸쳐

---

10) 박상문, 이재희, 이달환, 배종태(2000), "국내 창업보육센터의 운영시스템 현황 및 발전방안에 관한 연구," 벤처경영연구 3(1): 39~71.

11) 이종일(1998), "창업보육과 신기술 벤처기업 활성화," 벤처경영연구 1(2): 181~199.

약 500개 이상의 창업보육기관이 산재해 있고 이 기관들은 University City Science Center(UCSC)와 같은 Research park 형태, Rensselaer Incubator Program 등 대학운영형태, 민간설립기업의 세 가지로 나누어진다. 이 세 가지에 해당되는 대표적인 창업보육기관을 각각 살펴보면 다음과 같다.

UCSC의 창업보육현황을 Science Center Incubator를 통해 살펴보면, 지난 30년 동안 215개 기업 이상을 성공적으로 보육한 질적이 있고, 구체적인 기능에 있어 우리나라와 차별됨을 알 수 있다.

즉, 이 기관은 충분한 공간 제공 및 임대, 공동 사무기기 및 장비사용 외에 현장밀착형(on-site) 경영자문 제공, 사업 및 기술자문의 네트워크화된 서비스 제공, 각종 자금지원, 입주자간 교류 및 거래 촉진 등 입주자 위주의 서비스를 제공하고 있고 이를 위해 보조기관으로 기술자문, 자금조달, 정보를 담당하는 Ben Technology center, 정보전담기관인 Business Info Center를 비롯해 Incubator Advisory Committee, Development Center 등을 두고 있다.

뉴욕 주에 소재한 RPI 대학 부설인 Rensselaer Incubator Program은 1980년에 설립되어 기술창업보육에 가까운 형태로 운영되었으며, 오래된 창업보육기관 중 하나로 대학이 전적으로 재정적 책임을 지는 유일한 보육기관이다. 이 기관은 과학 · 연구환경을 제고, 기술이전 및 상업화, 지역경제 발전에 기여를 목적으로 연구 및 사무공간, 연구 및 사무기기 서비스(인력 포함), 도서관 컴퓨터 시스템, 다양한 형태의 대학인력(교수, 연구원, 학생)을 제공하고, 다른 입주업체와의 교류에도 적극적이다.

현재 월 임대료는 평당 37,800원이고, 입주율이 95%이며, 주로 대기업에서 독립한 정보, 통신 컴퓨터, 소프트웨어 업체가 기술창업을 준비하고 있다. 창업 및 졸업 성공률은 80% 정도이며, 입주 또는 졸업 업체의 2/3가 Rensselaer 대학 연구나 대학졸업생과 관련되어 있고, 창업 또는 졸업업체의 75%가 재학 중인 대학생을 고용하고 있다.

그동안 이 기관은 100여 개 업체의 보육에 성공하였고, 대부분의 기업이 지역에 남아 지역경제에 이바지하고 있다. 자료에 의하면, 입주 또는 졸업 업체가 1,000명 이상의 고용을 창출하였고, 이 기업들에 의한 총매출이 1억 달러에 달하는 것으로 추계되었다. 대학이 지역경제와 사회에 밀접히 연계되어 있는 대표적인 사례이다.

끝으로 Bozeman Technology Incubator, Inc.은 1995년에 설립된 민간기업이며, 이와 같은 민간이 운영하는 창업보육시설의 특징은 특정 업종이나 기술에 특화하여 보육한다는 점이다. 따라서 정보, 컴퓨터 등 성장산업, 첨단산업에 민간창업보육시설이 많고, 기술자문, 경영자문 등 초기자본이 상대적으로 적게 드는 분야에 집중되어 있다.

이 회사의 목적은 당연히 기업의 혁신적인 컴퓨터 소프트웨어 및 통신 기술개발을 지원하여 최대의 수익을 내는 것이며, 지원방향은 충실한 사업계획, 인력을 보유한 기업의 지원, 안전한 창업을 이를 때까지 지원, 매월 지원기업의 조업 및 경영상태를 진단하여 조언하는 데 두고 있다.

컴퓨터 소프트웨어와 통신기술에 집중하는 지원내용으로는 초기자금 지원, 판매경로 확보전략, 제품계획(생산, 출하 포함), 경영개발 및 인력 수급, 제반 정보제공 및 네트워크, 추가 자금지원 및 기업매각 상담 등이며, 단순한 창업지원보다는 자금지원 및 창업 후 매각까지를 알선하는 수익성 위주로 지원한다는 점이 특징이다.

(2) 일본의 창업보육

일본에 처음으로 창업보육기관이 설립된 것은 1983년의 테크노폴리스법에 의해서이다. 현재 일본 전역에 걸쳐 40여 개의 창업보육기관이 활동하고 있다.

일본의 첨단기술개발을 위한 정책은 연구개발자원 및 첨단산업 집적정책으로 특징지워지며, 연구거점(Research Core) 시설지원정책 중의 하나로 인큐베이터 산업이 있으나 내용을 보면 연구거점정책 전체가 창업보육기능으로 볼 수 있다.

일본 정부는 연구거점을 전국에 균형적으로 수립하기 위하여 지방별로 승인, 지원하고 있으며, 주요 사업내용으로는 창업보육관련 연구개발성과의 사업화에 필요한 공간 및 연구설비 제공, 공동연구개발에 필요한 계획 수립 및 기술지원 등 개방형 시험연구시설(Open Laboratories), 신소재, 정보 등의 분야 전문가에 대한 기술전수, 기술경영 교육을 위한 인재육성 시설을 제공하고 있다.

이를 위한 지원방법으로는 건설 사업비 등을 중앙 또는 지방정부가 집적지원하고, 국세 및 지방세(취득세) 감면을 통한 조세지원 등의 수단이 있다. 일본의 창업보육기관의 특징은 보육기간의 대개 3~5년으로 예비기업이 창업하기에 우리나라보다 상대적으로 충분한 시간이 주어진다는 점이다.

일본 창업보육기관의 문제점으로는 지나치게 공간제공의 기능을 강조하여 이를 법적으로 규정하고 있으며, 이 지역별, 기술별 특성을 가진 창업보육기관의 성장을 오히려 억제하고 있다는 점이다. 또 일본창업보육센터(JSBRI, 1996)가 지적하는 바와 같이 창업보육전문가의 부족, 운영상의 경직성 등도 개선되어야 할 점으로 나타난다.

창업보육기능을 가진 13개 Research Core 중에서 대표적인 (주) 가나가와 사이언스파크의 인큐베이터 사업을 살펴보면, 창업지원기능으로 창업정보제공, 창업계획상담 및 창업자문, 창업공간제공, 창업보육을 졸업하거나 5년 이내의 기업에 대한 추가 지원인 기반확립지원(Start-up Room), 자금조달 및 공장확보를 위한 자원인 성장확대 지원 등을 시행하고 있다.

이외에 경영자, 기업가를 위한 인재육성 프로그램, 정보교류 기획사업, 국제교류, 국내교류(교류회), 싱크탱크 조사 등 네트워크 구축사업을 수행 중이다. 특징적인 사항으로는 창업기업에 대한 자금지원이 원활하도록 제 1호 투자사업 조합을 구성하여 벤처캐피탈을 지난 1997년 1월에 구성한 바 있으며, 이처럼 보육사업과 벤처캐피탈 사업을 동시에 수행하는 것은 일본에서 최초이다.

이러한 움직임이 주목을 받는 이유는 창업보육기관이 지금지원관련 기능을 수행하는 것은 매우 드문 사례로 전체 창업보육기관의 10%에 해당하는 4개 기관만이 대출 또는 투자관련 기능을 수행하고 있다는 점에서도 잘 나타난다.

이에 대한 종합적 정리는 다음과 같이 요약할 수 있다. 〈표 13-1〉 해외 신기술 보육센터의 비교를 참조하면,

첫째, 건립 배경의 차이점은 미국은 지역경제와 중소기업을 창업하고 육성하기 위한 목적이지만, 일본은 산업을 기술집약형, 고부가 가치형으로 전환하려는 두뇌센터의 일환으로 시작한다.

둘째, 개발유형의 차이는 미국은 업무, 기술이전, 혁신센터라 말할 수

있고, 일본은 시험연구, 인재육성, 교류시설 등으로 이루어져 있다.

셋째, 지원서비스의 차이는 미국은 일반서비스, 경영지원 및 자문, 교육훈련 및 금융지원 등이며, 일본은 기술협조와 자문, 경영관리 노하우 제공 금융지원 등이다.

넷째, 미국은 건립주체가 직접 운영하지만 일본은 대학 및 지방자치단체의 긴밀한 협력으로 재단을 만들고 있다.

〈표 13-1〉 해외 신기술보육센터의 비교

구분	미 국	일 본
명 칭	• Rensselarer Polytechnic Institute • The Advanced Technology Development Center of the Georgia Institue of Technology	• 가나가와 Science park • 교토 고도기술연구소
건립배경	• 지역경제의 어려움 타파 • 중소기업의 창업과 육성	• 지방정부 산업을 기술집약형, 고부가치형으로 전환하려는 두뇌센터 구상의 일환으로 시작함
건립목표	• 대학연구의 상업화와 수입확보, 지역내 고용창출, 기술이전	• 지역중소기업의 체질 강화와 산업구조개편에 대응, 연구개발형 기업유치, 연구개발 지원기능의 정비
개발유형	• 창업보육센터, 복합형 지원센터(업무, 기술이전, 혁신센터)	• 창업보육센터, 복합형지원센터(시험연구, 인재육성, 교류시설)

설립 및 운영주체	• 지방자치단체/공공기관 주도, 민관 협동 형태(대학의 비중이 상대적으로 약함)	• 중앙-현-시-민간기업 공동출자에 의한 제3부문, 대학주도형, 대학주도형, 민간주도형 등 다양
단지관리 운영	• 건립주체 직접 운영 • 운영재원 다양(임대료, 지원서비스 사용료의 의존도가 상대적으로 낮음 45.5%)	• 대학 및 지방자치단체의 긴밀한 협력 • 산 · 관 · 학이 재단을 설립하여 사업을 시행함
입주업체 선정기준	• 지역고용 창출, 시장잠재력, 타기업과의 연관정도	• 신제품 및 신기술을 사업화 할 수 있는 기업, 지역산업의 활성화에 기여정도, 지역의 수용에 적합한 기업
지원 서비스	• 일반서비스, 경영지원 및 자문, 교육훈련 및 금융지원 등	• 일반서비스, 기술협조와 자문, 경영관리 노하우 제공, 금융지원
지역 파급 효과	• 지방자치단체 : 지역내 고용창출과 지역사회의 소득향상, 조세수입 등 지자체 재정지원에 긍정적 효과 • 대학 : 대학 발전기금 확보 및 산업협동의 내실화, 연구인력의 spin-off • 기업 : 기술집약적 중소기업의 성장 및 기업간 협력강화와 수익증대	• 지방자치단체 : 지역경제의 활성화를 위한 기폭제로 활용, 각각의 지자체에 적합한 산업육성으로 지역의 특성화에 기여 • 대학 : 지역대학의 인재육성, 정보화에 기여, 최신 실험설비를 갖춤 • 기업 : 저렴한 비용으로 사업공간을 제공받고, 비효율적인 경영시스템에 대한 사업 및 경영서비스를 지원 받음

자료 : 강병수(1996), "학연산 공동관 및 창업보육센터의 설립과 운영에 관한 연구," 충남대학교 공과대학 국책사업단: 47.

출처 : 박규일 외 3인(1999), "신기술창업보육센터의 현황과 운영합리화 방안," 중소기업연구 21(2):111~137.

05

창업보육센터의 활성화

중소 · 첨단 벤처기업의 창업활성화를 촉진하는 방법으로 창업보육센터에 대해 개괄하였다. 더구나 창업보육활성화는 지역경제의 활성화를 통한 국가의 동적인 활성화에 기여한다. 성공요인에 대한 설명에서 우선 추론하면 목표 · 운영전략을 명확히 하고 실행가능하며 구체적인 전략을 요구한다. 물적 · 인적 자원의 경우 하드웨어를 충분히 이용할 수 있는 소프트웨어의 연계성은 매우 중요한 것으로 평가된다.[12)]

특히 첨단기술개발을 기대하는 벤처기업의 경우 첨단설비 · 장비를 이용할 수 있는 공간에서 기술 및 아이디어를 상업화할 수 있는 전반적인 프로세스 관리가 필수적임을 제시하고 있다. 그 전반 프로세스의 관리에서 금융 · 컨설팅을 연계할 수 있는 포인트는 무엇보다도 중요하다.

---

12) 이상석, 최종호(2002), "창업보육센터 성공요인에 의한 효율적 운영방안," Journal of Business Research[Korean Association of Industrial Business Administration]17(1): 227~255.

06

대학 발 벤처

1. 대학 발 벤처의 정의

일반적으로 대학 발 벤처는 '대학에서 연구 개발된 지적 재단을 기반으로 창설된 신규 기업' 으로[13] 정의되거나 '대학에서 달성된 연구 성과를 기초로 기업한 벤처' 또는 대학과 관련이 깊은 벤처로 정의한다.[14]

이처럼 미국과 일본의 정의를 합쳐 대학 발 벤처를 필자는 '대학에서 만들은 지적 벤처' 로 정의하기로 한다.

2. 미국의 대학 발 벤처의 등장

베이돌 법(the Bayh-Dole Act)[15]이 가결된 1980년 이후, 2000년까지 설립된 미국 대학벤처는 3,376회사에 머물고 있다.[16] 실제로 DiGregorio and Shane(2003)은 1993년~1998년에 미국에서 설립된 대학벤처는 1개교 당 평균 2개 회사보다 조금 더 웃돈다고 보고했다.[17]

대학벤처는 절대수가 적을 뿐만 아니라 미국의 대학에서 발생하는 기

13) Scott shane, Academic entrepreneurship : University spinoffs and wealth creation, Edward Elgar publishing 2004. P5

14) 일본 경제산업성, 대학연휴추진과 평성(平成) 15년도 대학 발(大學發) ベンチャー(개발 기초조사) 평성(平成) 16년 4월 26일

업가 활동의 수준과 비교해도 소규모이다.

또한 대부분 간접적 데이터를 보는 한 대학벤처의 창출활동은 미국 대학에서 시행되고 있는 창업가 활동의 규모에 비하여 소규모이다. 예를 들어 Richter(1986)[18]는 4년제 대학에서 일하는 자연과학과 공학 교수의 3.3%(약 3,000명)가 직접 사업을 경영한다고 추측한다. 미국 대학에서 창출된 대학벤처가 연간 100여개였던 시대에 취해진 이 추정치는 대학벤처 창출이 자연과학과 공학 분야에서의 창업가 활동 전체와 비교해서 적었음을 나타내고 있다.

대학의 창업가 활동 전체와 대학벤처의 창출 활동을 비교하는, 보다 최근 연구로서 Allen and Norling(1991)[19]은 미국 40개 대학의 자연과

---

15) 베이돌법(Bayh-Dole Act)이란 산학협력의 기초를 다진 것뿐만 아니라 특히 공과대학의 혁신을 이룩하는 데 결정적 역할을 한 법령이다. 미국 공과대학의 '산업화 전략'에 지대한 영향을 미쳐 공대가 산업의 R&D 중심에 서게 만든 법이다. 1980년 카터 정부의 임기가 거의 끝나갈 무렵, 미국 상원에서는 버치 베이(Birch Bayh)와 로버트 돌(Robert Dole) 의원이 발의한 '특허 및 상표권 개정안(Patents and Trademark Amendment Act)'이 통과된다. 이른바 '베이돌법'이라 불리는 이 법은 연방정부로부터 자금을 받았어도 연구성과에 대한 특허권은 연방정부가 아닌 대학이나 연구기관이 갖도록 하는 법안이다. 다시 말해서 정부는 지원을 할 뿐 지적재산권은 연구기관이 소유한다는 내용이다. 〈출처 : 싸이언스 타임즈 12월 12일자 기사〉

16) pressman. L(ed), AUTM Licensing survey: FY 1999, Association of university Technology Managers.

17) Digregorio, D & S, Shane, Why do some universities generate more starts ups than others? Research Policy, 32(2), 2003, pp209~27

18) Richer M, university Scientists as entreprenars, Society, July/August, 1986, pp80~83

19) Allen D &F. Norling, Exploring perceived threats in faculty commercialiqation of research, in A Brett, D. Gibson(eds) university spin-off companies, Rowman & Littlefield publisher, 1991, pp85~102

학, 공학, 경영학, 의학 교수 912명을 대상으로 그 창업가 활동에 대해 질문을 실시했다. 그 결과 교수의 16.2%가 창업에 관여하고 있었으나 대학 연구를 기초로 창업한 교수는 4.4%에 지나지 않았다. 이 데이터에서도 알 수 있듯이 대학연구에서 발생된 지적재산에 바탕을 둔 대학벤처는 대학의 일반적인 창업가 활동 전체와 비교하여 약 4분의 1 정도에 지나지 않는다.

대학벤처는 확실히 적은 수이지만 중요성은 매우 높다. 대학벤처는 적어도 5가지의 이유(① 지역경제의 발전과 촉진, ② 대학기술 상업화, ③ 연구와 교육이라는 대학의 사명을 유지, ④ 압도적으로 실적이 높은 기업, ⑤ 기존 기업에 라이센스 제공보다 높은 수입을 대학에 가져다줌)로 가치가 높다고 할 수 있다.

대학벤처 현상에서 알 수 있듯이 가장 중요한 기술계 벤처에는 원래는 대학벤처였던 것이 몇 개 회사가 포함된다. 예를 들어 Digital Equipment Corporation은 Kenneth Olson이 MIT의 Lincoln Laboratory에서 개발한 지적재산을 바탕으로 설립된 기업이다.

또한 An Wang은 하버드 대학의 Computer Laboratory에서 개발한 기술을 상업화하기 위해 자신의 이름을 단 컴퓨터 회사를 설립했다.

다른 대학 벤처회사로는 텍사스 대학 오스틴교에서 생겨난 Tracor, 미네소타 대학의 기술을 바탕으로 한 의료기기 메이커인 Medtronic 등이 있다. 이보다 최근의 예로는 소프트웨어계 벤처인 Inktomi나 Akamai도 대학벤처이며 인터넷 서치 엔진 Google은 스탠포드 대학의 박사과정 원생이 설립하였다.[20)]

---

20) pressman. L(ed) AUTM Licensing survey : FY 2001, North book, Association of university Technology Managers, 2002.

대학 기술이 세계적으로 유명한 벤처 창출로 이어지지 않아도 세계적으로 유명한 기술 근원이 되는 기업 설립으로 연결되어, 이러한 기업이 기존의 대기업에 매수됨으로써 기술이전이 이루어지는 경우도 있다. 예를 들어 Perry Rosenthal은 하버드 대학 교수였을 때 개발한 콘텍트렌즈 기술을 기반으로 Polymer Technology Corporation을 설립하고 후에 Bausch and Lomb에 매각했다.

바이오테크놀로지 산업처럼 산업 구조적으로 대학벤처가 중심이 되는 업계도 존재한다. 예를 들어 초기의 바이오계 벤처회사 Cetus는 캘리포니아 버클리 대학에서 시작되었다. 또한 가장 유명한 바이오계 벤처회사인 Genentech은 Cohen-Boyer의 유전자공학 특허를 기반으로 캘리포니아 대학 센프란시스코교와 스탠포드대학에서 만들어졌다. 더 나아가 Amgen, Biogen, Chiron, Genta, Regeneron이라는 성공한 바이오계 벤처도 대학에서 시작되었다.

연구자 대부분은 대학벤처를 최첨단기술을 개발하여 대기업에 매각하는 기업이라고 생각하기 쉽지만 실제로 대학벤처의 형태는 여러 가지이며 그 중에는 소비자 시장을 타켓으로 하는 벤처도 존재한다. 예를 들어 노스케롤라이나대학 채플힐교와 노스케롤라이나 주립대학에서 생겨난 Hangers Cleaners는 특허화 된 기술을 이용하여 드라이클리닝 업계를 변혁하려 한다. 미국의 23주에 51개의 프랜차이즈 가게를 갖는 Hangers Cleaners는 의류 세탁에 퍼클로로에틸렌(perchloroethylene)이 아닌 액화탄소가스를 사용하는 것으로 드라이클리닝 과정에서 위험한 화학물질이나 부생성물을 취급하지 않게 보험료 · 위험물처리비용 · 업계에서의 컴플라이언스 비용을 최소로 억제하고 있다. 이처럼 미국에서의 대학벤처는 벤처기업으로 가기위한 보육기 같은 곳으로 평가할 수 있다.

대학벤처가 개발한 기술의 분포상황을 나타내기 위해서 1980~1996년에 MIT에서 시작된 벤처에 의해 개발된 기술을 〈표 13-2〉로 정리하였다. (대학벤처를 창출하는 대학으로서 모범적이다). MIT는 모든 대학의 대표적인 예는 아니지만 이 표에서 대학벤처의 창출로 이어지는 기술에 대한 범위를 알 수 있다. 특히 눈에 띠는 것은 바이오텍과 소프트웨어의 두 업종이 약 53%를 차지하는 것을 보면 MIT의 대학벤처의 특성을 어느 정도 알 수가 있다.

〈표 13-2〉 1980-1996년에 설립된 MIT 발 벤처기업의 업종별 기업수

업종별	벤처기업수
Software	31
Optics/lasers	4
Biotech	40
Mechanical devices	10
Semiconductors	6
Robotics	5
Medical devices	15
Hardware	8
Materials	15

출처 : The Records of the MIT Technology Licensing Office.

3. 대학간의 벤처 창출활동의 격차

벤처기업의 창출경향이 대학에 의해 크게 다르다는 것은 미국의 연구에 의해 나타나고 있다. 애리조나 주립대학과 하버드대학 등은 많은 기술이 발명되었지만 벤처설립은 거의 없는 반면, 카네기멜론대학이나 에모리대학 등의 대학에서는 기술창출 수준에서 보아도 비교적 많은 벤처기업이 창출되어 있음을 알 수 있다.

특히 pressman(2002)은 대학과 벤처창출에 관한 정량적인 관찰을 한 결과 미국에서 벤처기업을 창출한 학술기관은 121곳이며 창출하지 못한 기관은 69(36%)이라고 보고하고 있으며 〈표 13-3〉은 2000년의 대학 발 벤처 창출수요와 대학의 발명수의 유수한 16개 대학의 비율이다.

대학간 벤처기업 설립의 비율에 차가 있는 것은 미국뿐이 아니다. challes와 Conway(2001)에 의하면 2000년 영국에서 설립된 벤처의 75%는 24개 대학에서 나왔다고 한다.[21)]

Dahlstrand(1999)는 스웨덴의 Gothenburg지역의 대학 발 벤처의 대부분이 Chalmers institute of Technology에서 나왔으며, Gothenburg 대학에서 나온 벤처는 거의 없었다고 지적하고 있다.[22)]

---

21) Charles D & C. Conway, Higher Educatiion-Bnsiness Interaction Survey, Newcastle upon Tyne : centre for urban and Regional Development studies, university of Newcastle upon Tyne

22) Dahlstrand, A, Technology-based SNES in the Gothenborg pegion Regional Studies, 33(4), 1999, pp379~389.

〈표 13-3〉 2000년의 대학 발 벤처 창출수와 발명수

대학	벤처창출수	발명수	비율
뉴욕 대학	7	17	0.41
조지아 대학	7	73	0.10
버지니아 대학	10	124	0.08
MIT	31	425	0.07
보스톤 대학	5	69	0.07
텍사스 대학(오스틴)	5	87	0.06
남가주 대학	7	146	0.05
미시간 대학	8	168	0.05
피츠버그 대학	5	110	0.05
아이오와주립대	5	111	0.05
퍼듀연구재단	5	118	0.04
플로리다 대학	6	166	0.04
콜롬비아 대학	7	194	0.04
노스캐롤라이나 대학	4	113	0.04
죠지아 공대	6	170	0.04
스탠포트대학	8	252	0.03

출처 : pressman, L(ed), 2002, AUTM Licensing Survey FY2000, Northbrook, IL: Association of University Technology Managers.

그리고 특정대학이 타 대학보다 많이 벤처를 창출하는 요인은 각 대학간에 나타나는 벤처 창출의 격차에 기인한다는 것을 시사하고 있다.

즉 ① 대학의 방침의 차이 ② 대학 TLO의 차이 ③ 대학이 갖고 있는

특성의 차이를 들 수 있다.

4. 일본의 대학 발 벤처

일본의 대학 발 벤처는 대학 기술이전 촉진법이 제정된 1998년 이후에 대폭적인 증가경향이 있으며 2000년도 이후에는 매년도 100개 이상의 대학 발 벤처가 설립되고 있다.

또 2003년 2월 1일부터 시행된 '개정 신사업 창출 촉진법' 에 의한 '최저 자본금 규제 특례 제도' 를 이용해 설립된 기업은 20개(정부2003년 설립)가 있고 이것은 2003년도 설립기업의 16.5%에 달한다.

〈표 13-4〉 일본의 대학 발 벤처 추이

	1979	1989	1995	1996	1997	1998	1999	2000	2001	2002	2003	2004
누적수	15	45	98	116	148	201	287	429	595	784	983	1,112
년도별 설립수	60-79 7	80-89 30	90-95 53	18	32	53	86	142	166	189	199	129

자료 : 經濟産業省, 平成16年度, 大學發 ベンチャー.

미국에서는 2002년도에 450개의 대학 발 벤처기업이 설립되었다고[23] 하여 일본에서는 대학 발 벤처의 창출확대를 꾀하기 위해 한층 더 지원이 필요하게 되어 일본에서는 2003년도의 개정신사업창출 촉진법이 개

23) Autm Licensing Survey. 2002

정되기에 이르렀다.

(1) 대학별 기업 수

일본의 대학 발 벤처는 상술한 바와 같이 799개에 이른다. 대학 발 벤처는 일본의 200개 대학에서 태어난다. 평성 18년 말 시점 183대학에서 678개가 설립되었다.

대학 발 벤처 기업 수(누적)의 많은 상위 대학을 보면 구 제국대학계의 연구대학과 와세다와 게이오의 유명 사립대학 등이 대부분이다.〈표 13-5 참조〉

〈표 13-5〉 대학 발 벤처 - 기업배출 상위 10(누적베이스)

순위	대학	기업수	평성15년설립후
1	와세다 대학	50	3
2	동경 대학	46	1
3	오사카 대학	45	4
4	교토 대학	40	7
5	도후쿠 대학	35	2
6	게이오 대학	31	2
7	북해도 대학	26	7
8	큐슈 공업 대학	25	4
9	큐슈 대학	23	0
10	동경 공업 대학	22	1

주 : 일본 경제산업성, 대학연휴추진과 평성(平成) 15년도 대학 발(大學發) ベンチャー(개발 기초조사) 평성(平成) 16년 4월 26일

(2) 대학 발 벤처의 사업분야

대학 발 벤처 799개에 대해 IT하드, IT소프트바이오, 의료 분야, 환경분야, 소재, 재료분야, 기계장치분야, 그 외 분야 7종류로 분류되고 있다.

대학 발 벤처의 사업 분류로서는 최근 바이오, 의료 분야에서의 창업이 증가하고 있으며 2003년에는 당해 년도 설립 기업(121개)중 64개로 전체의 52.9%가 바이오 의료 분야에 관련된 사업을 전개하고 있다. 이처럼 대학의 우위성(바이오, 의료 분야의 69.2%가 대학연구자)이 큰 분야의 창업이 증가하고 있다.[16]

〈표 13-6〉 각 년도 설립된 대학 발 벤처의 사업분야

	1999년도	2000년도	2001년도	2002년도	2003년도	799社全体
기타	15	23	36	35	28	175
환경	7	9	9	11	15	66
기계 장치	16	12	15	24	16	114
소재, 재료	5	10	14	10	13	80
IT(소프트웨어)	28	56	39	32	27	234
IT(하드)	8	17	16	20	14	93
바이오	21	35	50	69	64	293

따라서 가장 뚜렷한 결과는 대학 발 벤처의 창출이 과학기술의 발전, 비즈니스 및 산업 활성화, 지역경제, 그리고 국가 혁신까지도 가능하게 하는 전략적 주축으로서 위치할 것임은 분명하다고 하겠다.

24) 사업내용이 복수의 분야의 기업이 있기 때문에 각 년도 분야별 기업 수의 합계는 2년도의 설립기업을 상회한다.

참 고 문 헌

[국 내 문 헌]

- 한국은행, 각 년도 경제통계
- 장승권 외, 인터넷 지식벤처의 성공조건, 삼성경제연구소, 2001
- 앨빈 토플러, 권력이동, 한국경제신문사, 1991
- 폴 케네디, 21세기의 준비, 한국경제신문사, 1996
- 박우희, 한국 자본주의의 정신, 박영사, 2001
- 손영일, 창업스쿨, 고려문화사, 1997
- 이덕훈, 글로벌기업과 전략, 교우사, 2007
- 이덕훈, 국제경영, 교우사, 2004
- 성소미, 한국의 벤처-평가와 전망, 비봉출판사, 2001
- 이상문 외, '벤처창업과 성장전략', 박영사, 2001
- 홍성도, 벤처기업창업론, 학문사, 1998
- 아마하이드 외(지용희, 오세종 옮김), 하버드 창업 가이드, 21세기 북스, 2001
- 정승화, 벤처창업론, 박영사, 1999
- 이웅희, "벤처침체와 새 활로", 삼성경제연구소 CEO Information 282호: 9, 2001
- 이상문, 벤처창업과 성장전략, 박일사, 2001
- 다니엘 벨, 제3의 기술혁명, 한국통신 출판부, 1992.
- 이마이 겐이찌, 기술혁신과 기업조직, 김동열 옮김, 비봉출판사, 1992
- 리챠드 포스터, 이노베이션-한계돌파의 정신- , 이용진 역,/ 신세대, 1992
- 프랜시스코 후쿠야마 대 붕괴와 신질서 류화선 감역, 한국경제신문사.2001
- Porter. M.E / 김경묵 / 김연성 공역경쟁론, 세종연구원, 2001
- Richard florida, 역자 : 이길태 "Creative class 창조적 변화를 주도하는 사람들", 전자신문사, 2002

[국 외 문 헌]

- Gareeh. R. Jones, Jennifer M. George. Contemporary Management, MCGraw-Hill, 2008.
- Robert Ronstadt, The Educated Entrepreneurs : A New Era of Entrepreneurial Education is Beginning, American Journal of Small Business, Vol 10, No1 Summer, 1985.
- Peter F. Drucker, "The Discipline of Innovation," Harvard Business Review, 2002. 8.
- OECE Business Incubator, International Case Studies, 2000.
- E. Chell, J.M. Haworth, and S.A. Brearly, The Entrepreneurial Personality: Concepts, Care & Categories, Routledge, Londen, 1991.
- Bygrave. willian, The Portabe MBA in Entreprership, L.A DoveAudio 1996.
- Jeffery A. Timmons, New Venture Creation: Entrepreneurship for the 21st Century, Fourth Edition (Burr Ridge: Irwin), 1994.
- Timmons, Jeffry A. & W.D. Bygrave, Venture capital's role in Financing Innovation for Economic Growth, Journal of Business Venturing vol.1 1994.
- Maier, J.B & D.A. Walker, The Role of Venture Capital in Financing Small Business, Journal of Business Venturing, 2, 1987.
- Sandberg, William R and Charles W. Hofer, Improving New venture Performance: the Role of Strategy, Industry structure, and Entrepeneur, Journal of Business Venturing, 1987.
- Roure Juan B and Modesto A. maidique, Linking Prefunding Factors and High Technology Venture succes: an Exploratory Study, Journal of Business Venturing, 1, 1986.
- Saxenian A Regional Advantage: Culture and Competition in silicon Valley and Route 128, Harvard university press 1994.
- Vesper, K.H, New Venture Mechanics. Englewood Cliffs, Prentice-hall, Karl H. Vesper, New Venture Mechanics(Englewood Cliffs: Prentice Hall, 1993.
- Richard B. Robinson Jr. and John A. Pearce II, "Research Thrusts in

Small Form Strategic Planning," Academy of Management Review, 9.

- Hisrich R.D & M.P Peters. Entrepreneurship 4th ed. Irwin McGraw-hill 1998.
- Ennis J. Walton and Michael J. Roberts, "The Business Plan," Harvard Business School Note 9-389-020, 1988.
- Smith, K.G., T.R. Mitcheli, and C.E. Summer, "Top-Level Management Priorities in Different Stages of the Organizational Life Cycle", Acadeny of Management Journal, 28, 1985.
- Miller and P.H. Friesen, "A Longitudinal Study of the Corporate Life Cycle", Management Science, 30, 1984.
- Greiner, L.E. "Evolution and Revolution as Organization Grow", Harvard Business Review, July-August. 1972.
- Michael, "Agency Costs of Free Cash Flow, Corporate Finance and Takeovers", American Economic Review, May 1986.
- Milton, Harris and Arthur Raviv, "Optimal Incentive Contracts with Imperfect Information", Journal of Economic Theory, 20, 1979.
- Robert A Haugen and Lemma W. Senbet, "Resolving the Agency Problems of External Capital through Options", Journal of Finance, 36, 1981.
- W.R. Sandberg and C.W. Hofer, "Improving New Venture Performance: The Role of Strategy, Industry Structure and the Entrepreneur," Journal of Business Venturing, 2, 1987.
- J.A. Schumpeter, The Theory of Economic Development: An Inquiry into Profits, Capital Credit, Interest and the Business Cycle, Cambridge: Harvasrd University Press.: 66. 1936.
- P.M. Sweezy, Professor Schumpeter's Theory of Innovatio, Review of Economic Statistics.: 1943.
- H. Noori, Managing the Dynamics of New Techniology, Engle Cliffs, NJ: Prentice-Hall, Inc.: 225, 1990.
- E. Mansfield, "Size of Firm, Market Structure and Innovation, Quarterly Journal of Economics, May.: 224, 1987.
- A.A. Thompson and J.P. Formby, Economics of the Firm(6th ed.), New York, Prentice-Hall.: 1993.

- J. Schumpeter, Capitalism Soeialism & Democracy Harper & Row. 1950.
- Theodore Levitt, "The Globalization of Market," Harvard Business Review, May-June, 1983.
- S. Young, J. Hamill., C. Wheeler, and J.R. Davies, International Market Entry and Development-Strategies and Management, Englewood Cliff, N.J. Prentice Hall, 1989.
- P.J. Buckley and M. Casson, The Future of the Multinational Enterprise, London: MacMillian, 1976.
- J.H. Dunning, "Toward and Eclectic: Theory of International Production," Journal of International Business Studies, Spring/Summer 1980.
- P.J. Buckley and M. Casson, The Economic Theory of the Multinational Enterprise-Selected Papers, New York: St.Martin's Press, 1985.
- H.V. Purlmutter, Yoram Wind, S.P. Douglas, "Guidelines for Developing International Marketing Strategies," Journal of Marketing, April 1973.
- Benjamin M. Oviatt and Patricia Phillips McDougall, "Toward a Theory of International New Venture," Journal of International Business Studies, Vol.25. No.1, 1994.
- Y.L. Doz and C.K. Prahalad, "Quality of Management: An Emerging Source of Global Competitive Advantage," N. Hood & J. Vahlne, ed., Strategies in Global Competitive, Groom Helm, 1988.
- Warren J. Bilkey, "An Attemped Integration of the Literature on the Export Behavior of Firm," Journal of International Business Studies, Vol.9, Spring/Summer 1978.
- J.M. Bloodgood, SH.J. Sapienza and J.G. Almedia, "The Internationalization of new high potential U.S. ventures antecedents and outcomes," Entrepreneurship Theory and Practice, 11, 1996.
- W. Kuemmerle, "Building Effective R&D Capabilities Abroad," Harvard Business Review, March-April, 1997.
- S. Lall, The Multinational: The Spread of Third World Enterprises, John Wiley & Sons, 1983.

- William H. Davidson, “The Location of Foreign Direct Investment Activity: Country Characteristics and Experience Effects,” Journal of International Business Studies, Fall, Vol.11, No.2. 1980.
- Admati, A.R and Pfleiderer P. Robust, Financial Contracting and the Role of Venture Capitalist, Journal of Finance No. 49, 1994.
- Megginson William and kathleen Weiss, Venture capitalist Certification in Initial Public Offering, Journal of Finance, No. 46, 1991.
- Cooper, A.C. “New Venture and Small Business, Long Range Planning,” Strategic Management, Vol.14, No.5:39–42, 1981.
- Richard Marrison & colin Mason, Informal Venture capital, Voood heall Faulkner, 1996.
- Mani, sumi and Anthony Bartzokas(2002), Insttutional Support for Investment in New Techologies: The Role of Venture Capital Institutions in Developing Countries, The UNI/INTECH discussion paper 2002.
- AVCJ; World Bank(2001), World Development Indicators 2001, Washington, D.C.: World Bank, 2000.
- Krugman, P. Development, Geography and Economic Theory, MIT Press, Cambridge, MA. 1991/1995.
- Beaudry, Catherine and Stefano Breschl Does ‘Clustering’ Really Help Firms’ Innovation Activities?, CESPRI WP No.111. 2000.
- Lorenzen, M., Regional Competitiveness, Localised Learning, and Policy, Copenhagen Business School Dept. of Industrial Economics and Strategy WP No. 99–13, 1999.
- Lambooy, J.G. “Knowledge Production, Organisation and Agglomeration Economies,” GeoJournal 41(4), 1997.
- Markusen, A. “Big Firm, Long Arms, Wide Shoulders: The Hub-and-Spoke industrial District in the Seattle Region,” Regional Studies(30/7), 1996.
- Tappi, D. Changing Structure–Keeping Location: Global Change and Local Stickiness in Local Industrial Cluster, DRUID Summer Conference on “Industrial Dynamics of the New and Old Economy–Who is Embracing Whom?,” Copenhagen/Elsinore 6–8, June, 2002.

- R. Baptista and Swann GMP "A comparison of clustering dynamics in the US and UK computer industries," Journal of Evolutionary Economics 9, 1999.
- Johan Hauknes Norwegian Input–Output Clusters and Innovation Patterns, STET(Studies in technology, innovation and economic policy) report R–15: 4. [Norway] 1998.
- W. Arthur "Competing technologies, increasing returns, and lock–in by historical events," Economic Journal 99: 1998.
- Kao, Raymond W.Y. Entrepreneurship, Pentice Hall.: 7. 9, 1995.
- Angell, J.W. Investment and Business Cycle, New York and London: McGraw–Hill.: 332, 1949.
- Baumol, W.J. "Entrepreneurship: Productive, Unproductive, and Destructive," Journal of Political Economy, Vol.98. No.5.: 893–921, 1999.
- Kirzner, Israel M. "The Theory of Entrepreneurship in Economic Growth," In Kent, Sexton, Vesper(eds.) Encyclopedia of Entrepreneurship, Englewood Cliffs, N.J. Prentice–Hall: 272–276, 1982.
- Chandler, Jr. Alfred D. Strategy and Structure: chapter in the history of the industrial enterprises: 23, 1962.
- K.H. Vesper, "New Venture Strategies," Revised Edition, Englewood Cliffs, N.J.: Prentice–Hall, 1990.
- David Silver, "The Entrepreneurial Life," New York, N.Y.: John Willy & Sons: 6, 86, 1986.
- 金井一頼, ベソチヤー企業經營論, 有裴閣, 2002
- 松田修一, 起業論, 日本經濟新聞社, 1999
- 淸成忠南, 中小企業 ルネッサンス, 有裴閣, 1995

찾아보기

사

아

자

파

하

기타

저자약력

이덕훈 (李悳薰, Lee, Duk-Hoon)

- 일본 게이오대학(慶應義塾大學) 상학(경영, 회계학) 박사
- 일본 게이오대학 상학부 객원 교수
- 미국 뱁슨칼리지(Babson college) Arthur M Blank center 기업가 객원 교수
- 한남대학교 일본연구소장, 경영연구소장 역임
- 한남대학교 학술정보처장, 학생처장, 기획조정처장 역임
- 현 : 한국재래시장학회장, 한남대학교 경영학과 교수

[著書]

- 일본의 기업사회, 학문사 (1995).
- 기업과 환경, 학문사 (1996)
- 국제경영학, 한남대 출판부 (1996)
- 기업과 인간, 한남대 출판부 (1997)
- 신 경영학원론, 학문사 (1997)
- 기술혁신과 과학기술정책, 기업기술연구원 (1998)
- 글로벌기업경영, 학문사 (1999)
- 현대경영의 이해, 진영사 (1999)
- 화교경제의 생성과 발전, 한남대 출판부 (2001)
  (한남대학교 출판부 제3판)
- 한국의 기업경영, 한남대 출판부 (2002)
- 국제기업과 환경(개정판), 교우사 (2002)
- 현대경영학(공저), 교우사 (2002)
- 이덕훈의 경제이야기, 교우사 (2004)
- 국제 기업전략, 한남대학교 출판부 (2005)
- 국제 비교경영, 한남대학교 출판부 (2005)
- 벤처와 창업경영, 제3판 글누리 (2007)
- 글로벌 기업과 전략, 교우사 (2007)

[譯書]

- 유교자본주의 운명과 대안, 시공아카데미(1999)

[論文]

- The Role of Entrepreneurs in the Development of Japanese Automotive Industry, KEIO Business Review, No 32, KEIO University
- 화교기업의 기업가적 특성과 문화, 한국생산성학회 외 다수